普通高等教育汽车类专业规划教材

Qiche Gailun
汽车概论

李昕光　主　编
王凤娟　亓占丰　副主编

内 容 提 要

本书内容共分七章,主要讲述了汽车的发明与发展简史,世界著名汽车公司及其车标,汽车总体结构、分类及主要参数介绍,汽车发动机、底盘和车身的各组成系统的工作原理,汽车主要应用性能指标,汽车新技术及新能源汽车等。本书广泛吸收汽车先进技术成果,着重介绍汽车基本结构与原理,引入大量汽车各个总成和结构的实物图,有利于培养学生理论联系实际和分析、解决工程问题的能力。

本书可作为普通高等院校交通运输、汽车服务工程等专业的教材,也可作为高职高专及普通高等院校的公选课教材,对广大汽车爱好者也是一本值得阅读和收藏的材料。

图书在版编目(CIP)数据

汽车概论/李昕光主编. —北京:人民交通出版社股份有限公司,2017.7
 ISBN 978-7-114-13934-5

Ⅰ.①汽… Ⅱ.①李… Ⅲ.①汽车—教材 Ⅳ.①U46

中国版本图书馆 CIP 数据核字(2017)第 145344 号

书　　名:	汽车概论
著 作 者:	李昕光
责任编辑:	李　良
出版发行:	人民交通出版社股份有限公司
地　　址:	(100011)北京市朝阳区安定门外外馆斜街 3 号
网　　址:	http://www.ccpress.com.cn
销售电话:	(010)59757973
总 经 销:	人民交通出版社股份有限公司发行部
经　　销:	各地新华书店
印　　刷:	北京市密东印刷有限公司
开　　本:	787×1092　1/16
印　　张:	11.25
字　　数:	255 千
版　　次:	2017 年 7 月　第 1 版
印　　次:	2017 年 7 月　第 1 次印刷
书　　号:	ISBN 978-7-114-13934-5
定　　价:	25.00 元

(有印刷、装订质量问题的图书由本公司负责调换)

前言 PREFACE

随着我国经济的快速发展,人们生活水平逐步提高,汽车逐渐进入千家万户,客观实际地认识汽车以及科学合理地使用汽车,已经成为人们生活不可缺少的一部分。本书从普通高等教育的实际出发,具有较强的理论性、实践性和综合性,在内容上则突出针对性和实用性,便于读者对于汽车相关知识的理解和掌握。

本书共分为七章,系统介绍了汽车的发明简史,世界著名汽车公司及其车标,汽车总体结构、分类及主要参数,汽车发动机、底盘和车身的各组成系统的工作原理、汽车主要应用性能指标,汽车新技术及新能源汽车等有关汽车基础知识。

本书由东北林业大学李昕光副教授任主编,齐齐哈尔大学王凤娟和东北林业大学亓占丰任副主编。李昕光编写了第三章、第四章和第五章,王凤娟编写了第一章、第二章和第六章,亓占丰编写了第七章。

本书将对交通运输、汽车服务工程和车辆工程等专业的教学起到促进作用。此外,本书也可作为汽车相关专业人员学习和职工培训的教材或参考读物使用。

由于时间仓促及作者水平有限,书中难免有错误和疏漏之处,恳请使用本教材的师生对本书的教学内容、章节安排等提出宝贵意见,以便本书再版修订时参考。

编 者
2017 年 4 月

目录 CONTENTS

第一章　汽车发展简史 …………………………………………………………… 1
第一节　汽车的起源 …………………………………………………………… 1
第二节　蒸汽机和蒸汽汽车的发明 …………………………………………… 2
第三节　内燃机及内燃机汽车的发明 ………………………………………… 5
第四节　世界著名汽车公司简介 ……………………………………………… 8
第五节　我国汽车工业的发展 ………………………………………………… 14

第二章　汽车分类与主要技术参数 …………………………………………… 17
第一节　汽车分类与代号 ……………………………………………………… 17
第二节　汽车的基本原理及主要技术参数 …………………………………… 27

第三章　汽车发动机构造 ………………………………………………………… 33
第一节　发动机分类 …………………………………………………………… 33
第二节　发动机机体组与曲柄连杆机构 ……………………………………… 34
第三节　配气机构 ……………………………………………………………… 44
第四节　发动机进排气系统 …………………………………………………… 50
第五节　发动机燃料供给系统 ………………………………………………… 55
第六节　发动机点火系统和起动系统 ………………………………………… 61
第七节　发动机冷却系统和润滑系统 ………………………………………… 65

第四章　汽车底盘构造 …………………………………………………………… 71
第一节　汽车传动系统 ………………………………………………………… 71
第二节　汽车行驶系统 ………………………………………………………… 89
第三节　汽车转向系统 ………………………………………………………… 103
第四节　汽车制动系统 ………………………………………………………… 109

第五章　汽车车身构造 …………………………………………………………… 114
第一节　汽车车身 ……………………………………………………………… 114
第二节　车身附属装置及安全防护装置 ……………………………………… 118
第三节　汽车仪表及照明 ……………………………………………………… 124

第六章　汽车性能 ………………………………………………………………… 133
第一节　汽车动力性 …………………………………………………………… 133
第二节　汽车燃油经济性 ……………………………………………………… 140
第三节　汽车的操纵稳定性 …………………………………………………… 144

第四节　汽车制动性 ………………………………………………… 149
　　第五节　汽车行驶的平顺性 …………………………………………… 156
　　第六节　汽车通过性 …………………………………………………… 159
第七章　汽车新技术与新能源汽车 ……………………………………… 164
　　第一节　汽车新技术 …………………………………………………… 164
　　第二节　新能源汽车 …………………………………………………… 168
参考文献 …………………………………………………………………… 172

第一章　汽车发展简史

第一节　汽车的起源

人类起源于公元前5000年左右,当时没有运输工具,人们无论是狩猎、耕种,还是搬运东西,只能靠手提、头顶、肩扛和背负完成,人的运输只能使用人力来抬轿、辇等,如图1-1所示。公元前4000年左右,人类驯服了马、牛等用来驮运物品。北欧国家发明了橇,人们用滑动实现了运输方式的第一次飞跃。

古人运送物品,最初主要靠人力,进而采用将绳子系在物品上用人力拉拽的方法。但这种运输方法,物体着地面积大。为了减少摩擦,后来利用树枝为架,上铺横木,横木不触底,其上载物,即所谓撬载法。但是这种木撬在平滑的地面上拉拽行进还比较省力,如遇颠簸不平的路面时,仍很费力。古人进而发明把圆木放垫在地上,其上铺上横木载物,借其滚动而移动物体。后来人们发现,用直径大的圆木运输速度较快,于是圆木直径越来越大,逐渐演变为带轴的轮子,这就是最早"车"的雏形。

最初的车轮和轴是固定的,车与车辕之间有一个滑动槽,轴在滑槽中转动,车轮就随着车轴滚动。利用车轮滚动而行,减少了车与地面的摩擦,既省人力,又可多载重物,还可以长途运输。车的发明始于车轮,车轮的出现,是人类对轮子更高层次的利用。图1-2所示为车轮逐渐演化的过程图。

图1-1　我国古代的轿　　　　图1-2　车轮的演化过程

苏美尔人是历史上两河流域早期的定居民族,他们所建立的苏美尔文明是整个美索不达米亚文明中最早,同时也是全世界最早产生的文明。公元前2500年,苏米尔人的战车,出现在美索不达米亚,如图1-3所示。

图1-3　苏米尔人的战车

　　15世纪,意大利文化巨人达·芬奇开始设计发条汽车。他是汽车、飞机、潜水艇、自行车及蒸汽机等机械的初始设计者。16世纪的欧洲已经进入了"文艺复兴"的前夜,思想文化和科技的进步与繁荣,促进了车辆制造技术的迅速发展,赶上并超过了中国。此时,欧洲重点发展了四轮马车,特别是其带弹簧减振,前轴用于转动,装饰豪华,乘坐起来非常舒服。

　　1600年,荷兰物理学家西蒙·斯蒂芬制造了双桅风力帆车。他把木轮装到船上,凭借风力驱动帆车行进,行驶速度可达24km/h。但是该车有一定的缺点,即没有风,车就不能开动,况且风和道路的方向会不断变化,是一辆"不听话的车"。

　　1649年,德国的钟表匠汉斯·赫丘根据达·芬奇的设计图试制成功了一辆依靠发条驱动的四轮车,但是这辆发条车的速度为1.6km/h,而且每前进230m,就必须把钢制发条卷紧一次,在当时是一件稀世珍宝,被瑞典王子卡尔·古斯塔夫用重金购买。

第二节　蒸汽机和蒸汽汽车的发明

一、蒸汽机的发明

　　1629年,意大利工程师发明了利用蒸汽冲击风轮旋转的机器,这是冲动式汽轮机的雏形。1663年,英国大科学家提出按"蒸汽射流"原理制造蒸汽机汽车。1668年,比利时传教士南怀仁(康熙皇帝的数学老师)在北京成功制造一辆蒸汽射流式的蒸汽汽车,车身中安装一个煤炉,如果在里面加上热水,那么在一定的温度和压力下,使水蒸气喷射来推动叶轮旋转,从而带动车轴转动,推动汽车前进。

　　在1712年,英国人托马斯·纽科门发明了蒸汽机,用来驱动一台抽水机将矿井中的水抽出。这个蒸汽机后来被称为"纽科门蒸汽机"。纽科门蒸汽机将蒸汽引入汽缸,然后向汽缸中喷水冷却,冷却后的汽缸内压下降,汽缸里的活塞在大气压力的推动下向上运动,带动抽水泵抽水。活塞每分钟只能运动10次,但这已经极大地提高了水泵抽水的效率。

　　1713年,纽科门把前人试验结果进行综合整理,成功制造出第一台实用的大气式蒸汽机。蒸汽通入汽缸后推动活塞上行,接着在汽缸内部喷水使它冷凝,造成汽缸内部真空,汽缸外的大气压力推动活塞向下,再通过杠杆、链条等机构带动水泵活塞提升做功。它的缺点是热效率低,燃料消耗量大,主要用于矿井排水。

1757年,木匠出身的技工詹姆斯·瓦特被英国格拉斯戈大学聘为实验室技师,有机会接触纽科门蒸汽机,并对纽科门的蒸汽机产生了兴趣。1763年,他在修理蒸汽机模型中发现,纽科门蒸汽机只利用了气压差,没有利用蒸汽的张力,因此热效率低,燃料消耗量大,他下决心对纽科门蒸汽机进行改进。首先,他认为将汽缸里的蒸汽送到另一个容器中去冷却,既可以获得能做功的真空,又使汽缸中的温度下降不多,可大大提高热效率。另外,为防止空气冷却汽缸,必须使用空气的张力作为动力。1769年,瓦特与博尔顿合作,发明了装有冷凝器的蒸汽机。比纽科门蒸汽机在热效率上提高了60%,但在性能上还无法作为真正的动力机,没有引起社会的关注。这是瓦特蒸汽机的第一次技术革新。

1781年,瓦特研制出了一套被称为"太阳和行星"的齿轮联动装置,终于把活塞的往复直线运动转变为齿轮的旋转运动。同年,他为了使轮轴的旋轴增加惯性,从而使圆周运动更加均匀,瓦特还在轮轴上加装了一个火飞轮。由于对传统机构的这一重大革新,瓦特的这种蒸汽机才真正成了能带动一切工作机的动力机。瓦特随后又研究制造了蒸汽机的曲柄连杆机构、四连杆机构、配气机构、离心调速器以及压力表等。这是瓦特蒸汽机的第二次技术革新。

1782年,瓦特改进了汽缸的结构,形成双向汽缸,从而使功率增加一倍,同时,首次引入汽缸的蒸汽由低压蒸汽变为高压蒸汽。双向高压蒸汽机发明后,纽科门蒸汽机完全成为瓦特蒸汽机。这是瓦特蒸汽机的第三次技术革新。

从此,瓦特的双作用式蒸汽机广泛运用于火车、轮船等运输工具,极大地推动了世界各国生产力的发展,恩格斯评论"蒸汽机是第一个真正国际性的发明"。

二、蒸汽汽车的发明

真正意义上的第一辆蒸汽汽车是1769年,法国的一名陆军技术军官,尼古拉斯·古诺大尉在政府的支持下试制成功的三轮蒸汽汽车,如图1-4所示。该车长7.32m,宽2.2m,前轮直径1.28m,后轮直径1.5m。该车前面支撑着一个梨形大锅炉,后边有两个汽缸,锅炉产生的蒸汽送进汽缸,推动汽缸里面的活塞上下运动,再通过曲柄把动力传给前轮驱动车辆前进,前进时靠前轮控制方向,每前进12~15min,就要停下来加热15min,运行速度为3.5~3.9km/h。由于操纵困难,在试车途中下坡时撞到了兵工厂的石头墙上,值得纪念的世界上第一辆蒸汽汽车就这样成了一堆废铜烂铁,面目全非。

图1-4 尼古拉斯·古诺大尉的三轮蒸汽汽车

1801年,理查德·特雷威蒂克制造了英国最早的蒸汽汽车。两年后,他又研制了形状类似公共马车的蒸汽汽车。这辆蒸汽汽车能乘坐8人,创造了在平路上时速为9.6km/h,坡道上时速为6.4km/h的当时的世界纪录。1805年,美国的埃文斯制造了水陆两用蒸汽汽车,并申请了专利。该车下面有4个轮子,后面还有一个蹼轮,在陆地靠车轮行走,在水里靠蹼轮驱动,成为现代水陆两用汽车的先驱。

1825年,英国公爵嘉内制成了第一辆蒸汽公共汽车,如图1-5所示。这辆车的发动机装载于后部,后轮驱动,前轮转向。它巧妙地采用专用转向轴设计,最前面两个轮并不承重,可由驾驶人利用方向舵柄轻便地转动,然后通过一个车辕,引导前轴转动,可以使转向轻松自如。1831年,嘉内利用这辆车开始了世界上最早的公共汽车运营业务。

图1-5 嘉内的第一辆蒸汽公共汽车

1833年4月,英国人沃尔特·汉考克用其制造的"企业"号蒸汽汽车(图1-6),成立了世界上最早的公共汽车运输公司。该车可承载十几名乘客,速度可达32km/h。

图1-6 沃尔特·汉考克制造的"企业"号蒸汽汽车

1928年,法国人佩夸尔制造了一辆蒸汽汽车。这辆蒸汽汽车首次采用将发动机置于车的前端,而由后轴驱动的布置方案。在发动机和后轴之间,用链条传动。后轴系由两根半轴构成,当中由差速齿轮连接,这就是最早发明的差速器。此外,两个小小的前轮是各自与车架弹性相接的,这称作独立悬架。这种独立悬架设计,在当时有划时代的意义。佩夸尔所制蒸汽汽车采用的链条传动、差速器、独立悬架设计等技术,对汽车的发展贡献极大,至今有些仍在汽车上广泛地应用。

19世纪中叶,在欧洲各国和美国达到了研究和制造蒸汽汽车的高潮。各种用途的蒸汽汽车相继问世,出现了一个蒸汽汽车的全盛时期。但是蒸汽汽车存在着笨重、惯性大、制动困难、转向不灵敏、运行时需要大量的水和煤、锅炉气压高易爆炸、车轴易断裂、易熄火、行车受天气影响、舒适性差、污染大、起动困难(30~45min)以及热效率低(10%左右)等缺点,因此在19世纪中叶后,蒸汽汽车日趋衰落。

第三节　内燃机及内燃机汽车的发明

一、内燃机的发明

蒸汽机的工作原理是在锅炉中燃烧把水烧开,将蒸汽送进汽缸,推动活塞和曲柄连杆机构工作,所以蒸汽机也称为外燃机。它的热量损失大,热效率仅为10%左右,能源浪费严重。如果能让气体燃料在汽缸里直接燃烧产生的气体膨胀力推动活塞做功,就可大大提高汽缸压力和热效率,因此内燃机是将燃料在汽缸内部燃烧产生的热能直接转化为机械能的动力机械。

早在1673年,荷兰科学家惠更斯就尝试用火药爆炸来推动活塞做功,为此他绘制了火药发动机工作原理图。这也是首次出现的火药机,靠少量的火药在汽缸里燃烧来提升活塞,当气体冷却时,大气压力便将活塞向下推,靠此来提起重物做功。由于火药危险性大,火药机没有能够普及,但为后来的内燃机的问世奠定了基础。

1794年,英国的斯垂特首次提出燃料与空气混合形成可燃混合气的原理。1801年,法国化学家菲利浦·勒本采用煤干馏得到的煤气和氢气做燃料,制成一台活塞发动机,从此内燃机迈出开拓性的一步。1824年,法国的萨迪·卡诺提出了热机的循环理论。

1860年,法国工程师雷诺尔研制了第一台二冲程实用化煤气机,从此开始了内燃机商品化生产。该发动机结构类似蒸汽机,由水平放置的一个汽缸和双侧做功的活塞组成,用电火花点燃煤气和空气混合物,每转一圈做功两次。使用滑阀控制空气和煤气的吸入和燃气的排出,但是该发动机的热效率只有3%。

1861年,法国工程师罗彻斯提出了著名的内燃机四冲程理论,即活塞在汽缸中上下往复四次,完成进气、压缩、做功和排气一个循环,可以有效提高热效率。一百多年来的往复式汽车发动机,都是采用四冲程原理。

1861年,德国发明家奥托通过对雷诺尔煤气机的研究,制造出了他的第一种二冲程煤气机。1864年,他与德国工业家朗根合作成立了道依茨公司,制造和出售这种煤气机。该发动机在5年内售出10000台,在商业上获得了巨大成功。1867年,此煤气机荣获巴黎博览会金质奖章,如图1-7所示。

随后奥托开始进行四冲程发动机的研制,他提出了自己的内燃机四冲程理论——奥托循环。奥托循环的一个周期是由吸气、压缩、膨胀做功和排气四个活塞行程构成,这为现代内燃机的发明奠定了理论基础。

图1-7　奥托二冲程煤气机

根据奥托循环理论,1876年奥托制成了第一台四冲程往复活塞式内燃机。在这部内燃机上,奥托增加了飞轮,使运转平稳,把进气道加长,又改进了汽缸盖,使混合气充分形成。

这是一部非常成功的内燃机,其热效率相当于当时蒸汽机的2倍。奥托循环把进气、压缩、做功及排气融为一体,使内燃机的结构紧凑和简化,从而推动了小型内燃机的实用化。奥托创建的内燃机工作原理,一直在现代汽车发动机上沿用至今。不过,奥托的内燃机以煤气为燃料,体积较大,质量较重,还不能用在汽车上。

德国人戈特利布·戴姆勒长期在奥托创建的道依茨发动机公司从事技术工作,他对汽油机更感兴趣,并认为奥托内燃机虽质量大、转速低,但只要稍加改进就可装在汽车上使用。奥托看到煤气机销路好,并认为内燃机在汽车上应用没有前途,不同意戴姆勒对他的内燃机进行改进。

图1-8　戴姆勒第一台卧式汽油机

1883年8月15日,戴姆勒和迈巴赫在奥托四冲程内燃机的基础上,通过改进开发出了第一台卧式汽油机,如图1-8所示。他们再接再厉,把发动机的体积尽可能缩小,终于制成了世界上第一台轻便小巧的化油器式、电点火的小型汽油机,转速达到了当时创纪录的750r/min。这是世界上第一台立式发动机,取名为"立钟",如图1-9所示。戴姆勒把这台发动机装在一辆自行车上,1885年8月29日,戴姆勒取得了这辆"骑式双轮车"的德国专利。这实际上是世界上第一辆摩托车,如图1-10所示。所以,戴姆勒又被称为"摩托车之父",该摩托车最快速度达到了11.2km/h。

图1-9　第一台立式发动机——立钟

图1-10　第一台摩托车

二、内燃机汽车的发明

卡尔·本茨是现代汽车工业的先驱者之一,人称"汽车之父"。1879年,卡尔·本茨研制成功火花塞点火内燃机。随后他又将内燃机改进为汽油发动机。1885年卡尔·本茨制造了世界上第一辆三轮汽油汽车,车上装有三个实心橡胶轮胎的车轮及一个卧置单缸二冲程汽油发动机。卡尔·本茨1886年1月29日向德国皇家专利局申报专利并获得批准，因此1月29日被认为是世界汽车诞生日，1886年为世界汽车诞生年。这辆汽车被命名为"奔驰1号"，现保存在慕尼黑科学博物馆内，如图1-11所示。

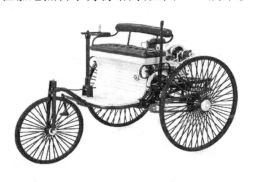

图1-11　奔驰一号

德国人发明了汽车，但在促进汽车初期发展方面作出贡献最多的却是法国人。1889年，法国人研制成功齿轮变速器、差速器。1891年，法国人首次采用前置发动机后轮驱动，开发出摩擦片式离合器；1895年，法国人开发出充气式橡胶轮胎；1898年，法国的雷诺1号车采用了箱式变速器、万向节传动轴和齿轮主减速器；1902年，法国的狄第安采用了流传至今的狄第安后桥半独立悬架。另外，1893年，德国人发明了化油器；1896年，英国人首次采用石棉制动片和转向盘。

1890年，德国人狄塞尔经过多年潜心研究，提出了压燃式柴油机的理论。1892年申请了专利，于1893年制造了第一台试验样机。该样机的热效率达到了26%，大大高于同时期的其他热机，如图1-12所示。狄塞尔发动机需要借助高压(7MPa)空气将燃油喷入汽缸。因为当时没有高压液体燃油泵，空气喷射需要高成本的高压空气泵和大容积储气罐，所以柴油机只能用于固定发电装置和轮船。直到1920年，小型的高速压燃发动机才开始用作汽车动力。1957年，德国人汪克尔发明了转子活塞发动机，如图1-13所示。它具有体积小、质量轻、结构简单、均匀的转矩特性、运行更安静、可靠性高和耐久性好等优点。但是它的缺点是密封难、油耗和排放高。

图1-12　压燃式发动机　　　　　　　　图1-13　转子发动机

第四节 世界著名汽车公司简介

一、大众汽车集团公司

大众汽车集团公司于1938年创建,创始人是费迪南德·波尔舍。

1. 大众品牌

大众品牌包括甲壳虫(Beetles)、宝来(Bora)、高尔夫(Golf)、捷达(Jetta)、帕萨特(Passat)、新甲壳虫(New Beetles)、辉腾(Phaeton)、波罗(Polo)、途锐(Touareg)及途安(Touran)等。大众品牌车标如图1-14所示。

2. 兰博基尼品牌

兰博基尼品牌创建于1963年,1998年被德国大众公司旗下的奥迪子公司收购。两大主流车型是Countach和Diablo。兰博基尼车标如图1-15所示。

图1-14 大众车标　　　　　　　图1-15 兰博基尼车标

3. 奥迪品牌

奥迪品牌1964年被大众汽车公司收购,汽车产品有A3系列、A4系列、A6系列、A8系列、R系列、敞篷车及运动车系列等。奥迪车标如图1-16所示。

4. 斯柯达品牌

斯柯达品牌创建于1894年。1991年,大众集团购买了斯柯达公司70%的股份。主要汽车品牌有速派(Superb)、欧雅(Octavia)和法比亚(Fabia)。斯柯达车标如图1-17所示。

图1-16 奥迪车标　　　　　　　图1-17 斯柯达车标

5. 布加迪品牌

布加迪品牌由意大利人埃多尔·布加迪(Ettoren Bugatti)于1909年创建于德国,1998年,德国大众公司买下了布加迪品牌所有权。主要车型包括布加迪威龙(Veyron)、布加迪EB112轿车、布加迪EB110GT及布加迪EB110SS等。布加迪车标如图1-18所示。

6. 宾利品牌

宾利品牌由沃尔特·欧文·宾利(Walter Owen Bentley)于1919年创建。1931年,劳斯莱斯公司将宾利公司买下,1998年,宾利被大众汽车集团公司收购。主要汽车产品分为雅致(Arnage)和欧陆(Continental)两大主要车系。宾利车标如图1-19所示。

图1-18 布加迪车标

图1-19 宾利车标

二、通用汽车公司

通用汽车公司是由威廉·杜兰特于1908年在别克汽车公司基础上发展起来的,成立于美国的汽车城底特律。

1. 雪佛兰品牌

1911年11月,威廉·杜兰特和路易斯·雪佛兰共同创建。主要产品有罗米娜(Lumina)、可喜佳(Corsica)、美宜堡(Malibu)及克尔维特(Corvette)等车系。雪佛兰车标如图1-20所示。

2. 别克品牌

别克品牌创建于1903年5月,创建人大卫·别克(David Buick)。主要生产世纪(Century)、皇朝(Regal)、林荫大道(Electra/Parkavenue)等轿车。别克车标如图1-21所示。

图1-20 雪佛兰车标

图1-21 别克车标

3. 凯迪拉克品牌

凯迪拉克品牌创建于1902年,创建人亨利·利兰得。主要产品有凯迪拉克(Cadillac)、埃尔多拉多(Eldorodo)、弗里特伍德(Fleetwood)、都市(de Ville)、赛威(Seville)、帝威(Deville)、凯帝(Catera)等轿车。凯迪拉克车标如图 1-22 所示。

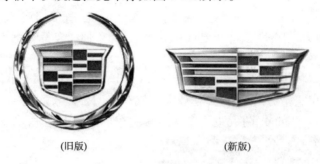

(旧版)　　　　　　(新版)

图 1-22　凯迪拉克车标

三、福特公司

1903 年,亨利·福特在美国底特律市创办福特汽车公司。1908 年,生产出世界上第一辆属于普通百姓的汽车——T 型车。1913 年,开发出了世界上第一条流水线。

1. 福特品牌

福特品牌包括 T 型车(Model T)、A 型车(Model A)、雷鸟(Thunderbird)、野马(Mustang)、F 系列(Fseries)、特使(Taurus)、稳达(Windstar)、皇冠维多利亚(CrownVictoria)、伊普拉(Explorer)、全顺(Transit)及福克斯(Focus)等。福特车标如图 1-23 所示。

图 1-23　福特车标

2. 路虎品牌

路虎品牌前身是建于 1884 年的自行车制造厂,1904 年开始生产汽车,1966 年,并入利兰汽车公司,1994 年被宝马公司接管。2000 年 3 月,路虎所有四轮驱动系列产品被福特汽车公司收购。主要汽车产品包括越野车、轿车和 MG 跑车,其中以揽胜(Ranger Rover)、发现者(Discovery)及神行者(Freelander)等车型较为出名。路虎车标如图 1-24 所示。

3. 捷豹品牌

捷豹品牌原是利兰汽车公司的分部,1990 年,被福特汽车公司收购。主要产品包括 XJ 系列、跑车系列和轿跑车系列等。捷豹车标如图 1-25 所示。

图 1-24　路虎车标　　　　　　　　图 1-25　捷豹车标

四、丰田汽车公司

1933 年,丰田汽车公司在日本创立,创始人丰田喜一郎,他主张"丰田生产方式"。

1. 丰田品牌

丰田品牌涵盖最低端的民用经济小汽车，到最高级的豪华轿车和 SUV。包括皇冠（Crown）、锐志（Reiz）、普锐斯（Prius）、卡罗拉（Corolla）、普拉多（Prado）、RAV4、普瑞维亚（Previa）、兰德酷路泽（Land Cruiser）、威驰（Vios）、柯斯达（Coaster）、汉兰达（Highlander）、雅力士（Yaris）及凯美瑞（Camry）等车型。丰田车标如图 1-26 所示。

2. 雷克萨斯品牌

2005 年，丰田汽车公司宣布凌志改名为雷克萨斯，雷克萨斯（Lexus）已拥有 LS、GS、IS、RX 等车系。雷克萨斯车标如图 1-27 所示。

图 1-26　丰田车标

3. 联营品牌

1953 年，斯巴鲁（SUBARU）重工汽车公司成立。前身是飞机研究所。1955 年，吞并了斯巴鲁工业、斯巴鲁汽车工业、大宫斯巴鲁工业、宇都宫车辆、东京斯巴鲁产业五个公司，组成斯巴鲁重工汽车公司。目前，丰田公司拥有斯巴鲁 8.7% 的股份。斯巴鲁车标如图 1-28 所示。

图 1-27　雷克萨斯车标　　　　　　　　图 1-28　斯巴鲁车标

五、戴姆勒－奔驰汽车公司

戴姆勒—奔驰汽车公司创立于 1926 年，创立人是德国人戈特利布·戴姆勒（Gottlieb Daimler）和卡尔·本茨（Karl Benz）。该公司主要生产高质量、高性能的高级汽车。

梅赛德斯—奔驰品牌有 13 个系列共 122 个品种。轿车共分 4 大类别，A 级（微型轿车）、C 级（小型轿车）、E 级（中型轿车）和 S 级（大型豪华轿车），跑车系列 SLK、CLK、SL 及 CL，多用途厢体车系列 M 和 V 级车等。奔驰车标如图 1-29 所示。

图 1-29　奔驰车标

六、宝马公司

1916 年，宝马汽车公司的前身——巴依尔飞机制造厂成立，以制造侦察机闻名于世。1917 年，此制造厂更名为宝马(BMW)公司。1928年,宝马公司推出首辆汽车。1933年,宝马公司推出BMW303型高性能双门四座轿车。

1. 宝马品牌

宝马品牌主要有3、5、6、7、8五个系列汽车及双座篷顶跑车等。宝马车标如图1-30所示。

2. 劳斯莱斯品牌

劳斯莱斯品牌的创始人是劳斯和莱斯,1998年6月,被大众收购。1998年7月,宝马公司购买了劳斯莱斯车标,2003年,开始生产劳斯莱斯牌轿车。主要名车有银鬼(Silver Ghost)、鬼怪(Phantom)、银云(Silver Cloud)、险路(Corniehe)、银影(Silver Shadow)、银刺(Silver Spur)及幻影(Phantom)等。劳斯莱斯车标如图1-31所示。

图1-30 宝马车标

图1-31 劳斯莱斯车标

3. 迷你品牌

MINI品牌于1959年在英国诞生,1994年,德国宝马集团从它原来的生产商英国罗孚汽车公司接手。经改良后的新Mini有四种车型:Mini One、Mini Cooper、Mini Cooper S和Mini敞篷车。MINI车标如图1-32所示。

图1-32 MINI车标

七、标致-雪铁龙汽车集团公司

1976年,标致汽车公司购买了雪铁龙汽车公司60%的股份,组建了标致-雪铁龙汽车集团公司。目前,PSA集团拥有标致和雪铁龙两大品牌。各自具有很大的经营独立性。标致汽车公司是法国最大的汽车集团公司,创立于1890年,创始人是阿尔芒·标致。雪铁龙汽车公司由安德烈·雪铁龙于1915年创立。

1. 标致品牌

标致品牌主要车型有标致106、标致405、标致505及标致407等。标致车标如图1-33所示。

2. 雪铁龙品牌

雪铁龙品牌主要产品是小客车和轻型载货汽车,该公司生产的主要车型有雪铁龙CX、雪铁龙AX、雪铁龙ZX、雪铁龙萨拉(Xsara)、雪铁龙白利克(Break)及雪铁龙桑蒂雅(Xantia)等。雪铁龙车标如图1-34所示。

图 1-33　标致车标　　　　　　　图 1-34　雪铁龙车标

八、雷诺－日产联盟

1999年3月,法国雷诺公司买下日产汽车公司36.8%的股份,又先后兼并韩国三星汽车公司和罗马尼亚达契亚汽车公司,组建雷诺－日产汽车联盟。1898年10月,路易斯·雷诺与其兄菲尔南德·雷诺及马塞尔·雷诺创立雷诺工厂,总部设在比昂古,后改组为雷诺股份有限公司,生产各种车辆。日产公司创立于1933年,其总部现设在日本东京市。日产公司的汽车产品分实用型、豪华型轿车和普通型轿车。

1. 雷诺品牌

雷诺品牌的主要车型有阿尔平(Alpineo)、克丽欧(Clio)、拉古娜(Laguna)、丽人行(Twingo)、埃斯帕斯(Espace)及梅甘娜(Megane)等。雷诺车标如图1-35所示。

2. 日产品牌

日产品牌的主要汽车产品有公爵(Cedric)、蓝鸟(Bluebird)、千里马(Maxima)、天籁(Teana)、骏逸(Geniss)等。

3. 英菲尼迪品牌

英菲尼迪品牌作为日产旗下的豪华车品牌诞生于1989年。拥有双门跑车、轿车、越野车和SUV等全系列车型。英菲尼迪车标如图1-36所示。

图 1-35　雷诺车标　　　　　　　图 1-36　英菲尼迪车标

九、菲亚特汽车集团公司

菲亚特汽车集团公司于1899年7月始建于意大利都灵市,创始人是乔瓦尼·阿涅利。1969年,菲亚特兼并了蓝旗亚汽车厂,并购买了法拉利车厂50%的股份,把世界跑车业的第一品牌法拉利归到了自己旗下。1984年,菲亚特收购了阿尔法·罗密欧。1993年,收购了玛莎拉蒂,成为一个经营多种品牌的汽车公司。

1. 法拉利品牌

法拉利品牌创建于1929年,创始人恩佐·法拉利,公司总部在意大利的摩德纳。主要跑车有F456GT、F612及F599等。2000~2008年,法拉利汽车公司生产了F2000、F2001、F2007及F2008等F1赛车。法拉利车标如图1-37所示。

2. 玛莎拉蒂品牌

玛莎拉蒂品牌1914年创建于意大利的科隆纳,创建人是莎拉蒂家族四兄弟。目前,为菲亚特汽车集团公司的子公司。主要车型有GranTurismo、Coupe、spyder、Gransport、Quattroporte及MC12等。玛莎拉蒂车标如图1-38所示。

图1-37 法拉利车标

图1-38 玛莎拉蒂车标

第五节 我国汽车工业的发展

中国汽车工业的发展道路可分为:建国初期25年(1953~1978年)、改革开放后15年(1978~1993年)和新的发展时期(1993年以后)3个阶段。

1950年1月,毛泽东主席、周恩来总理在莫斯科同苏联会谈,商定苏联援助中国一批重点工业项目,其中包括建设一座现代化载货汽车厂。1956年7月13日国产第一辆解放牌4t载货汽车在第一汽车制造厂诞生。1957年5月,一汽按一机部通知开始设计轿车。1958年5月5日试制第一辆东风牌71型轿车。该车为流线型车身,上部银灰色,下部紫红色,6座,装有冷热风,发动机舱盖前上方有一银色小龙装饰,发动机最大功率为51kW,最高车速为128km/h,耗油量为9L/100km,如图1-39所示。

1958年7月,第一辆红旗牌CA72型高级轿车试制成功。这辆轿车通体黑色,庄重大方。车前格栅采用扇子造型,宫灯式后灯,仪表板涂福建大漆,如图1-40所示。

1958年,上海汽车装配厂参考波兰的华沙轿车底盘、美国顺风轿车造型,装用南汽NJ050型发动机试制出第一辆轿车,定名为凤凰牌轿车,如图1-41所示。

1958年,北京第一汽车附件厂决定与清华大学合作设计生产轿车,试制出样车,命名为"井冈山"牌,同时,厂名改为北京汽车制造厂。为迎接国庆十周年,1958年一汽建简易轿车生产厂房,1959年初竣工,国庆节前试制出43辆,首批35辆7种颜色的红旗轿车开进首都,其中6辆参加国庆游行,2辆参加阅兵式。

图 1-39　东风牌轿车

图 1-40　红旗轿车　　　　　　　　　　图 1-41　凤凰牌轿车

1958 年以后的一段时间内,各省市纷纷利用汽车配件厂和修理厂仿制和拼装汽车,形成了中国汽车工业发展史上第一次"热潮"。到 20 世纪 50 年代末,中国的汽车制造厂迅速增长到 16 家,汽车改装厂增加到 28 家,汽车(特别是载货汽车)产量迅速稳步增长,达到 2 万多辆的水平。1966 年 4 月,首批 20 辆 CA770 型轿车发往北京,换下国家主要领导人乘坐的进口车。

1967 年 4 月 1 日,第二汽车制造厂正式破土动工,9 月工程全面开工,建设周期长达 10 年之久。由于依赖国家按计划供应原材料和包销全部产品,汽车企业缺乏自主开拓的活力,只重视中型货车,而对轿车认识不足,导致我国汽车工业"缺重少轻"和"轿车基本空白"的缺陷。

20 世纪 80 年代初期,我国汽车行业以各个大型骨干厂为主,联合一批相关的中、小企业组建了企业集团。"六五"计划期间,我国汽车工业加快了主导产品更新换代的步伐,注重提高产品质量和增添新品种。1985 年,中央在"七五"计划建议中提出了要把汽车工业作为支柱产业的方针;1987 年,国务院又确定了发展轿车工业来振兴我国汽车工业的战略。这两项决定确立了汽车工业在我国国民经济的重要地位以及汽车工业的发展重点。

在此期间,我国汽车工业有重点、有选择地引进国外先进技术 100 多项,其中整车项目 10 多项,各个引进项目在合资协作、基本建设、产品产量和国产化等方面均取得很大成绩。

1982 年 5 月,中国汽车工业公司在北京成立。1984 年 1 月 15 日,北京汽车制造厂与美国汽车公司(AMC)合资经营的北京吉普汽车有限公司举行开业仪式。1985 年 3 月中国与德国合资的上海大众汽车有限公司正式成立,9 月正式开业。1987 年 8 月国务院北戴河会议讨论发展轿车工业问题,确定一汽、二汽、上海三个轿车生产基地。9 月 27 日中国北方工业(集团)总公司和德国戴姆勒·本茨公司关于重型汽车生产许可证转让合同在北京签字。

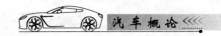

1990年11月一汽和德国大众汽车公司15万辆轿车合资项目在北京签字。

进入21世纪,随着全球经济一体化及产业分工专业化,我国汽车产业发展迅速,在全球汽车市场格局中的市场地位得到逐步提升。2013年中国汽车产销量超过了2100万辆,连续多年位居全球首位。随着全球分工体系的确立和汽车制造产业的转移,我国汽车工业把握住这一历史机遇并实现跨越式的发展,现已成为全球汽车工业体系的重要组成部分,并逐步完成由汽车生产大国向产业强国的角色转变。

2016年中国汽车产销呈现较快增长,产销总量再创历史新高,汽车产销分别完成2811.9万辆和2802.8万辆,比上年同期分别增长14.5%和13.7%,连续八年蝉联全球第一,我国乘用车行业未来仍然具备广阔的发展空间。

第二章 汽车分类与主要技术参数

第一节 汽车分类与代号

一、汽车的分类

1. 按照国家标准进行分类

我国国家标准《汽车和挂车类型的术语和定义》(GB/T 3730.1—2001)中将广义上的汽车分为有动力的汽车和无动力的挂车,有动力的汽车和无动力的挂车组成汽车列车。其中将汽车分为乘用车、商用车。汽车、乘用车、商用车、挂车和汽车列车分别定义如下。

1) 汽车

汽车是指由动力驱动,具有四个或四个以上车轮的非轨道承载的车辆,主要用于载运人员和(或)货物、牵引载运人员和(或)货物的车辆、特殊用途。

2) 乘用车

乘用车是指在其设计和技术特性上主要用于载运乘客及其随身行李和(或)临时物品的汽车,包括驾驶人座位在内最多不超过九个座位。它也可以牵引一辆挂车,具体分类见表2-1。

乘用车分类　　　　　　　　　　表2-1

分类	定义				
	车身	车顶(顶盖)	座位	车门	车窗
普通乘用车	封闭式	固定式,硬顶。有的车顶一部分可开启	四个或四个以上座位,至少两排。后座椅可折叠或移动,以形成装载空间	两个或四个侧门,可有一后启门	四个或四个以上侧窗
高级乘用车	封闭式,前后座之间可以设有隔板	固定式,硬顶。有的车顶一部分可开启	四个或四个以上座位,至少两排后排座椅前可安装折叠式座椅	四个或六个侧门,也可有一个后开启门	六个或六个以上侧窗
小型乘用车	封闭式,通常后部空间较小	固定式,硬顶。有的车顶一部分可开启	两个或两个以上的座位,至少一排	两个侧门,也可有一个后开启门	两个或两个以上侧窗

续上表

分类	定义				
	车身	车顶(顶盖)	座位	车门	车窗
敞篷车	可开启式	车顶可为软顶或硬顶,至少有两个位置:第一个位置遮覆车身,第二个位置车顶卷收或可拆除	两个或两个以上的座位,至少一排	两个或四个侧门	两个或两个以上侧窗
舱背乘用车	封闭式,侧窗中柱可有可无	固定式,硬顶。有的车顶一部分可以开启	四个或四个以上的座位,至少两排后座椅可折叠或可移动,可以形成一个装载空间	两个或四个侧门,车身后部有一舱门	
旅行车	封闭式车尾外形,可提供较大的内部空间	固定式,硬顶。有的车顶一部分可以开启	四个或四个以上的座位,至少两排。座椅的一排或多排可拆除,或装有向前翻倒的座椅靠背,以提供装载平台	两个或四个侧门,并有一后开启门	四个或四个以上侧窗
多用途乘用车	上述车辆以外的,只有单一车室载运乘客及其行李或物品的乘用车		除驾驶人以外的座位数大于或等于七个		
短头乘用车	这种乘用车一半以上的发动机长度位于车辆前风窗玻璃最前点以后,并且转向盘的中心位于车辆总长的前1/4部分内				
越野乘用车	这是一种在设计上所有车轮同时驱动(包括一个驱动轴可以脱开的车辆),或其几何特性(接近角、离去角、纵向通过角、最小离地间隙)、技术特性(驱动轴数、差速锁止机构或其他形式机构)和它的性能(爬坡度)允许在非道路上行驶的乘用车				
专用乘用车	运载乘员或物品并完成特定功能的乘用车,它具备完成特定功能所需的特殊车身和(或)装备。例如,旅居车、防弹车、救护车、殡仪车等				
专用乘用车	旅居车	是一种至少具有下列生活设施结构的乘用车:座椅和桌子;睡具可由座椅转换而来;炊事设施;储藏设施			
	防弹车	用于保护所运送的乘员或物品,并符合装甲防弹要求的乘用车			
	救护车	用于运送病人或伤员,并为此目的配有专用设备的乘用车			
	殡仪车	用于运送死者,并为此目的而配有专用设备的乘用车			

3）商用车

在设计和技术特性上用于运送人员和货物的汽车，并且可以牵引挂车，乘用车不包括在内，具体分类见表2-2。

商用车分类　　　　　　　　　　　　　　　　　　　　　　　　　　　　表2-2

分 类		定 义
客车	小型客车	用于载运乘客,除驾驶人座位外,座位数不超过16座的客车
	城市客车	一种为城市内运输而设计和装备的客车。这种车辆设有座椅及站立乘客的位置,并有足够的空间供频繁停站时乘客上下车走动用
	长途客车	一种为城市内运输而设计和装备的客车。这种车辆没有专供乘客站立的位置,但在其过道内可载运短途站立的乘客
	旅游客车	一种为旅游而设计和装备的客车。这种车辆的布置要确保乘客的舒适性,不载运站立的乘客
	铰接客车	一种由两节刚性车厢铰接组成的客车。在这种车辆上,两节车厢是相通的,乘客可通过铰接部分在两节车厢之间自由走动。两节刚性车厢永久连接,只有在工厂车间使用专用的设施才能将其拆开
	无轨电车	一种经架线由电力驱动的客车。这种电车可指定用作多种用途
	越野客车	在其设计上所有车轮同时进行驱动(包括一个驱动轴可以脱开的车辆)或其几何特性(接近角、离去角、纵向通过角、最小离地间隙)、技术特性(驱动轴数、差速锁止机构或其他形式机构)和它的性能(爬坡度)允许其在非道路上行驶的一种车辆
	专用客车	在其设计和技术特性上只适用于需经特殊布置安排后才能载运人员的车辆

（1）客车。在设计和技术特性上用于载运乘客及其随身行李的商用车辆，包括驾驶人座位在内座位数超过九座。客车有单层的或双层的，也可牵引一辆挂车。

（2）半挂牵引车。装备有特殊装置用于牵引半挂车的商用车辆。

（3）货车。一种主要为载运货物而设计和装备的商用车辆，它能否牵引一挂车均可，具体分类见表2-3。

货车分类　　　　　　　　　　　　　　　　　　　　　　　　　　　　表2-3

分 类		定 义
货车	普通货车	一种在敞开(平板式)或封闭(厢式)载货空间内载运货物的货车
	多用途货车	带有固定或折叠式座椅,可载运三个以上的乘客的货车
	全挂牵引车	一种牵引牵引杆式挂车的货车,它本身可在附属的载运平台上运载货物
	越野货车	在其设计上所有车轮同时进行驱动(包括一个驱动轴可以脱开的车辆)或其几何特性(接近角、离去角、纵向通过角、最小离地间隙)、技术特性(驱动轴数、差速锁止机构或其他形式机构)和它的性能(爬坡度)允许其在非道路上行驶的一种车辆
	专用作业车	在其设计和技术特性上用于特殊工作的货车。例如,消防车、救险车、垃圾车、应急车、街道清洗车、扫雪车及清洁车等
	专用货车	在其设计和技术特性上用于运输特殊物品的货车。例如,罐式车、乘用车运输车和集装箱运输车等

4) 挂车

挂车是指就其设计和技术特性需由汽车牵引,才能正常使用的一种无动力的道路车辆,用于载运人员和(或)货物,具体分类见表2-4。

挂 车 分 类　　　　　　　　表 2-4

分　类		定　义
全挂车	牵引杆挂车	至少有两根轴的挂车,一轴可转向;通过角向移动的牵引杆与牵引车连接;牵引杆可垂直移动,连接到底盘上,因此不能承受任何垂直力。具有隐藏支地架的半挂车也作为牵引杆挂车
	客车挂车	在其设计和技术特性上用于载运人员及其随身行李的牵引杆挂车
	牵引杆货车挂车	在其设计和技术特性上用于载运货物的牵引杆挂车
	通用牵引杆挂车	一种在敞开(平板式)或封闭(厢式)载货空间内载运货物的牵引杆挂车
	专用牵引杆挂车	一种牵引杆挂车,按其设计和技术特性用作需经特殊布置后才能载运人员和(或)货物;只执行某种规定的运输任务。例如,乘用车运输挂车、消防挂车、低地板挂车、空气压缩机挂车等
半挂车		车轴置于车辆重心(当车辆均匀受载时)后面,并且装有将水平或垂直力传递到牵引车的连接装置的挂车
中置轴挂车		牵引装置不能垂直移动(相对于挂车),车轴位于紧靠挂车的重心(当均匀载荷时)的挂车,这种车辆只有较小的垂直静载荷作用于牵引车,不超过相当于挂车最大质量的10%或1000N的载荷(两者取较小者)。其中一轴或多轴可由牵引车来驱动

5) 汽车列车

汽车列车是一辆汽车与一辆或多辆挂车的组合,具体分类见表2-5。

汽 车 列 车 分 类　　　　　　　　表 2-5

分　类		定　义
汽车列车	乘用车列车	乘用车和中置轴挂车的组合
	客车列车	一辆客车与一辆或多辆挂车的组合。各节乘客车厢不相通,有时可设服务走廊
	货车列车	一辆货车与一辆或多辆挂车的组合
	牵引杆挂车列车	一辆全挂牵引车与一辆或多辆挂车的组合
	铰接列车	一辆半挂牵引车与具有角向移动连接的半挂车组成的车辆
	双挂列车	一辆铰接式列车与一辆牵引杆挂车的组合
	双半挂列车	一辆铰接式列车与一辆半挂车的组合。两辆车的连接是通过第二个半挂车的连接装置来实现的
	平板列车	一辆货车和一辆牵引杆货车挂车的组合;在可角向移动的货物承载平板的整个长度上载荷都是不可分地置于牵引车和挂车上。为了支承这个载荷可以使用辅助装置。这个载荷和(或)它的支撑装置构成了这两个车辆的连接装置,因此不允许挂车再有转向连接

2. 按汽车结构分类

1) 按汽车的行走方式进行分类

(1) 轮式汽车。用车轮作为行走装置的汽车。

(2) 履带式汽车。用履带作为行走装置的汽车。

2) 按动力装置进行分类

(1) 内燃机汽车。用内燃机作为动力装置的汽车。

(2) 电动汽车。用电动机作为动力装置的汽车。

3) 按发动机的位置分类

(1) 前置发动机。将发动机安装在车辆前部的汽车。

(2) 后置发动机。将发动机安装在车辆后部的汽车。

(3) 中置发动机。将发动机安装在前后桥之间的地板下方的汽车。

4) 按驱动方式进行分类

(1) 前轮驱动汽车。指用前轮作为驱动轮的汽车。

(2) 后轮驱动汽车。指用后轮作为驱动轮的汽车。

(3) 全轮驱动汽车。指前后轮都可以作为驱动轮的汽车。

5) 按发动机位置和驱动方式进行分类

(1) 前置前驱动(FF)汽车。指前置发动机、前轮驱动的汽车。

(2) 前置后驱动(FR)汽车。指前置发动机、后轮驱动的汽车。

(3) 后置后驱动(RR)汽车。指后置发动机、后轮驱动的汽车。

(4) 中置后驱动(MR)汽车。指中置发动机、后轮驱动的汽车。

6) 按承载方式进行分类

(1) 承载式车身汽车。指车身作为承载基础件(无车架)的汽车。

(2) 非载式车身汽车。指车架作为承载基础件的汽车。

二、汽车型号编制规则

汽车型号应能表明汽车的厂牌、类型和主要特征参数等。1988年国家颁布了《汽车产品型号编制规则》(GB 9417—1988)。该项国家标准规定,国家汽车型号均应由汉语拼音字母和阿拉伯数字组成,不适用于军用特种车辆(如装甲车、水陆两用车、导弹发射车等)。目前该标准已经作废,但是国家未制定新的汽车型号编制方法标准。由于汽车型号使用周期很长,其标示内容简便易懂,因此很多汽车企业和产品仍按照原国家标准的规定进行型号的编制,下面就对《汽车产品型号编制规则》简单进行介绍。

1. 汽车产品型号的构成

汽车的产品型号由企业名称代号、车辆类别代号、主参数代号、产品序号组成,必要时附加企业自定代号,如图2-1所示;对于专用汽车及专用半挂车还应增加专用汽车分类代号,如图2-2所示。

2. 基本内容

1) 企业名称代号

企业名称代号位于产品型号的第一部分,用代表企业名称的两个或三个汉语拼音字母表示。

2) 车辆类别代号

各类汽车的类别代号位于产品型号的第二部分,用一位数字表示,见表2-6。

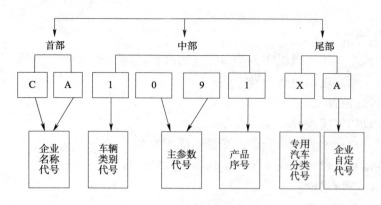

图 2-1 汽车产品型号的构成

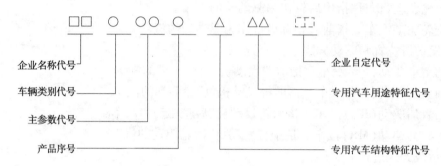

图 2-2 专用汽车分类代号

车辆类别代号和主参数代号　　　　表 2-6

车辆类别代号		主参数代号
载货汽车	1	表示汽车总质量(t)数值
越野汽车	2	表示汽车总质量(t)数值
自卸汽车	3	表示汽车总质量(t)数值
牵引汽车	4	表示汽车总质量(t)数值
专用汽车	5	表示汽车总质量(t)数值
客车	6	表示汽车总长度(0.1m)数值
轿车	7	表示发动机工作容积(0.1L)数值
半挂车及专用半挂	8	表示汽车总质量(t)数值

3）主参数代号

各类汽车的主参数代号位于产品型号的第三部分,用两位数字表示,见表2-6。

4）产品序号

各类汽车的产品序号位于产品型号的第四部分,用数字表示,数字由 0、1、2 依次使用。

5）专用汽车分类代号

如果是专用汽车,则在汽车型号的中间加了三位"专用汽车分类代号"（包括专用汽车结构特征代号1位和专用汽车用途特征代号2位)。结构特征代号见表2-7,用途特征代号另行规定。

专用车结构特征代号　　　　表2-7

车辆类别	厢式汽车	特种结构汽车	罐式汽车	起重举升汽车	专用自卸车	仓栅式汽车
结构特征代号	X	T	G	J	Z	C

6)企业自定代号

企业自定代号位于产品型号的最后部分,同一种汽车结构略有变化而需要区别时,例如汽油发动机、柴油发动机、长轴距、短轴距等,可用汉语拼音字母和数字表示,位数也由企业自定。

3.汽车产品型号示例

(1)CA1091:一汽集团生产的总质量为9t的第二代载货汽车。

(2)XMQ6122:厦门金龙旅行车制造有限公司生产的长度为12m的第三代客车。

(3)TJ7100:天津汽车厂生产的排量为1.0L的第一代轿车。

三、发动机型号编制规则

2008年国家新颁布了《内燃机产品名称和型号编制规则》(GB/T 725—2008),该项国家标准代替了《内燃机产品名称和型号编制规则》(GB/T 725—1991),规定了内燃机产品名称及其型号编制规则,适用于往复式内燃机,其他类型的内燃机亦可参照使用。

1.发动机产品和型号编制的构成

发动机产品型号由四部分构成,第一部分由制造商系列符号组成;第二部分由缸数、汽缸布置形式符号、冲程形式符号和缸径符号组成;第三部分由结构特征和用途特征符号组成;第四部分由制造商自定的区分符号组成,如图2-3所示。

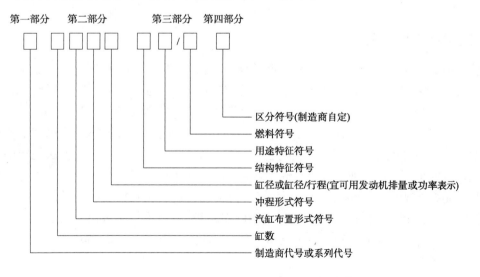

图2-3　发动机产品名称和型号编制规则

2. 基本内容

1) 制造商代号

发动机型号的第一部分由制造商系列符号组成，本部分制造商根据需要选择相应的 1～3 位字母组成。

2) 主要参数代号

第二部分由发动机的汽缸数量、汽缸布置形式符号(无符号为直列，V 为 V 形，H 为 H 形)、冲程形式符号和缸径符号组成。

3) 结构特征和用途特征符号

第三部分由结构特征和用途特征符号组成。例如：

(1) 结构特征：无符号为冷却液冷却；F 为风冷；Z 为增压；ZL 为增压中冷。

(2) 用途特征：无符号为通用型；T 为拖拉机；M 为摩托车；G 为工程机械；Q 为汽车；J 为铁路机车；D 为发电机组；C 为船用主机，右机基本型；CZ 为船用主机，左机基本型；Y 为农用车；L 为林业机械。

斜线后面为发动机的燃料符号，如果燃料是汽油可以写为/P，如果是柴油可以省略不写。

4) 区分符号

第四部分为区分符号，同系列产品需要区分时，允许制造商选用适当符号表示。

3. 发动机型号编制示例

(1) YZ6102Q：表示扬州柴油机厂生产的六缸直列、四冲程、缸径为 102mm、冷却液冷却、汽车用柴油机。

(2) 492Q/P-A：表示四缸直列四冲程，缸径为 92mm，冷却液冷却，汽车用发动机，燃油为汽油(燃油为柴油则无代码)，A 为区分符号。

(3) E65F：表示单缸，二冲程，缸径为 65mm，风冷通用型发动机。

(4) 4100Q：表示四缸，四冲程，缸径为 100mm，冷却液冷却，汽车用发动机。

(5) 8V100：表示八缸，四冲程，缸径为 100mm，V 形，冷却液冷却，通用型发动机。

四、车辆识别代号

我国为加强车辆生产企业及产品管理，规范车辆识别代号的管理和使用，根据国家有关法律、法规，于 2004 年 12 月 1 日起施行国家发展和改革委员会制定的《车辆识别代号管理办法(试行)》，同时原国家机械工业局《车辆识别代号(VIN)管理规则》(CMVR A01-01，国机管〔1999〕20 号)废止。此办法适用于在中华人民共和国境内制造、销售的道路机动车辆以及需要标示 VIN 的其他类型车辆产品，包括完整车辆产品和非完整车辆产品。办法规定中华人民共和国境内的车辆生产企业及进口车辆生产企业均需在生产、销售的车辆产品上标示 VIN。

VIN 是指车辆生产企业为了识别某一辆车而为该车辆指定的一组字码，由 17 位字码构成，分为三部分：世界制造厂识别代号(World Manufacturer Identifier, WMI)、车辆说明部分(Vehicle Descriptor Section, VDS)、车辆指示部分(Vehicle Indicator Section, VIS)。

1. VIN 的含义

1) 1～3 位(WMI)：世界制造商识别代码

(1) 第一个字符是表示地理区域，如非洲、亚洲、欧洲、大洋洲、北美洲和南美洲或生产国别或地区代码。一些国家或地区的代码见表2-8。

一些国家或地区代码　　　　表2-8

代码	国家或地区	代码	国家或地区	代码	国家或地区	代码	国家或地区	代码	国家或地区
1	美国	J	日本	S	英国	2	加拿大	K	韩国
T	瑞士	3	墨西哥	L	中国	V	法国	4	美国
R	中国台湾	W	德国	6	澳大利亚	Y	瑞典	9	巴西

（2）第二个字符表示一个特定地区内的一个国家。第一、二个字符的组合将能保证国际识别标志的唯一性。

（3）第三个字符表示某个特定的制造厂，由各国的授权机构负责分配。对于年产量大于或等于500辆的制造厂，世界制造识别代号由上述的三位字码组成。如果某制造厂的年产量少于500辆，其识别代号的第三个字码就是9。目前将第二、三位字符合并表示生产厂家。

DC——神龙；SW——上汽；MW——宝马；CA——一汽；EQ——二汽；TJ——天津。

2）4~9位（VDS）：车辆说明部分

由六位字符表示，如果制造厂不用其中的一位或者几位字符，应在该位置填入制造厂选定的字母或者数字占位。此部分应能识别车辆的一般特性，其代号顺序由制造厂决定，对于不同类型的车辆，在VDS中描述的车型特征也不同。

（1）一般来说，第四个字符表示车辆种类。如：

1——普通乘用车；　　2——活顶乘用车；　　3——高级乘用车；　　4——小型乘用车；

5——敞篷车；　　6——舱背乘用车；　　7——旅行车；　　8——多用途乘用车；

9——短头乘用车；　　10——越野乘用车；　　11——专用乘用车。

（2）第五个字符表示车型系列代码，与生产厂家有关，一般和第四位数字共同组成车型代码。

（3）第六个字符表示车身外形代码，如：

1——二厢五门车；　　2——旅行车；　　3——三厢四门车。

有些公司是用字母表示车辆外观。

（4）第七个字符表示发动机类型代码，如：

L——1.6L发动机；　　2——2.0L发动机。

（5）第八个字符表示所装备变速器类型，如：

1——四挡手动变速器；　　2——五挡手动变速器；　　3——自动变速器。

（6）第9位为检验位，通过一定的算法防止输入错误。检验位一般用0~9十个数字表示或字母"X"表示。

3）10~17位（VIS）：车辆指示部分

车辆指示部分由八位字符组成，其最后四位应该是数字。

（1）第10位为车型年份，即厂家规定的型年（Model Year），不一定是实际生产的年份，但一般与实际生产的年份之差不超过1年，车型年份对照表见表2-9、表2-10。

车型年份对照表（一）　　　　　　　　　　　　　　表2-9

代码	年代	代码	年代	代码	年代	代码	年代	代码	年代	代码	年代	代码	年代
A	1980	D	1983	G	1986	K	1989	N	1992	S	1995	W	1998
B	1981	E	1984	H	1987	L	1990	P	1993	T	1996	X	1999
C	1982	F	1985	J	1988	M	1991	R	1994	V	1997	Y	2000

车型年份对照表（二）　　　　　　　　　　　　　　表2-10

年份	代码	年份	代码	年份	代码	年份	代码
2001	1	2011	B	2021	M	2031	1
2002	2	2012	C	2022	N	2032	2
2003	3	2013	D	2023	P	2033	3
2004	4	2014	E	2024	R	2034	4
2005	5	2015	F	2025	S	2035	5
2006	6	2016	G	2026	T	2036	6
2007	7	2017	H	2027	V	2037	7
2008	8	2018	J	2028	W	2038	8
2009	9	2019	K	2029	X	2039	9
2010	A	2020	L	2030	Y	2040	A

（2）第11位表示装配厂，0代表原厂装配。

（3）第12～17位表示生产顺序号，一般情况下，汽车召回都是针对某一顺序号范围内的车辆，即某一批次的车辆。

2. VIN 的位置

VIN 最常见的通用位置是在车辆仪表板的左侧，如图2-4所示。

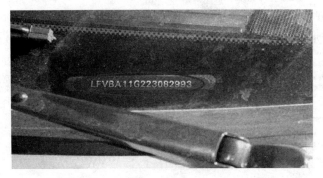

图2-4　车辆仪表板的左侧的VIN

还有的是在右前悬架上的VIN，如图2-5所示。

图 2-5　右前悬架上的 VIN

还有的 VIN 是在汽车内板的铭牌上,如图 2-6 所示。

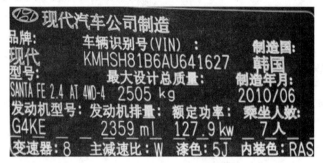

图 2-6　汽车内板的铭牌上的 VIN

第二节　汽车的基本原理及主要技术参数

一、汽车基本结构组成

从汽车的整体构造而言,任何一辆汽车都包括发动机、底盘、车身和电气设备四大部分。

1. 发动机

发动机是汽车的动力装置,其功用是将进入汽缸的燃料燃烧而变成热能,并转化成动能,通过底盘的传动系统驱动汽车行驶,如图 2-7 所示。车用汽油发动机一般包括两大机构、五大系统,如图 2-8a)所示,即曲柄连杆机构、配气机构、燃料供给系统、冷却系统、润滑系统、点火系统和起动系统。车用柴油机一般包括两大机构、四大系统,即:曲柄连杆机构、配气机构、燃料供给系统、冷却系统、润滑系统和起动系统,柴油发动机的点火方式为压燃式,所以无点火系统,如图 2-8b)所示。

1) 曲柄连杆机构的功用和组成

曲柄连杆机构的功用是将燃料燃烧时产生的热能转变为活塞往复运动的机械能,再通过连杆将活塞的往复运动变为曲轴的旋转运动而对外输出动力。曲柄连杆机构由机体组、活塞连杆组和曲轴飞轮组组成。

(1) 机体组包括汽缸盖、汽缸体、曲轴箱、油底壳和汽缸垫等不动件。

(2) 活塞连杆组包括活塞、活塞环、活塞销和连杆等运动件。

(3) 曲轴飞轮组包括曲轴、飞轮和扭转减振器、平衡轴等机构。

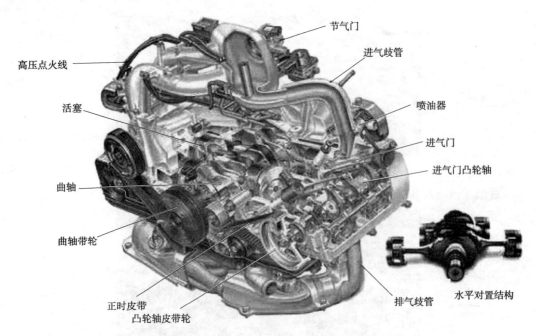

图 2-7 发动机结构示意图

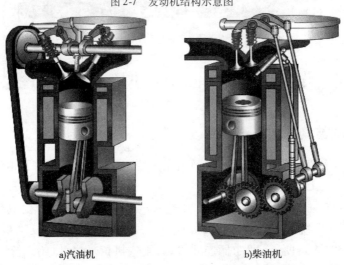

a)汽油机　　　　　　b)柴油机

图 2-8 汽油机和柴油机结构

曲柄连杆机构是在高温（2500K）、高压（5～9MPa）、高速（3000～6000r/min）以及有化学腐蚀的条件下工作的。曲柄连杆机构还要受到气体压力、往复惯性力、旋转运动件的离心力和相对运动件接触表面的摩擦力等。

2）配气机构的功用和组成

配气机构的功用是按照发动机各个汽缸的工作顺序、定时开启和关闭各个汽缸的进排气门，使新鲜气体及时充入汽缸并及时让废气从汽缸中排出。配气机构由正时齿轮、凸轮轴、挺柱、推杆、摇臂和气门等部件组成。

3）冷却系统的功用和分类

冷却系统的功用是保持发动机在最适宜的温度范围内工作。发动机过热会降低充气效率,使发动机功率下降,使发动机的爆燃倾向加大,零件因承受冲击性负荷而造成早期损坏;运动件的正常间隙被破坏,运动阻滞,磨损加剧,甚至损坏等。发动机过冷会使进入汽缸的混合气(或空气)温度太低,可燃混合气品质差,使点火困难或燃烧迟缓,导致发动机功率下降,燃烧消耗量增加;燃烧生成物中的水汽易凝结成水而与酸性气体形成酸类,加重了机体和零件的侵蚀作用等。

4)润滑系统的功用和润滑方式

润滑系统的功用是不间断地把清洁的、压力和温度适宜的润滑油送到各运动部件的摩擦表面,在运动机件之间产生油膜。车用发动机的润滑方式分为压力润滑和飞溅润滑。

(1)压力润滑是将润滑油以一定的压力输送到摩擦面间隙形成油膜润滑的方式。

(2)飞溅润滑是利用发动机工作时运动零件转动飞溅起来的机油油滴和油雾润滑摩擦表面的方式。

发动机的某些部位如水泵、发电机轴承等处可利用润滑脂(黄油)定期地予以润滑。有些轴承使用含油轴承不需润滑。

5)起动系统的功用和起动方式

要使发动机由静止状态过渡到工作状态,必须先用外力转动发动机的曲轴,使活塞做往复运动,汽缸内的可燃混合气燃烧膨胀做功,推动活塞向下运动使曲轴旋转,发动机才能自行运转,工作循环才能自动进行。因此,曲轴在外力作用下开始转动到发动机开始自动地怠速运转的全过程,称为发动机的起动,完成起动过程所需的装置,称为发动机的起动系统。

起动方式可以分为人力起动和电动机起动。人力起动比较简单,只需将起动手摇柄端头的横销嵌入发动机曲轴前端的起动爪内,以人力转动曲轴。电动机起动是用电动机作为机械动力,当将电动机轴上的齿轮与发动机飞轮周缘的齿圈啮合时,动力就传到飞轮和曲轴,使之旋转。电动机本身又用蓄电池作为电源。

6)燃料供给系统的功用

汽油机燃料供给系统的功用是将汽油经过雾化和蒸发并和空气按一定比例均匀混合成可燃混合气,再根据发动机各种不同工况的要求,向发动机汽缸内供给不同质(即不同浓度)和不同量的可燃混合气,以便在临近压缩终了时点火燃烧膨胀做功,最后将燃烧废气排出汽缸。

柴油机燃料供给系统的功用是不断供给发动机经过滤清的清洁燃料和空气,根据柴油机不同工况的要求,将一定量的柴油以一定压力和喷油质量定时喷入燃烧室,使其与空气迅速混合并燃烧,做功后将燃烧废气排出汽缸。

7)点火系统的功用和类型

由于汽油自燃温度高,难以被压燃,因此汽油发动机设置了点火系统,采用电火花点燃可燃混合气。点火系统的功用是将汽车电源供给的低压电转变为高压电,并按照发动机的做功顺序与点火时间的要求适时、准确地配送给各缸的火花塞,在其间隙处产生点火花,点燃汽缸内的可燃混合气。

汽车点火系统按其组成和产生高压电的方式不同可分为传统点火系统,电子点火系统和计算机控制点火系统三种类型。传统点火系统是指初级电路的通断由断电器触电控制的点火系统,其结构简单,成本低廉,但故障率高,高速性能差,已逐步淘汰。电子点火系统是指初级电路的通断由晶体管控制的点火系统,其具有高速性能好、点火时间精确、结构简单、质量轻、体积小等优点,已经逐渐取代传统点火系统。计算机控制点火系统是指计算机根据各种传感器输入的信号,经过数学运算和逻辑判断,控制初级电流通断的点火系统,是目前比较先进的点火系统,应用越来越广泛。

8) 发动机的工作原理

汽油机是将空气与汽油以一定的比例混合成良好的混合气,在进气行程被吸入汽缸,混合气经压缩点火燃烧而产生热能,高温高压的气体作用于活塞顶部,推动活塞作往复直线运动,通过连杆、曲轴飞轮机构对外输出机械能。四冲程汽油机在进气行程、压缩行程、做功行程和排气行程内完成一个工作循环,如图2-9所示。

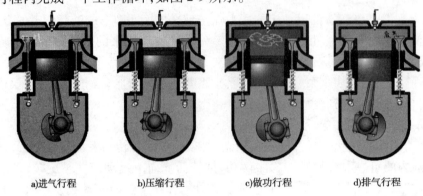

a) 进气行程　　　b) 压缩行程　　　c) 做功行程　　　d) 排气行程

图 2-9　四冲程汽油机工作原理

(1) 进气行程。活塞在曲轴的带动下由上止点移至下止点。此时进气门开启,排气门关闭,曲轴转动180°。在活塞移动过程中,汽缸容积逐渐增大,汽缸内气体压力逐渐降低,汽缸内形成一定的真空度,空气和汽油的混合气通过进气门被吸入汽缸,并在汽缸内进一步混合形成可燃混合气。由于进气系统存在阻力,进气终点时,汽缸内气体压力小于大气压力。由于进气管、汽缸壁、活塞顶、气门和燃烧室壁等高温零件的加热以及与残余废气的混合,进入汽缸内的可燃混合气的温度能够升高到340~400K。

(2) 压缩行程。压缩行程时,进、排气门同时关闭。活塞从下止点向上止点运动,曲轴转动180°。活塞上移时,工作容积逐渐缩小,缸内混合气受压缩后压力和温度不断升高,到达压缩终点时温度达600~750K。

(3) 做功行程。当活塞接近上止点时,由火花塞点燃可燃混合气,混合气燃烧释放出大量的热能,使汽缸内气体的压力和温度迅速提高,温度达2200~2800K。高温高压的燃气推动活塞从上止点向下止点运动,并通过曲柄连杆机构对外输出机械能。

(4) 排气行程。排气行程时,排气门开启,进气门仍然关闭,活塞从下止点向上止点运动,曲轴转动180°。排气门开启时,燃烧后的废气一方面在汽缸内外压差的作用下向缸外排出,另一方面通过活塞的排挤作用向缸外排气。

2. 底盘

底盘的功用是用来支撑车身,接受发动机产生的动力,并保证汽车按照驾驶人的操纵正常行驶,底盘本身又包括传动系统、行驶系统、转向系统和制动系统。

1) 传动系统

传动系统的功用是将发动机产生的动力传给驱动车轮。它包括离合器、变速器、传动轴、万向节、主减速器、差速器、半轴及桥壳等。

2）行驶系统

行驶系统的功用是将汽车各总成及部件安装在适当位置,对全车起支撑作用和对路面起附着作用,缓和道路冲击和振动。它包括支撑全车承载式车身、副车架和前、后悬架及前、后轮等。

3）转向系统

转向系统的功用是保证汽车能够按照驾驶人所给的方向行驶。它由转向操纵机构、转向器及转向传动机构组成,有的汽车还有转向助力装置。

4）制动系统

制动系统的功用是能够对汽车的减速过程进行人为控制,必要时能在短距离内停车,以保证汽车的行车安全。它包括前、后轮制动器以及制动传动装置。

3. 车身

车身是驾驶人的工作场所,也是装载乘客和货物的部件。它包括车前板制件(俗称车头)、车身本体,还包括货车的驾驶室和货厢以及某些汽车上的专用作业设备。

4. 电气设备

电气设备包括电源组、发动机起动系统和点火系统,汽车的照明和信号装置、仪表、导航系统、电视、音响、电话等电子设备和各种人工智能装置等。

二、汽车的主要技术参数

1. 汽车尺寸参数

汽车尺寸参数如图2-10所示。

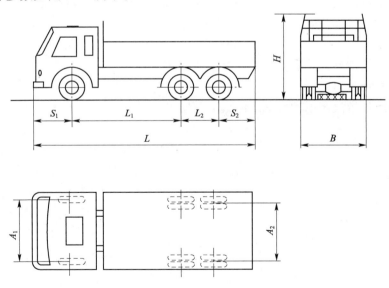

图2-10 汽车常用结构参数

1）车长 L(mm)

车长是垂直于车辆纵向对称平面,并分别抵靠在汽车前、后最外端凸出部位的两垂面之间的距离。

2) 车宽 $B(mm)$

车宽是平行于车辆纵向对称平面并分别抵靠车辆两侧固定突出部位(除后视镜、侧面标志灯、方位灯、转向指示灯)的两平面之间的距离。

3) 车高 $H(mm)$

车高是车辆支承平面与车辆最高突出部位相抵靠的水平面之间的距离。

4) 轴距 L_1、$L_2(mm)$

轴距是指汽车直线行驶时,同侧相邻两轴的车轮落地中心点到车辆纵向对称平面的两条垂线间的距离。

5) 轮距 A_1、$A_2(mm)$

轮距是指在支承平面上,汽车同轴左右车轮两轨迹中心间的距离(轴两端为双车轮时,为左右两条轨迹的中间的距离)。

6) 前悬 $S_1(mm)$

前悬是指汽车在直线行驶位置时,前端刚性固定件的最前点到通过两前轮轴线的垂直面间的距离(mm)。

7) 后悬 $S_2(mm)$

后悬是指汽车后端刚性固定件的最后点到通过最后车轮轴线的垂直面间的距离。

2. 质量参数

1) 最大总质量(kg)

最大总质量指汽车满载时的质量。

2) 整车整备质量(kg)

整车整备质量指汽车完全装备好的质量,除了整车质量外,还包括燃料、润滑油、冷却液及随车工具等的质量,但不包括人员和货物。

3) 最大装载质量(kg)

最大装载质量指最大总质量和整车整备质量之差。

4) 最大轴载质量(kg)

最大轴载质量指汽车单轴所承载的最大总质量。

第三章 汽车发动机构造

第一节 发动机分类

从汽车的整体构造而言,任何一辆汽车都包括发动机、底盘、车身和电气设备四大组成部分。发动机是将燃料燃烧所产生的热能转化为机械能的装置。汽车用活塞式发动机可以根据不同的特征分类。

一、按使用燃料分类

按使用燃料车用发动机可以分为液体燃料发动机和气体燃料发动机。常见的液体燃料发动机如汽油机和柴油机。常见的气体燃料发动机如液化石油气(LPG)发动机、压缩天然气(CNG)发动机等。

二、按发火方式分类车用发动机可以分为点燃式发动机和压燃式发动机

按发火方式车用发动机可以分为点燃式发动机和压燃式发动机。汽油的理化特性是其自燃的温度比柴油的要高,因此常利用火花塞发出的电火花点燃汽油和空气的混合气,使其燃烧,这种发动机称为点燃式发动机。柴油的理化特性是在同样的条件下其自燃点比汽油的自燃点低,一般可以通过喷油泵和喷油器将柴油直接喷入发动机的汽缸内,柴油在汽缸内与压缩空气均匀混合后,在高温下自燃,这种发动机称为压燃式发动机。

三、按工作循环的冲程数分类

在发动机内,每一次将热能转变为机械能都必须经过进气、压缩、做功和排气这样一系列的连续过程,称为一个工作循环。对于往复活塞式发动机,可以根据每一工作循环所需活塞行程数来分类。活塞往复四个单程完成一个工作循环的称为四冲程发动机,活塞往复两个单程即完成一个工作循环的称为二冲程发动机。

四、按汽缸数及其排列方式分类

发动机按汽缸数分类可以分为单缸发动机和多缸发动机。仅有一个汽缸的称为单缸发动机,有两个及以上汽缸的称为多缸发动机。

按汽缸排列形式发动机可以分为L形、V形、W形和H形(图3-1),其中L形即直列发动机最为常见。V形发动机的优点是运转稳定、节省空间,缺点是结构比较复杂,造价较高。H形水平对置发动机的优点是重心低、易与操控、平衡性非常好,缺点是造价高,发动机过宽。W形发动机的优点是结构紧凑,容纳更多汽缸,排量大,缺点是结构太复杂。

a)L形　　　　　　b)V形　　　　　　c)H形

图3-1　不同汽缸排列形式的发动机

五、按进气方式分类

当发动机不装增压器,空气是靠活塞的抽吸作用进入汽缸内的发动机,称为非增压发动机(自然吸气式发动机)。发动机上如果装有增压器,增压器可以提高进气压力,这样的发动机称为增压发动机。

六、按冷却方式分类

根据冷却方式不同,发动机可以分为水冷发动机和风冷发动机。

第二节　发动机机体组与曲柄连杆机构

曲柄连杆机构的功用是把燃气作用在活塞顶上的力转变为曲轴的转矩,以向工作机械输出机械能。曲柄连杆机构的主要零件可以分成三组:机体组、活塞连杆组以及曲轴飞轮组。曲柄连杆机构的工作条件的特点是高温、高压、高速和化学腐蚀。由于曲柄连杆机构是在高压下作变速运动,因此它在工作中的受力情况很复杂,其中有气体作用力、运动质量惯性力、摩擦力以及外界阻力等。摩擦力主要取决于运动零件的制造质量与润滑情况,其数值相对较小,在对机构进行受力分析时可以忽略不计。

气体作用力在每个工作循环的四个行程中,气体压力始终存在。但由于进气、排气两行程中气体压力较小,对机件影响不大,故这里主要研究做功和压缩行程中的气体作用力。上述各种力作用在曲柄连杆机构和机体的各有关零件上,使它们受到压缩、拉伸、弯曲和扭转等不同形式的载荷。为了保证工作可靠,减少磨损,在结构上必须采取相应的措施。

一、机体组组件

1．汽缸体

水冷发动机的汽缸体和曲轴箱常铸成一体,可称为汽缸体-曲轴箱,也可简称为汽缸体。汽缸体上半部有一个或若干个为活塞在其中运动导向的圆柱形空腔,称为汽缸;下半部为支承曲轴的曲轴箱,其内腔为曲轴运动的空间,作为发动机各个机构和系统的装配基体,汽缸体本身应具有足够的刚度和强度。

汽缸体的具体结构形式分为三种。发动机的曲轴轴线与汽缸体下表面在同一平面上的为一般式汽缸体,如图3-2a)所示,这种汽缸体便于机械加工。有的发动机将汽缸体下表面移至曲轴轴线以下称为龙门式汽缸体,如图 3-2b)所示,这种汽缸体的刚度和强度较好,但工艺性较差。还有如黄河型汽车 61350 型发动机,为了安装用滚动主轴承支承的组合式曲轴,采用了隧道式汽缸体,如图 3-2c)所示,其结构刚度比龙门式的更高。

汽缸工作表面由于经常与高温、高压燃气相接触,且有活塞在其中作高速往复运动,所以必须耐高温、耐磨损、耐腐蚀。为了满足以上要求,一般可以从汽缸的材料、加工精度和结构等方面来采取措施。例如,采用优质合金铸铁作为汽缸体的材料,汽缸内壁按 2 级精度并经过珩磨加工,使其工作表面的表面粗糙度、形状和尺寸精度都达到比较高的要求。

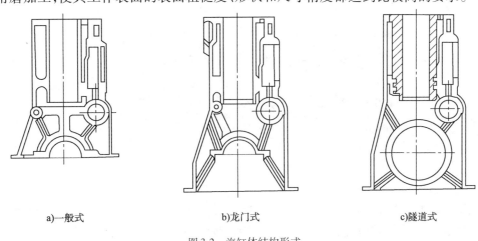

a)一般式　　　　　b)龙门式　　　　　c)隧道式

图 3-2　汽缸体结构形式

为了保证汽缸表面能在高温下正常工作,必须对汽缸和汽缸盖随时加以冷却。冷却方式有两种:一种用水来冷却,另一种用空气来冷却。发动机上采用较多的是水冷却。发动机用水冷却时,汽缸周围和汽缸盖中均有用以充水的空腔,称为水套。汽缸体和汽缸盖上的水套是相互连通的。

发动机用空气冷却时,在汽缸体和汽缸盖外表面铸有许多散热片,以增加散热面积,保证散热充分。一般风冷发动机的汽缸体与曲轴箱是分开铸造的。汽缸体一般采用优质灰铸铁,为了提高汽缸的耐磨性,有时在铸铁中加入少量合金元素,如镍、钼、铬、磷等。但是,如果汽缸体全部用优质耐磨材料来制造,将造成材料上的浪费,因为除了与活塞配合的汽缸壁表面外,其他各部分的耐磨性要求并不高。所以,近年来广泛采用镶入缸体内的汽缸套,形成汽缸工作表面。这样,缸套可用耐磨性较好的合金铸铁或合金钢制造,以延长汽缸使用寿命,而缸体则可采用价格较低的普通铸铁或铝合金等材料制造。采用铝合金缸体时,由于铝合金耐磨性不好。必须镶缸套。

汽缸套有干式和湿式两种。干缸套不直接与冷却液接触,壁厚一般为 1～3mm。湿缸套与冷却液直接接触,壁厚一般为 5～9mm。缸套装入座孔后,通常缸套顶面略高出汽缸体上平面,这样当紧固汽缸盖螺栓时,可将汽缸盖衬垫压得更紧,以保证汽缸的密封性,防止冷却液和汽缸内的高压气体窜漏。

湿缸套的优点是在汽缸体上没有密闭的水套,铸造方便,容易拆卸更换,冷却效果也较好;其缺点是汽缸体的刚度差,易于漏气、漏水。湿缸套广泛应用于汽车柴油机上。在某些负荷比较小、缸径又不大的柴油机中,为使结构紧凑,可以不另外安装汽缸套,而是直接在汽缸体上加工出汽缸内壁。

2. 汽缸盖与汽缸垫

1) 汽缸盖

汽缸盖(图3-3)的主要功用是密封汽缸上部,并与活塞顶部和汽缸壁一起形成燃烧室。汽缸盖内部也有冷却水套,其端面上的冷却液孔与汽缸体的冷却液孔相通,以便利用循环水来冷却燃烧室等高温部分。发动机的汽缸盖上应有进、排气门座及气门导管孔和进、排气通道等。汽油机汽缸盖还设有火花塞座孔,而柴油机则设有安装喷油器的座孔。

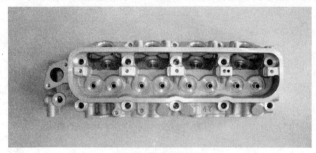

图 3-3 汽缸盖实物图

在多缸发动机中,只覆盖一个汽缸的汽缸盖,称为单体汽缸盖;能覆盖部分(两个以上)汽缸的,称为块状汽缸盖;能覆盖全部汽缸的汽缸盖,则称为整体汽缸盖。采用整体汽缸盖可以缩短汽缸中心距和发动机的总长度,其缺点是刚性较差,在受热和受力后容易变形而影响密封。损坏时必须整个更换。缸径较大的发动机常采用单体汽缸盖或块状汽缸盖。

汽缸盖由于形状复杂,一般都采用灰铸铁或合金铸铁铸成,有的汽油机汽缸盖用铝合金铸造,因铝的导热性比铸铁好,有利于提高压缩比。铝合金缸盖的缺点是刚度低,使用中容易变形。

汽油机的燃烧室是由活塞顶部及缸盖上相应的凹部空间组成。燃烧室形状对发动机的工作影响很大,所以对燃烧室有两点基本要求:一是结构尽可能紧凑,表面积要小,以减少热量损失及缩短火焰行程;二是使混合气在压缩终了时具有一定的涡流运动,以提高混合气燃烧速度,保证混合气得到及时和充分燃烧。

汽油机常用燃烧室形状有以下几种:

(1) 半球形燃烧室。半球形燃烧室[图3-4a)]的结构较前两种紧凑,但因进、排气门分别置于缸盖两侧,故使配气机构比较复杂。由于其散热面积小,有利于促进燃料的完全燃烧和减少排气中的有害气体,现代发动机上用得较多。

(2) 楔形燃烧室。楔形燃烧室[图3-4b)]的结构较简单、紧凑,在压缩终了时能形成挤气涡流,但存在较大的激冷面积,对排放不利。

(3) 盆形燃烧室。盆形燃烧室[图3-4c)]结构较简单、但不够紧凑。

2) 汽缸垫

汽缸盖与汽缸体之间置有汽缸垫,以保证燃烧室的密封。汽缸垫应满足以下主要要求:

(1) 在高温、高压燃气作用下有足够的强度,不易损坏。

(2) 耐热和耐腐蚀,即在高温、高压燃气下或有压力的机油和冷却液的作用下,不烧损、不变质。

(3)具有一定弹性,能补偿接合面的不平度,以保证密封。

(4)拆装方便,能重复使用,寿命长。

目前应用较多的是金属-石棉汽缸垫。石棉之间夹有金属丝或金属屑,而外覆铜皮或钢皮。这种汽缸垫压紧厚度为1.2~2mm,有很好的弹性和附热性,能重复使用,但厚度和质量的均一性较差。安装汽缸垫时,应注意把光滑的一面朝汽缸体,否则容易被气体冲坏。

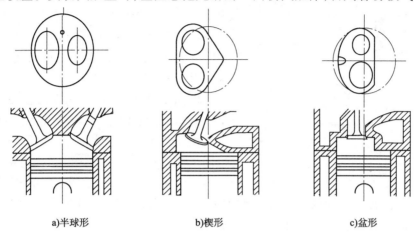

a)半球形　　　　　b)楔形　　　　　c)盆形

图3-4　汽油机的燃烧室形状

汽缸盖一般用螺栓紧固在汽缸体上,拧紧螺栓时,必须按由中央对称地向四周扩展的顺序分几次进行。最后一次要用扭力扳手按工序规定的拧紧力矩值拧紧,以免损坏汽缸垫和发生漏水现象。如果汽缸盖由铝合金制成,则最后必须在发动机冷却的状态下拧紧,这样发动机热起来时会增加密封的可靠性,因为铝汽缸盖的膨胀比钢螺栓的要大。而铸铁汽缸盖则可以在发动机热态时最后拧紧。

3. 油底壳

油底壳的主要功用是储存机油并封闭曲轴箱,实物如图3-5所示。油底壳受力很小,一般采用薄钢板冲压而成。其形状决定于发动机的总体布置和机油的容量。在有些发动机上,为了加强油底壳内机油的散热,采用铝合金铸造的油底壳,在壳的底部还铸有相应的散热肋片。

图3-5　油底壳实物图

为了保证在发动机纵向倾斜时机油泵能经常吸到机油,油底壳后部一般做得较深。油底壳内还设有挡油板,防止汽车行驶时油面波动过大。油底壳底部装有放油螺塞,有的放油螺塞是磁性的,能吸机油中的金属碎屑,以减少发动机运动零件的磨损。

二、曲柄连杆机构

曲柄连杆机构是发动机的主要运动机构,其功用是将活塞的往复运动转变为曲轴的旋转运动,同时将作用于活塞上的力转变为曲轴对外输出的转矩,以驱动汽车车轮转动。曲柄连杆机构由活塞连杆组和曲轴飞轮组等零部件组成。

1. 活塞连杆组

活塞连杆组由活塞、活塞环、活塞销、连杆等机件组成，其组成示意图如图3-6所示。

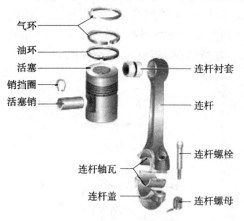

图3-6 活塞连杆组示意图

1）活塞

活塞的主要作用是承受汽缸中的气体压力，并将此力通过活塞销传给连杆，以推动曲轴旋转。活塞顶部还与汽缸盖、汽缸壁共同组成燃烧室，由于活塞顶部直接与高温燃气接触，燃气的最高温度可达2500K以上，因此活塞的温度也很高，例如活塞顶部的温度可高达600～700K高温。一方面使活塞材料的机械强度显著下降，另一方面会使活塞的热膨胀量增大，容易破坏活塞与其相关零件的配合。

在发动机的做功行程时，活塞顶部承受着燃气的带冲击性的高压力。对于汽油机活塞瞬时的压力最大值可达3～5MPa；对于柴油机活塞，其最大值可达6～9MPa；采用废气涡轮增压器的发动机时则更高。高压导致活塞的侧压力大，加速活塞外表面的磨损，也容易引起活塞变形。

活塞在汽缸中高速运动，其平均速度可达10～14m/s。高速会产生很大的惯性力，它将使曲柄连杆机构的各零件和轴承承受附加的载荷。活塞承受的气压力和惯性力是周期性变化的，因此，活塞的不同部分会受到交变的拉伸、压缩和弯曲载荷。并且由于活塞各部分的温度极不均匀，活塞内部将产生一定的热应力，所以要求活塞质量小，热膨胀系数小，导热性好和耐磨。

汽车发动机目前采用的活塞材料是铝合金。在个别汽车柴油机上的活塞采用高级铸铁或耐热钢制造。铝合金活塞具有质量小、导热性好的优点。缺点是热膨胀系数较大，在温度升高时，强度和硬度下降较快。为了克服这一缺点，一般要在结构设计、机械加工或热处理上采用各种措施加以弥补。铝合金活塞的成形方法有锻造、铸造和液态模锻等几种。

铸造铝活塞在高温时强度下降较小，制造成本低，但容易出现各种气孔、缩松等铸造缺陷。锻造铝活塞的强度比铸造活塞高，导热性也较好，适用于强化的发动机上，但制造成本高。

活塞的基本构造可分为顶部、头部和裙部三部分。活塞顶部的形状与选用的燃烧室形式有关。汽油机活塞顶部多采用平顶，如图3-7所示。其优点是吸热面积小，制造工艺简单。有些汽油机为了改善混合气形成和燃烧而采用凹顶活塞，如图3-8所示。凹坑的大小还可以用来调节发动机的压缩比。

图3-7 平顶活塞实物图

图3-8 凹顶活塞实物图

活塞头部是活塞环槽以上的部分。其主要作用有：
（1）承受气体压力，并传给连杆。
（2）与活塞环一起实现汽缸的密封。
（3）将活塞顶部所吸收的热量通过活塞环传给汽缸壁。头部切有若干用以安装活塞环的环槽。

汽油机一般有2～3道环槽，上面1～2道用以安装气环，下面一道用以安装油环。在油环槽底面上钻有许多径向小孔，使被油环从汽缸壁上刮下来的多余机油，得以经过这些小孔流回油底壳。活塞头部一般做得较厚，以便于热量从活塞顶经活塞环传给汽缸的冷却壁面上，从而防止活塞顶部的温度过高。

活塞裙部是指自油环槽下端面起至活塞底面的部分。其作用是为活塞在汽缸内作往复运动导向和承受侧压力。

活塞工作时，燃烧气体的压力均匀作用在活塞顶上，而活塞销给予的支反力则作用在活塞裙部的销座处，由此而产生的变形使裙部直径沿活塞销座轴线方向增大。此外，活塞销座附近的金属堆积受热后膨胀量大，致使裙部在受热变形时，在沿活塞销座轴线方向的直径增量大于其他方向。所以，活塞工作时产生的机械变形和热变形，使得其裙部断面变成长轴在活塞销方向上的椭圆。鉴于以上情况，为了使活塞在正常工作温度下与汽缸壁间保持比较均匀的间隙，以免在汽缸内卡死或引起局部磨损，必须预先在冷态下把活塞加工成裙部断面为长轴垂直于活塞销方向的椭圆形。

为了改善铝合金活塞的磨合性，通常对活塞裙部进行表面处理。汽油机的铸铝活塞的裙部外表面镀锡，柴油机的铸铝活塞的裙部外表面磷化。对于锻铝活塞，在裙部的外表面上可涂以石墨。

活塞销座的作用是将活塞顶部气体作用力经活塞销传给连杆。销座通常有肋片与活塞内壁相连，以提高其刚度。销座孔内有安放弹性卡环的卡环槽。卡环用来防止活塞销在工作中发生轴向窜动。座孔的中心线一般位于活塞中心线平面内。

2）活塞环

活塞环包括气环和油环两种。气环的作用是保证活塞与汽缸壁间的密封，防止汽缸中的高温、高压燃气大量漏入曲轴箱，同时还将活塞顶部的大部分热量传导到汽缸壁，再由冷却液或空气带走。油环用来刮除汽缸壁上多余的机油，并在汽缸壁面涂上一层均匀的机油膜，这样既可以防止机油窜入汽缸燃烧，又可以减小活塞、活塞环与汽缸的磨损和摩擦阻力。此外，油环也起到封气的辅助作用。

气环所起的密封和导热两大作用，密封是主要作用。因为密封是导热的前提，如果气环密封性能不好，高温燃气将直接从气环外圆表面漏入曲轴箱，此时不但由于气环和汽缸贴合不严而不能很好地散热，相反地气环外圆表面还接受附加的热量，最后必将导致活塞和气环烧坏。活塞环工作时受到高温、高压燃气的作用，其温度较高，尤其是第一环，温度可达600K。活塞环在汽缸内作高速运动，加上高温下机油可能变质，使活塞环的润滑条件变坏，难以保证液体润滑，因此磨损严重。

总之，在高温、高压、高速以及润滑困难的条件下工作的活塞环，是发动机所有零件中工作寿命最短的。当活塞环磨损到失效时，将出现发动机起动困难、功率不足、曲轴箱压力升高、机油消耗增大、排气冒蓝烟、燃烧室和活塞等表面严重积炭等不良状况。

目前广泛应用的活塞环材料是合金铸铁。在优质灰铸铁中加入少量铜、铬、钼等合金元素,随着发动机的强化,活塞环特别是第一环,承受着很大的冲击负荷,因此要求材料除耐热、耐磨以外,还应有高的强度和冲击韧度。第一道气环的工作表面一般都镀上多孔性铬。多孔性铬层硬度高,并能储存少量机油,以改善润滑条件,使气环的使用寿命提高2~3倍。其余气环一般镀锡或磷化,以改善磨合性能。此外,还可用喷钼来提高活塞环的耐磨性。

一般汽油机设有3道气环。通常在保证密封的前提下,汽缸内的燃气漏入曲轴箱的主要通路是活塞环的切口,因此,切口的形状和装入汽缸后的间隙大小对于漏入曲轴箱的燃气量有一定的影响,切口间隙过大,则漏气严重,使发动机功率减小;间隙过小,活塞环受热膨胀后就有可能卡死或折断。切口间隙值一般为 0.25~0.8mm。第一道气环的温度最高,因而其切口间隙值最大。

气环的断面形状有多种,如图3-9所示。其中,矩形断面是常用的,其工艺性和导热效果较好,但矩形断面的气环随活塞作往复运动时,会把汽缸壁上的机油不断送入汽缸中。这种现象称为"气环的泵油作用"。这是由于气环与汽缸壁之间的摩擦阻力以及气环本身的惯性。当活塞下行时,气环压靠着环槽的上端面,汽缸壁上的机油就被刮入下边隙与背隙内。当活塞上行时,气环又压靠在环槽的下端面上,经过第一道气环背隙里的油就进入汽缸中。如此反复,就像油泵的作用一样,将汽缸壁的机油最后压入燃烧室。

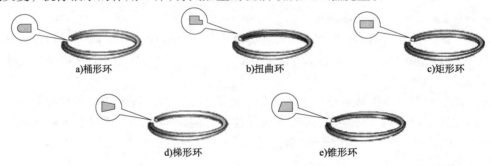

图3-9 气环的断面形状

窜入汽缸内的机油,会使燃烧室内形成积炭和增加机油消耗,并且还可能在环槽中形成积炭,使气环被卡死在环槽中,失去密封作用,划伤汽缸壁,甚至使环折断。为了消除或减少有害的泵油作用,除在气环的下面装有油环外,还广泛采用非矩形断面的扭曲环。

扭曲环是在矩形环的内圆上边缘或外圆下边缘切去一部分。扭曲环目前在发动机上得到广泛的应用。它在安装时,必须注意环的断面形状和方向,应将其内圆切槽向上,外圆切槽向下,不能装反。

在热负荷较高的柴油机上,第一环常采用梯形环。其主要作用是使得当活塞受侧向力的作用而改变位置时,环的侧隙相应发生变化,使沉积在环槽中的结焦被挤出,避免了环被粘在环槽中而引起折断。因此,梯形环即使在弹性丧失一些的情况下,仍能与汽缸贴合良好,延长了环的使用寿命。它的主要缺点是上、下两面的精磨工艺比较复杂。

普通油环一般是用合金铸铁制造的。油环上唇的上端面外缘,一般均有倒角,使油环向上运动能够形成油膜。于是,机油可以把油环推离汽缸壁,易于进入油环的切槽内,下唇的下端面外缘并不倒角,这样油环向下刮油能力较强。

3）活塞销

活塞销的功用是连接活塞和连杆小头,将活塞承受的气体作用力传给连杆。活塞销在高温下承受很大的周期性冲击载荷,润滑条件很差(一般靠飞溅润滑),因而要求有足够的刚度和强度,表面耐磨,质量尽可能小。为此,活塞销通常做成空心圆柱体。活塞销一般用低碳钢或低碳合金钢制造,先经表面渗碳处理以提高表面硬度,并保证心部有一定的冲击韧度,然后进行精磨和抛光。活塞销与活塞销座孔和连杆小头衬套孔的连接配合,一般多采用全浮式(图3-10),即在发动机运转过程中,活塞销不仅可以在连杆小头衬套孔内,还可以在销座孔内缓慢地转动,以使活塞销各部分的磨损比较均匀。

当采用铝活塞时,活塞销座的热膨胀量大于钢活塞销。为了保证高温工作时有正常的工作间隙(0.01～0.02mm),在冷态装配时活塞销与活塞销座孔为过渡配合。装配时,应先将铝活塞放在温度为70～90℃的水或油中加热,然后将销装入。为了防止销的轴向窜动而刮伤汽缸壁,在活塞销两端用卡环嵌在销座孔凹槽中加以轴向定位。

4）连杆

连杆(图3-11)的功用是将活塞承受的力传给曲轴,从而使得活塞的往复运动转变为曲轴的旋转运动。连杆承受活塞销传来的气体作用力及其本身摆动和活塞组往复运动时的惯性力。这些力的大小和方向都是周期性变化的。因此,连杆受到的是压缩、拉伸和弯曲等交变载荷。这就要求连杆在质量尽可能小的条件下,有足够的刚度和强度。

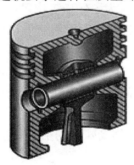

图3-10 全浮式活塞销　　　　图3-11 连杆实物图

连杆一般用中碳钢或合金钢经模锻而成,然后经机械加工和热处理,连杆由连杆小头、杆身和连杆大头（包括连杆盖）三部分组成。连杆小头与活塞销相连。工作时,小头与销之间有相对转动,因此小头孔中一般压入减摩的青铜衬套,有的发动机连杆小头采用压力润滑,在连杆杆身内钻有纵向的压力油通道。

连杆杆身通常做成"工"字形断面,以求在取得强度和刚度足够的前提下减小质量。连杆大头与曲轴的曲柄销相连,一般做成剖分式的,被分开的部分称为连杆盖,借特制的连杆螺栓紧固在连杆大头上。连杆盖与连杆大头是组合镗孔的,为了防止装配时配对错误,在同一侧刻有配对记号。大头孔表面有很小的表面粗糙度值,以便与连杆轴瓦紧密贴合。

连杆螺栓是一个承受交变载荷的重要零件,一般采用韧性较高的优质合金钢或优质碳素钢锻制或冷镦成形。连杆大头在安装时必须紧固可靠。连杆螺栓必须以工厂规定的拧紧力矩,分2～3次均匀地拧紧;还必须用防松胶,以防止工作时自动松动。

2. 曲轴飞轮组

曲轴飞轮组主要由曲轴和飞轮以及其他不同功用的零件和附件组成。其零件和附件的种类和数量取决于发动机的结构和性能要求。曲轴飞轮组结构示意图如图 3-12 所示。

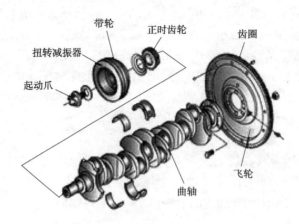

图 3-12　曲轴飞轮组示意图

1）曲轴

曲轴（图 3-13）的功用是承受连杆传来的力，并由此造成绕其本身轴线的力矩。在发动机工作中，曲轴受到旋转质量的离心力、周期性变化的气体压力和往复惯性力的共同作用，使曲轴承受弯曲与扭转载荷。为了保证工作可靠，要求曲轴具有足够的刚度和强度，各工作表面要耐磨而且润滑良好。

曲轴要求用强度、冲击韧度和耐磨性都比较好的材料制造，一般采用中碳钢或中碳合金钢模锻。为了提高曲轴的耐磨性，其主轴颈和曲柄销表面上均需高频淬火或渗氮，再经过精磨，以达到高的精度和较小的表面粗糙度值。在一些强化程度不高的发动机上，还采用高强度的稀土球墨铸铁铸造曲轴。

图 3-13　曲轴实物图

发动机工作时，曲轴经常受到离合器施加于飞轮的轴向力作用而有轴向窜动的趋势。曲轴窜动将破坏曲柄连杆机构各零件正确的相对位置，故必须用止推轴承（一般是滑动轴承）加以限制。而在曲轴受热膨胀时，又应允许它能自由伸长，所以曲轴上只能有一处设置轴向定位装置。

曲轴的形状和各曲拐的相对位置，取决于缸数、汽缸排列方式和发火次序。在安排多缸发动机的发火次序时，应注意使连续做功的两缸相距尽可能远，以减轻主轴承的载荷，同时避免可能发生的进气重叠现象（即相邻两缸进气门同时开启），以避免影响充气；做功间隔应力求均匀，即在发动机完成一个工作循环的曲轴转角内，每个汽缸都应发火做功一次，而且各缸发火的间隔时间（以曲轴转角表示，称为发火间隔角）应力求均匀。

四冲程直列 4 缸发动机的发火间隔角应为 720°/4 = 180°。其曲拐布置如图 3-14 所示，4 个曲拐布置在同一平面内，发火次序有两种可能的排列法，即 1-2-4-3 或 1-3-4-2。它们的工作循环见表 3-1 和表 3-2。

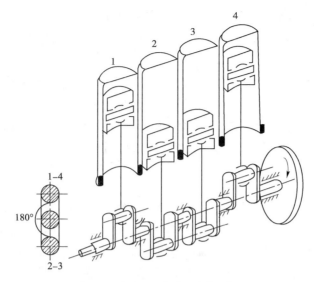

图 3-14 直列 4 缸发动机的曲拐布置

4 缸机工作循环(发火次序:1-2-4-3)　　　　　　　　　　　　　　表 3-1

曲轴转角(°)	第一缸	第二缸	第三缸	第四缸
0～180	做功	压缩	排气	进气
180～360	排气	做功	进气	压缩
360～540	进气	排气	压缩	做功
540～720	压缩	进气	做功	排气

4 缸机工作循环(发火次序 1-3-4-2)　　　　　　　　　　　　　　表 3-2

曲轴转角(°)	第一缸	第二缸	第三缸	第四缸
0～180	做功	排气	压缩	进气
180～360	排气	进气	做功	压缩
360～540	进气	压缩	排气	做功
540～720	压缩	做功	进气	排气

2)曲轴扭转减振器

曲轴是一种扭转弹性系统,本身具有一定的自振频率。在发动机工作过程中,经连杆传给曲柄销的作用力的大小和方向都是周期性地变化的,这种周期性变化的激力作用在曲轴上,引起曲拐回转的瞬时角速度也呈周期性变化。由于固装在曲轴上的飞轮转动惯量大,其瞬时角速度基本上可看作是均匀的。这样,曲拐便会忽而比飞轮转得快,忽而又比飞轮转得慢,形成相对于飞轮的扭转摆动,也就是曲轴的扭转振动,当激力频率与曲轴自振频率成整数倍时,曲轴扭转振动便因共振而加剧。这将使发动机功率受到损失,定时齿轮或链条磨损增加,严重时甚至将曲轴扭断。

为了消减曲轴的扭转振动,有的发动机在曲轴前端装有扭转减振器。汽车发动机常用的曲轴扭转减振器是摩擦式减振器,其工作原理是使曲轴扭转振动能量逐渐消耗于减振器内的摩擦,从而使振幅逐渐减小。

橡胶减振器的主要优点是结构简单、质量小、工作可靠,所以在汽车发动机上应用广泛。

其主要缺点是对曲轴扭转振动的衰减作用不够强,而且橡胶由于内摩擦生热升温而容易老化,其他形式的减振器还有干摩擦式的扭转减振器和黏液式减振器。

3)飞轮

飞轮是一个转动惯量很大的圆盘,其主要功用是将在做功行程中传输给曲轴的功的一部分储存起来,用以在其他行程中克服阻力,带动曲柄连杆机构越过上、下止点,保证曲轴的旋转角速度和输出转矩尽可能均匀,并使发动机有可能克服短时间的超载荷。此外,在结构上飞轮又往往用作汽车传动系统中摩擦离合器的驱动件,为了保证有足够的转动惯量,并尽可能减小飞轮的质量,应使飞轮的大部分质量都集中在轮缘上,因而轮缘通常做得宽而厚。

飞轮上通常刻有第一缸发火定时记号,以便校准发火时间。解放 CA6102 型发动机的正时记号是"上止点1-6",当这个记号与飞轮壳上的刻线对正时,即表示1-6缸的活塞处在上止点位置。多缸发动机的飞轮应与曲轴一起进行平衡,否则在旋转时因质量不平衡而产生的离心力,将引起发动机振动并加速主轴承的磨损。为了在拆装时不破坏它们的平衡状态,飞轮与曲轴之间应有严格的相对位置,用定位销或不对称布置螺栓予以保证。

第三节 配气机构

配气机构的功用是按照发动机每一汽缸内所进行的工作循环和发火次序的要求,定时开启和关闭进、排气门,使新鲜可燃混合气(汽油机)或空气(柴油机)得以及时进入汽缸,废气得以及时从汽缸排出,新鲜空气或可燃混合气被吸进汽缸越多,则发动机可能发出的功率越大。新鲜空气或可燃混合气充满汽缸的程度,用充量系数来表示。

所谓充量系数就是在进气过程中,实际进入汽缸内的新鲜空气或可燃混合气的质量与在进气状态下充满汽缸工作容积的新鲜空气或可燃混合气的质量之比。充量系数越高,表明进入汽缸内的新鲜空气或可燃混合气越多,可燃混合气燃烧时所放出的热量越大,所以发动机发出的功率越大。

对于一定工作容积的发动机而言,充量系数与进气终了时汽缸内的压力和温度有关。此时压力越高,温度越低,则一定容积的气体质量越大,因此充量系数越高。由于进气系统对气流的阻力造成进气终了时缸体内气体压力降低,又由于上一循环中残留在汽缸内的高温废气,以及燃烧室、活塞顶、气门等高温零件对进入汽缸内的新气加热,使进气终了时气体的温度升高,实际充入汽缸的新鲜气体的质量总是小于在进气状态下充满汽缸工作容积的新鲜气体的质量。也就是说,充量系数总是小于1,一般为0.80~0.90。

一、配气机构的分类与组成

配气机构(图3-15)由气门组和气门传动组零件组成。配气机构可以从不同角度分类。按气门的布置形式,主要有气门顶置式和气门侧置式;按凸轮轴的布置位置,可分为凸轮轴下置式,凸轮轴中置式和凸轮轴上置式(图3-16);按曲轴和凸轮轴的传动方式,可分为齿轮传动式、链传动式和带传动式。按每个汽缸气门数目,可分为二气门式、四气门和五气门等多气门式。

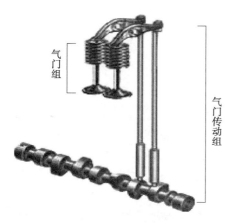

a) 凸轮轴下置式　　b) 凸轮轴中置式　　c) 凸轮轴上置式

图 3-15　配气机构组成　　　　　图 3-16　凸轮轴的布置位置

气门顶置式配气机构应用广泛,其进气门和排气门都倒挂在汽缸上。发动机工作时,曲轴通过定时齿轮驱动凸轮轴旋转,当凸轮轴转到凸轮的凸起部分顶起挺柱时,通过推杆和调整螺钉使摇臂绕摇臂轴摆动,压缩气门弹簧,使气门离座,即气门开启。当凸轮凸起部分离开挺柱后,气门便在气门弹簧力的作用下而落座,即气门关闭,四冲程发动机每完成一个工作循环,曲轴旋转两周,各缸的进、排气门各开启一次,此时凸轮轴只旋转一周。因此,曲轴与凸轮轴转速之比(即传动比)应为2∶1。

一般发动机都采用每缸两个气门,即一个进气门和一个排气门的结构。为了进一步改善汽缸的换气,在可能的情况下,应尽量加大气门的直径,特别是进气门的直径。但是由于燃烧室尺寸的限制,气门直径最大一般不能超过汽缸直径的一半。当汽缸直径较大、活塞平均速度较高时,每缸一进一排的气门结构就不能保证良好的换气质量。因此在很多汽车发动机上采用每缸4个气门结构,还有一些汽车发动机采用5气门结构(即3个进气门和2个排气门,如图3-17所示)。采用这种多气门结构形式后,进气门总的通过面积较大,充气系数较高,排气门的直径可适当减小,使其工作温度相应降低,提高工作可靠性。

当每个汽缸用两个气门时,为使结构简化,大多数采用气门沿机体纵向轴线排成一列的方式。这样,相邻两缸的同名各气门就有可能合用一个气道,以使气道简化并得到较大的气道通过截面;另一种

图 3-17　五气门结构实物图

是将进、排气门交替布置,每缸单独用一个气道,这样有助于汽缸盖冷却均匀。柴油机的进、排气道一般分置于机体的两侧,以免排气对进气加热。

当每缸采用四个气门时,气门排列的方案有两种,一种是同名气门排成两列,由一个凸轮通过T形驱动杆同时驱动,并且所有气门都可以由一根凸轮轴驱动。两同名气门在气道中的位置不同,可能会使两者的工作条件和工作效果不一致。另一种是同名气门在同一列,则没有上述缺点,但一般用两根凸轮轴。

二、配气相位及气门间隙

1. 配气相位

配气相位就是进、排气门的实际开闭时刻,通常用相对于上、下止点曲拐位置的曲轴转角的环形图来表示,这种图形称为配气相位图,如图3-18所示。

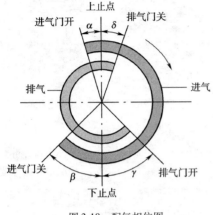

图3-18 配气相位图

理论上四冲程发动机的进气门当活塞处在上止点时开启,在活塞转到下止点时关闭;排气门则当活塞在下止点时开启,在上止点时关闭。进气时间和排气时间各占180°曲轴转角。但实际发动机的曲轴转速都很高,活塞每一个行程历时都很短,这样短的进气或排气过程,往往会使发动机充气不足或排气不净,从而使发动机的功率下降。因此,现代发动机都采用延长进、排气时间的方法,即气门的开启和关闭时刻并不正好是活塞处在上止点和下止点的时刻,而是分别提前和延迟一定的曲轴转角,以改善进、排气状况,从而提高发动机的动力性。

如图3-18所示,在排气行程接近终了,活塞到达上止点之前,即曲轴转到离曲拐的上止点位置还差一个角度α时,进气门便开始开启,直到活塞过了下止点重又上行,即曲轴转到超过曲拐下止点位置以后一个角度β时,进气门才关闭。这样,整个进气行程持续时间相当于曲轴转角180°+α+β。α角一般为10°~30°,β角一般为40°~80°。

进气门提前开启的目的,是为了保证进气行程开始时进气门已开大,新鲜气体能顺利地充入汽缸。当活塞到达下止点时,汽缸内压力仍低于大气压力,在压缩行程开始阶段,活塞上移速度较慢的情况下,仍可以利用气流惯性和压力差继续进气,因此进气门晚关一点是有利于充气的。同样,做功行程接近终了,活塞到达下止点前,排气门便开始开启,提前开启的γ角度一般为40°~80°。经过整个排气行程,在活塞到达上止点后,排气门才关闭,排气门关闭的延迟角ζ一般为10°~30°。整个排气过程的持续时间相当于曲轴转角180°+γ+ζ。

排气提前开启的原因是当做功行程的活塞接近下止点时,汽缸内的气体虽有0.3~0.4MPa的压力,但就活塞做功而言,作用不大,这时若稍开排气门,大部分废气在此压力作用下可迅速自缸内排出,当活塞至下止点时,汽缸内压力已大大下降,这时排气门的开度进一步增加,从而减少了活塞上行时的排气阻力,高温废气迅速排出,还可防止发动机过热。当活塞到达上止点时,燃烧室内的废气压力仍高于大气压力,加之排气时气流有一定的惯性,所以排气门迟一点关,可以使废气排放得较干净。

由图3-18可见,由于进气门在上止点前即开启,而排气门在上止点后才关闭,这就出现了一段时间内排气门和进气门同时开启的现象,这种现象称为气门重叠,重叠时期的曲轴转角称为气门重叠角。由于新鲜气流和废气流的流动惯性都比较大,在短时间内是不会改变流向的,因此只要气门重叠角选择适当,就不会有废气倒流入进气管或新鲜气体随同废气排出的可能性。但应注意,如气门重叠角过大,当汽油机小负荷运转、进气管内压力很低时,就可能出现废气倒流的情况,使进气量减少。对于不同发动机,由于结构形式、转速各不相同,因此配气相位也不同。合理的配气相位应根据发动机性能要求,通过反复试验确定。

2. 气门间隙

发动机工作时,气门将因温度的升高而膨胀。如果气门及其传动件之间在冷却时无间隙或间隙过小,则在热态下,气门及其传动件的受热膨胀势必引起气门关闭不严,造成发动机在压缩和做功行程中的漏气,从而使功率下降,严重时甚至不易起动。为了消除这种现象,通常在发动机冷态装配时,在气门与其传动机构中留有一定的间隙,以补偿气门受热后的膨胀量。这一间隙称为气门间隙。有的发动机采用液力挺柱,挺柱的长度能自动变化,随时补偿气门的热膨胀量,故不需要预留气门间隙。气门间隙的大小一般由发动机制造厂根据试验确定。一般在冷态时,进气门的间隙为 0.25~0.3mm,排气门的间隙为 0.3~0.35mm。如果间隙过小,发动机在热态下可能发生漏气,导致功率下降甚至气门烧坏。如果气门间隙过大,则使传动零件之间以及气门和气门座之间产生撞击响声,而且加速磨损,同时也会使得气门开启的持续时间减少,汽缸的充气及排气情况变坏。

三、气门组

气门组(图 3-19)包括气门、气门座、气门导管、气门弹簧、气门弹簧座、气门锁片等零件。有的进气门还设有气门旋转机构。

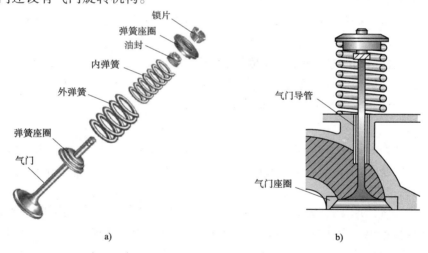

图 3-19 气门组结构示意图

1. 气门

气门由头部和杆部两部分组成。头部的工作温度很高,其冷却和润滑条件又较差。因此,要求气门必须具有足够的强度、刚度、耐热和耐磨能力。进气门的材料采用合金钢,而排气门则采用耐热合金钢,有的发动机排气门头部用耐热合金钢制造,而杆部则用铬钢制造,然后将两者焊接在一起。

气门头部的形状(图 3-20)有平顶、凹顶和球面顶等,目前使用最多的是平顶气门头。平顶气门头结构简单,制造方便,吸热面积小,质量也小,进、排气门都可以采用。凹顶气门的头部与杆部的过渡部分具有一定的流线形,可以减少进气阻力,使其顶部受热面积大。故适用于进气门,而不宜用于排气门。球面顶气门头适用于排气门,因为其强度高,排气阻力小,废气的清除效果好。但球形的受热面积大,质量和惯性力大,加工较复杂。

a)平顶　　　　b)凹顶　　　　c)球面顶

图 3-20　气门头部的结构形式

气门密封锥面的锥角,称为气门锥角,一般做成45°。气门头的边缘应保持一定的厚度,一般为1~3mm,以防止工作中由于气门与气门座之间的冲击而损坏或被高温气体烧蚀。为了减少进气阻力,提高汽缸的充量系数,多数发动机进气门的头部直径比排气门的大。

为保证气门头与气门座之间的良好配合,装配前应将气门头与气门座两者的密封锥面互相研磨,研磨好的零件不能互换。为了改善气门头部的耐磨性和耐腐蚀性,有的发动机在排气门密封锥面上堆焊一层含有镍、铬、钴等金属元素的特种合金,以提高硬度。

气门头部的热量是直接通过气门座以及通过气门杆,经气门导管而传到汽缸盖的。为了提高气门头部的散热性能,气门座孔区域应加强冷却,气门头向气门杆过渡部分的几何形状应尽量做到圆滑,以增加强度并减少热流阻力。此外,还应使气门杆与气门导管之间的间隙尽可能的小。

气门杆呈圆柱形,在气门导管中不断进行往复运动。其表面须经过热处理和磨光,以保证与气门导管的配合精度和耐磨性。气门杆端的形状决定于气门弹簧座的固定方式。常用的结构是用剖分成两半的锥形锁片来固定弹簧座。

2. 气门座

气门座可在汽缸盖上直接镗出。它与气门头部共同对汽缸起密封作用,并接受气门传来的热量。气门座在高温下工作,磨损严重,故有不少发动机的气门座用合金铸铁单独制作,然后镶嵌到汽缸盖上。

汽油机的进气门座工作温度较低,不易磨损,可以靠从气门导管漏下的机油润滑,故可以在缸盖上直接镗出。但排气门温度高,机油在导管内可能被烧掉,因而排气门座实际上得不到润滑,极易磨损,故多用镶嵌式结构。采用铝合金缸盖的发动机,由于铝合金材质较软,进、排气门座均用镶嵌式。柴油机有的是进、排气门座均用镶嵌式,有的只镶进气门座,这是因为柴油机的排气门与气门座常能得到由于燃烧不完全而夹杂在废气中的柴油、机油以及烟粒等润滑而不致被强烈磨损。但是柴油机的进气门面临的情况则完全不同,从导管漏入的机油很少,而且柴油机有较高的气体压力,加上进气门的直径大,容易变形,这些因素都将导致进气门座的磨损加剧。

镶嵌式气门座的缺点是导热性差,加工精度要求高。如果座圈的公差配合不当,则工作时镶座易脱落,导致重大事故。因此,当在汽缸盖直接加工出来的气门座能满足工作性能要求时,最好不用镶嵌式气门座。

3. 气门弹簧

气门弹簧的功用是克服在气门关闭过程中气门及传动件的惯性力,防止各传动件之间因惯性力的作用而产生间隙。保证气门及时落座并紧紧贴合，防止气门发生跳动，破坏其密封性。为此，气门弹簧应有足够的刚度和安装预紧力。

为了改善气门和气门座密封面的工作条件，可设法使气门在工作中能相对气门座缓慢旋转，这样可使气门头沿圆周温度均匀，减小气门头部热变形。气门缓慢旋转时，在密封锥面上产生轻微的摩擦力，有阻止沉积物形成的自洁作用。

四、气门传动组

气门传动组主要包括凸轮轴、定时齿轮、挺柱，此外还有推杆、摇臂和摇臂轴等。气门传动组的作用是使进、排气门能按配气相位规定的时刻开闭，且保证有足够的开度。

1. 凸轮轴

凸轮轴（图3-21）上主要配置有各缸进、排气凸轮，用以使气门按一定的工作次序和配气相位及时开闭，并保证气门有足够的升程。凸轮受到气门间歇性开启的周期性冲击载荷，因此对凸轮表面要求耐磨，对凸轮轴要求有足够的韧性和刚度。凸轮轴的材料一般用优质钢模锻而成，也可采用合金铸铁铸造。凸轮各轴颈的工作表面一般经热处理后精磨，以改善其耐磨性。

发动机各个汽缸的进气（或排气）凸轮的相对角位置应符合发动机各汽缸的发火次序和发火间隔时间的要求。因此，根据凸轮轴的旋转方向以及各进气（或排气）凸轮的工作次序，就可以判定发动机的发火次序。

曲轴与凸轮轴之间的传动方式有齿轮传动、链传动和带传动。凸轮轴下置、中置的配气机构大多采用圆柱形定时齿轮传动。一般曲轴与凸轮轴之间的传动只需一对定时齿轮，必要时可加装中间齿轮。为了啮合平稳、减小噪声，定时齿轮多用斜齿轮。在中、小功率发动机上，

图3-21 6缸发动机的凸轮轴

曲轴定时齿轮用钢来制造，而凸轮轴定时齿轮则用铸铁制造，以减小噪声。

链条与链轮的传动特别适用于凸轮轴上置的配气机构，为使链条在工作时具有一定的张力而不致脱链，装有导链板、上、下链条张紧轮等。为了使链条调整方便，有的发动机使用一根链条传动。链传动的主要问题是其工作可靠性不如齿轮传动，其传动性能在很大程度上取决于链条的制造质量。

近年来在高速汽车发动机上还广泛地采用传动带来代替传动链，图3-22所示为一汽-大众奥迪100型轿车用的齿形带传动，这种齿形带用氯丁橡胶制成，中间夹有玻璃纤维和尼龙织物，以增加强度。采用齿形带传动，对于减少噪声、减少结构质量和降低

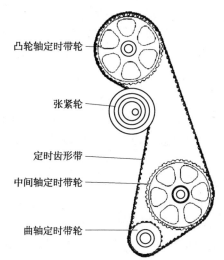

图3-22 一汽奥迪100型轿车用的齿形带传动

成本都有很大好处。

2. 推杆

推杆的作用是将从凸轮轴经过挺柱传来的推力传给摇臂，它是气门机构中最易弯曲的零件，要求有很高的刚度。在动载荷大的发动机中，推杆应尽量做得短些。对于缸体与缸盖都是铝合金制造的发动机，其推杆最好用硬铝制造。推杆可以是实心或空心的。钢制实心推杆一般是同球形支座锻成一个整体，然后进行热处理。

3. 摇臂

摇臂（图3-23）实际上是一个双臂杠杆，用来将推杆传来的力改变方向，作用到气门杆端以推开气门。摇臂内还钻有润滑油道和油孔。在摇臂的短臂端螺纹孔中旋入用以调节气门间隙的调节螺钉，螺钉的球头与推杆顶端的凹球座相接触。摇臂通过摇臂衬套空套在摇臂轴上，而后者又支撑在摇臂轴前后支座上。摇臂轴为空心管状结构，机油从支座的油道经摇臂轴内腔和摇臂中的油道流向摇臂两端进行润滑。为了防止摇臂窜动，在摇臂轴上每两个摇臂之间都装有定位弹簧。

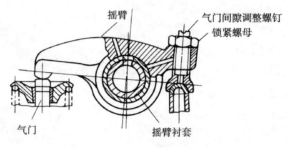

图 3-23　摇臂结构示意图

第四节　发动机进排气系统

一、发动机的进气系统

进气系统的功用是尽可能均匀地向各汽缸供给空气与燃油的混合气或纯净的空气。一般进气系统主要包括空气滤清器和进气歧管。在燃油喷射式发动机中，进气系统还包括空气流量计或进气管压力传感器，以便对进入汽缸的空气量进行计量。

1. 空气滤清器

燃油燃烧需要大量的空气，若不将空气中的杂质或灰尘滤除，必然加速汽缸的磨损，缩短发动机使用寿命。空气滤清器的功用主要是滤除空气中的杂质或灰尘，让洁净的空气进入汽缸。另外，空气滤清器也有消减进气噪声的作用。

空气滤清器一般由进气导流管、空气滤清器盖、空气滤清器外壳和滤芯等组成。现在广泛用于汽车发动机上的空气滤清器以纸滤芯式居多，其实物如图3-24所示。纸滤芯空气滤清器有质量轻、成本低和滤清效果好等优点。纸滤芯有干式和湿式两种。干式纸滤芯可以反复使用。纸滤芯经过浸油处理后即为湿式纸滤芯，其主要优点是使用寿命长、吸附杂质的能力强和滤清效率高。但它不能反复使用，需定期更换。

图 3-24　纸滤芯空气滤清器实物图

2. 进气歧管

对于气道燃油喷射式发动机或柴油机,进气歧管只是将洁净的空气分配到各缸进气道。进气歧管必须将空气-燃油混合气或洁净空气尽可能均匀地分配到各个汽缸,为此进气歧管内气体流道的长度应尽可能相等。为了减少气体流动阻力,提高进气能力,进气歧管的内壁应该光滑。轿车发动机的进气歧管多由铝合金制造。铝合金进气歧管具有质量轻、导热性好的优点。气道燃油喷射式发动机除应用铝合金进气歧管外,近来采用复合塑料进气歧管的发动机日渐增多。

为了充分利用进气波动效应和尽量缩小发动机在高、低速运转时进气速度的差别,从而达到改善发动机经济性及动力性,特别是改善中、低速和中、小负荷时的经济性和动力性的目的,要求发动机在高转速、大负荷时装备粗而短的进气歧管,而在中、低转速和中、小负荷时配用细而长的进气歧管。可变进气歧管就是为适应这种要求而设计的。

如图 3-25 所示,当发动机低速运转时,发动机电子控制装置指令旋转阀控制机构关闭转换阀,这时空气沿着弯曲而又细长的进气歧管流进汽缸。细长的进气歧管提高了进气速度,增强了气流的惯性,使进气量增多。当发动机高速运转时,旋转阀开启,空气经空气滤清器和节气门直接进入粗短的进气歧管。粗短的进气歧管进气阻力小,也使进气量增多。可变长度进气歧管不仅可以提高发动机的动力性,还由于它提高了发动机在中、低速运转时的进气速度而增强了汽缸内的气流强度,从而改善了燃烧过程,使发动机中、低速的燃油经济性有所提高。

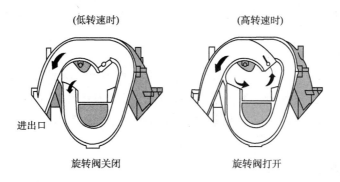

图 3-25　可变长度进气歧管

二、发动机的排气系统

发动机排气系统的功用是以尽可能小的排气阻力和噪声,将汽缸内的废气排到大气中。排气系统主要包括排气歧管、挠性管、排气中管、消声器和排气尾管等,如图3-26所示。

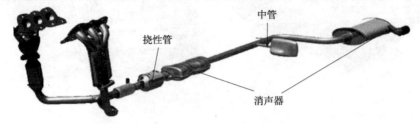

图3-26 排气系统组成示意图

直列型发动机在排气行程期间,汽缸中的废气经排气门进入排气歧管,再由排气歧管进入排气管、催化转换器和消声器,最后由排气尾管排到大气中。这种排气系统称作单排气系统。

V形发动机有两个排气歧管,在大多数装配V形发动机的汽车上,仍采用单排气系统。即通过一个叉形管将两个排气歧管连接到一个排气管上,来自两个排气歧管的废气经一个排气管、同一个消声器和同一个排气尾管排出。但有些V形发动机采用两个单排气系统,即每个排气歧管各自都连接一个排气管、催化转换器、消声器和排气尾管,这种布置形式称作双排气系统,如图3-27所示。

图3-27 双排气系统实物图

双排气系统降低了排气系统内的压力,使发动机排气更为顺畅,汽缸中残余的废气较少,因而可以充入更多的空气-燃油混合气或洁净的空气,发动机的功率和转矩都相应地有所提高。

一般排气歧管由灰铸铁或球墨铸铁制造,最近以来采用不锈钢排气歧管的汽车越来越多,其原因是不锈钢排气歧管质量轻,耐久性好,内壁光滑,排气阻力小。

排气歧管的形状十分重要,为了不使各缸排气相互干扰及不出现排气倒流现象,并尽可能地利用惯性排气,应该将排气歧管做得尽可能长,而且各缸歧管应该相互独立,长度相等。

三、发动机增压系统

所谓增压就是将空气预先压缩然后再供入汽缸,以期提高空气密度、增加进气量的一项技术。由于进气量增加,可相应地增加循环供油量,从而可以增加发动机功率。在汽车发动机上最为常用的是废气涡轮增压系统,图 3-28 所示为汽车废气涡轮增压系统示意图。

如图 3-28 所示,发动机排出的废气(白色箭头)推动涡轮排气端的涡轮机叶轮并使之旋转,由此便能带动与之同轴的另一侧的压气机叶轮同时转动。压气机叶轮把空气(黑色箭头)从进风口强制吸进,并经叶片的旋转压缩后,再进入管径越来越小的压缩通道作二次压缩,这些经压缩的空气被吸入汽缸内参与燃烧。燃烧后的废气从排气歧管排出,进入涡轮,推动涡轮旋转,再次对进气进行增压。有的发动机设有中冷器,以此降低被压缩空气的温度、提高密度,防止发动机产生爆震现象。

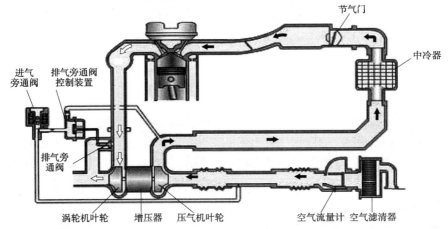

图 3-28　涡轮增压示意图

车用涡轮增压器由离心式压气机和径流式涡轮机及中间体三部分组成。图 3-29 和图 3-30 分别为车用涡轮增压器结构示意图和实物图。

图 3-29　汽车用涡轮增压器结构示意图　　　　图 3-30　汽车用涡轮增压器实物图

1. 离心式压气机

离心式压气机(图 3-31)由进气道、压气机叶片、扩压管及压气机蜗壳等组成,叶轮包括叶片和轮毂,并由增压器轴带动旋转。当压气机旋转时,空气经进气道进入压气机叶轮,并在离心力的作用下沿着压气机叶片之间形成的流道从叶轮中心流向叶轮的周边。空气从旋转的叶轮获得能量,使其流速、压力和温度均有较大的增高,然后进入叶子式扩压管。扩压管为渐扩形流道,空气流过扩压管时减速增压,温度也有所升高。即在扩压管中,空气所具有的大部分动能转变为压力能。蜗壳的作用是收集从扩压管流出的空气,并将其引向压气机出口。空气在蜗壳中继续减速增压,完成其由动能向压力能转变的过程。压气机叶轮由铝合金精密铸造，蜗壳也用铝合金铸造。

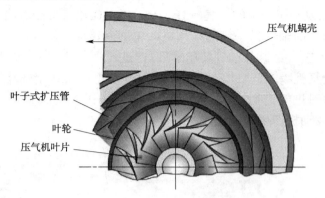

图 3-31　离心式压气机示意图

2. 径流式涡轮机

涡轮机（图 3-32）是将发动机排气的能量转变为机械功的装置。径流式涡轮机由蜗壳、叶片式喷管、叶轮和出气道等组成。蜗壳的进口与发动机排气管相连。发动机排气经蜗壳引导进入叶片式喷管。喷管是由相邻叶片构成的渐缩形流道。排气流过喷管时降压、降温、增速、膨胀，使排气的压力能转变为动能。由喷管流出的高速气流冲击叶轮，并在叶片所形成的流道中继续膨胀做功，推动叶轮旋转。涡轮机的蜗壳除具有引导发动机排气以一定的角度进入涡轮机叶轮的功能外，还有将排气的压力能和热能部分地转变为动能的作用。

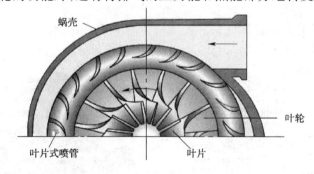

图 3-32　径流式涡轮机示意图

涡轮机叶轮经常在 900℃ 高温的排气冲击下工作，并承受巨大的离心力作用，所以采用镍基耐热合金钢或陶瓷材料制造。用质量轻并且耐热的陶瓷材料可使涡轮机叶轮的质量大约减轻 60%，涡轮增压加速滞后的问题也在很大程度上得到改善。叶片式喷管用耐热和抗腐蚀的合金钢铸造或机械加工成形。蜗壳用耐热合金铸铁铸造，内表面应该光洁，以减少气体流动损失。

3. 转子和增压器轴承

涡轮机叶轮、压气机叶轮和密封套等零件安装在增压器轴上，构成涡轮增压器转子。增压器工作时，转子高转速旋转，因此，转子的平衡是非常重要的。增压器轴在工作中承受弯曲和扭转交变应力，一般用韧性好、强度高的合金钢制造。增压器轴承的结构是车用涡轮增压器可靠性的关键之一，现代车用涡轮增压器都采用浮动轴承，在增压器工作时，轴承在轴与轴承座中间转动。

第五节　发动机燃料供给系统

一、汽油机电控燃料供给系统

汽油机所用的燃料是汽油,汽油在未进入汽缸前,须先喷散成雾状和蒸发,并按一定的比例与空气混合形成均匀的混合气。这种按一定比例混合的汽油空气混合物,称为可燃混合气。可燃混合气中燃油含量的多少称为可燃混合气浓度。

汽油机供给系统的功能是根据发动机各种不同工况的要求,配制出一定数量和浓度的可燃混合气供入汽缸,使之在临近压缩终了时点火燃烧而膨胀做功。最后,燃料供给系统还应将燃烧产物废气排入大气中。

1. 汽油机电控喷射供给系统分类

1) 按喷射系统执行机构分类

按喷射系统执行机构分类,汽油机电控喷射供给系统可分为多点喷射和单点喷射。多点喷射是指在发动机的每个汽缸上都设置一个喷油器,直接将燃料喷入各个汽缸气道的进气门前方。单点喷射是指一个喷油器供给两个以上的汽缸,喷油器安装在节气门前的区段中,燃料喷入后随空气流进入进气歧管内。

2) 按喷射方式分类

按喷射方式分类,汽油机电控喷射供给系统可分为间歇喷射和连续喷射。间歇喷射或脉冲喷射是指每一缸的喷射都有一限定的喷射持续期。喷射是在进气过程中的一段时间内进行的,喷射持续时间就是相应所控制的喷油量。对于所有的缸内喷射和多数进气道喷射,都采用间歇喷射的方式。连续喷射或稳定喷射式燃料喷射的时间占有全循环的时间。连续喷射都是喷射在进气道内,而且大部分的燃料是在进气门关闭后喷射的,因此大部分燃料是在进气道内蒸发的。

此外,汽油喷射还可以按喷射位置分为进气道喷射和缸内喷射两种。进气道喷射可以采用低压的喷射装置,是目前常用的喷射方式。汽缸内直接喷射是将燃料直接喷入汽缸内,需要有较高压力装置,因此成本较高,而且以还要求喷出的燃料能随气流分布到整个燃烧室,对于缸内布置喷油器与组织气流方向也比较复杂。这种喷射方式目前用于均质稀燃发动机中,具有很大的发展潜力。

2. 电控汽油喷射系统原理

目前汽车发动机上所用的汽油喷射系统,多数是把汽油喷入进气歧管或进气道内,也有一些是直接喷入汽缸内部。

L型汽油喷射控制系统(图3-33)是将各种传感器采集的感应信号送入一个电控单元中,根据发动机各种工况的实际要求来控制喷油量。这种喷射系统是采用间歇式的喷油方式,混合气的空燃比用微机控制,当电控单元的电流流经喷油器内的电磁线圈时,喷油器就开启并把燃油喷入进气管内,与吸入的空气混合后进入汽缸内燃烧,产生动力。

微机的主要功能是控制喷油器的喷油量。吸入空气量是由节气门的开度确定的,L型汽油喷射控制系统的特点是采用空气流量传感器,以空气流量为控制的基础,同时以空气流量与发动机转速作为控制基本喷油量的因素。还接受节气门位置、冷却液温度、空气温度等传感器检测到的表征发动机运行工况的信号作为喷油量的校正,使发动机运转稳定。

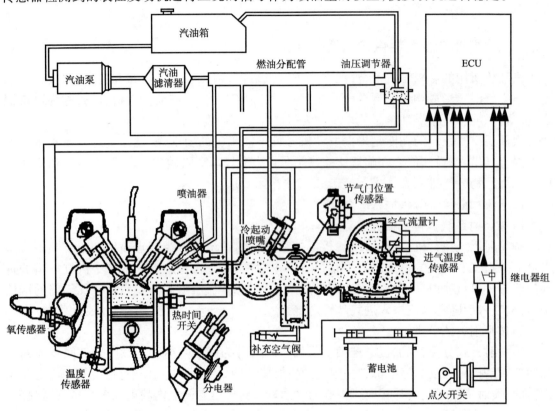

图 3-33　L 型汽油喷射系统

根据上述 L 型电控系统的布置,整个电控喷射系统可以分为燃油供给、空气供给与电路控制等三部分。

燃油从燃油箱经过电动汽油泵流经燃油滤清器,滤去杂质后,进入燃油分配管。在分配管的后端有一个油压调节器,它使喷油压力保持恒定。过量的压力油将通过此压力调节器无损失地返回到油箱,调节后的压力油将通过燃油分配管分送到各喷油器,接受电控单元的指令控制,燃油喷至进气门的上方,当进气门打开时,才将燃油与空气同时吸入汽缸中。

空气经过空气滤清器,滤去空气中的尘埃等杂质后,流经空气流量传感器,经过计量后,空气流沿着节气门通道流入进气歧管,再分别供给到各个汽缸中。汽车行驶时,空气流量是由驾驶人通过加速踏板操纵节气门控制的。

电控单元通过电路接收发动机转速传感器、空气流量传感器、冷却液温度传感器、进气温度传感器、氧传感器等的输入信号。上述各个信号输入电控单元后,经过综合判断与计算,由控制单元确定喷油器的开启时间,然后指令喷油器喷油。

D 型汽油喷射系统(图 3-34)是较早应用在汽车发动机上的电控多点间歇式汽油喷射系统,其基本特点是以进气管压力和发动机转速作为基本控制参数,用来控制喷油器的基本喷油量。

汽油箱内的汽油被电动汽油泵吸出并加压至 0.35MPa 左右,经汽油滤清器滤除杂质后被送至燃油分配管。燃油分配管与安装在各缸进气歧管上的喷油器相通。在燃油分配管的末端装有油压调节器,用来调节油压使其保持稳定,多余的汽油经回油管返回汽油箱。

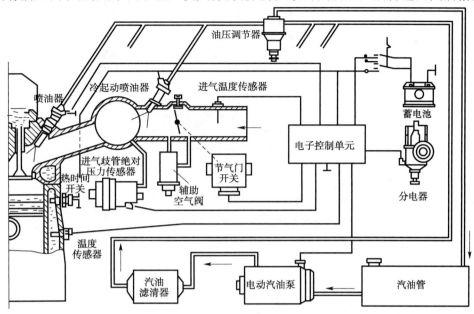

图 3-34　D 型汽油喷射系统

二、柴油机燃料供给系统

1. 概述

汽车柴油发动机以柴油为燃料。由于柴油的蒸发性和流动性都比汽油差,因此柴油机不能像汽油机那样在汽缸外部形成可燃混合气。柴油机的混合气只能在汽缸内部形成,即在接近压缩行程终点时,通过喷油器把柴油喷入汽缸内。柴油油滴在炽热的空气中受热、蒸发、扩散,并与空气混合形成可燃混合气,最终自行发火燃烧。

柴油机燃料供给系统的功用是在适当的时刻,将一定数量的洁净燃油增压后以适当的规律喷入燃烧室。各缸的喷油定时和喷油量相同且与柴油机运行工况相适应,喷油压力、喷注雾化质量及其在燃烧室内的分布与燃烧室类型相适应。在每一个工作循环内,各汽缸均喷油一次,喷油次序与汽缸工作顺序一致;根据柴油机负荷的变化自动调节循环供油量,以保证柴油机稳定运转,尤其是稳定怠速,限制超速,储存一定数量的燃油,保证汽车的最大续驶里程。

柴油机燃料供给系统包括喷油泵、喷油器和调速器等主要部件及燃油箱、输油泵、油水分离器、燃油滤清器、喷油提前器和高、低压油管等辅助装置。

图 3-35 所示为柴油机燃料供给系统的示意图,当柴油机工作时,输油泵将柴油从燃油箱吸出,经油水分离器及燃油滤清器,将其送入二级输油泵,柴油在二级输油泵中加压后充入密闭的分配式喷油泵体内,再经分配式喷油泵增压计量后进入喷油器。滑片式输油泵出口油压随其转速而增加,为控制喷油泵体内腔油压保持稳定,在二级输油泵出口设有限压阀。当喷油泵体内腔油压超过规定值时,将有部分柴油经限压阀返回输油泵入口。在分配式喷油泵体内还装有调速器和喷油提前器。

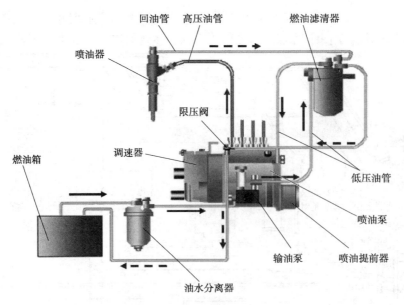

图 3-35 柴油机燃料供给系统示意图

2. 喷油器

喷油器是柴油机燃料供给系统中实现燃油喷射的重要部件,其功用是根据柴油机混合气形成的特点,将燃油雾化成细微的油滴,并将其喷射到燃烧室特定的部位。喷油器应满足不同类型的燃烧室对喷雾特性的要求。一般说来,喷注应有一定的贯穿距离和喷雾锥角,以及良好的雾化质量,而且在喷油结束时不发生滴漏现象。汽车柴油机广泛采用闭式喷油器。这种喷油器主要由喷油器体、调压装置及喷油嘴等部分组成。根据喷油嘴结构形式的不同,闭式喷油器又可分为孔式喷油器和轴针式喷油器两种,分别用于不同类型的燃烧室。

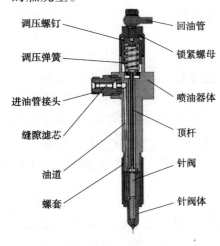

图 3-36 孔式喷油器结构

孔式喷油器用于直喷式燃烧室柴油机上,其结构如图 3-36 所示。由针阀和针阀体构成的喷油嘴通过拧紧螺母与喷油器体紧固在一起。为了保证结合面的密封,针阀体的上端面与喷油器体的下端面都需经过精细的研磨。调压弹簧的预紧力通过顶杆作用在针阀上,将针阀压紧在针阀体内的密封锥面上,使喷油嘴关闭。调压弹簧的预紧力由调压螺钉调节。针阀的上锥面称为承压锥面,用来承受油压产生的轴向推力,使针阀升起。针阀下端的锥面,称为密封锥面,与针阀体内的密封锥面配合,以实现喷油器内腔的密封。针阀的密封锥面与针阀体内的密封锥面都是在精加工之后再配对研磨,以保证其配合精度。孔式喷油器的喷油嘴头部加工有一个或多个喷孔,有一个喷孔的称为单孔喷油器,有两个喷孔的称为双孔喷油器,有三个以上喷孔的称为多孔喷油器。一般喷孔数目为 1~7 个。

当柴油机工作时,来自喷油泵的高压柴油通过高压油管送到喷油器,经进油管接头、喷油器滤芯以及喷油器体和针阀体内的油道进入喷油嘴内的压力室。油压作用在针阀的承压锥面上，产生向上的推力，当此推力超过调压弹簧的预紧力时，针阀升起并将喷孔打开，高压柴油经喷孔喷入燃烧室。针阀升起的最大高度即针阀升程，由喷油器体（或接合座）的下端面限制。当喷油泵停止供油时，喷油嘴压力室内的油压迅速下降，针阀在调压弹簧的作用下瞬即落座，将喷孔关闭，终止喷油。在喷油器工作期间，有少量柴油从针阀与针阀体配合表面之间的间隙中漏出，并沿顶杆周围的缝隙上升，最后通过回油管接头进入回油管，流回燃油滤清器。这部分柴油在流过针阀偶件时对偶件起润滑作用。

3. 柱塞式喷油泵

喷油泵的功用是按照柴油机的运行工况和汽缸工作顺序，以一定的规律适时、定量地向喷油器输送高压燃油。在汽车柴油机上得到广泛应用的有直列柱塞式喷油泵和转子分配式喷油泵。直列柱塞式喷油泵性能良好，工作可靠，为大多数汽车柴油机所采用。

图 3-37 为柱塞式喷油泵结构示意图。柱塞式喷油泵主要由柱塞、柱塞套、柱塞弹簧、出油阀、出油阀座等组成。

柱塞和柱塞套是一对精密偶件，经配对研磨后不能互换，要求有高的精度、小的表面粗糙度值和好的耐磨性。柱塞头部圆柱面上切有斜槽，并通过径向孔、轴向孔与顶部相通，其目的是改变循环供油量。柱塞套上制有进、回油孔，均与泵上体内低压油腔相通，柱塞套装入泵上体后，应用定位螺钉定位。柱塞头部斜槽的位置不同，供油量也不同。

出油阀和出油阀座也是一对精密偶件，配对研磨后不能互换。出油阀是一个止回阀，在弹簧压力作用下，阀上部圆锥面与阀座严密配合，其作用是在停止供油时，将高压油管与柱塞上端空腔隔绝，防止高压油管内的油倒流入喷油泵内。出油阀的下部呈十字断面，既能导向，又能通过柴油。出油阀的锥面下有一个小的圆柱面，称为减压环带，其作用是在供油终了时，使高压油管内的油压迅速下降，避免喷孔处产生滴油现象。当环带落入阀座内时则使上方容积很快增大，压力迅速减小，停喷迅速。

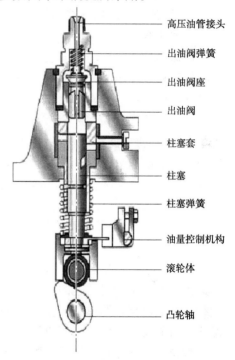

图 3-37 柱塞式喷油泵结构示意图

柱塞式喷油泵的泵油原理为：在喷油泵凸轮轴上的凸轮与柱塞弹簧的作用下，迫使柱塞作上、下往复运动，从而完成泵油任务，泵油过程可分为进油过程、供油过程和回油过程三个阶段。

当凸轮的凸起部分转过去后，在弹簧力的作用下，柱塞向下运动，柱塞上部空间（称为泵油室）产生真空度，当柱塞上端面把柱塞套上的进油孔打开后，充满在油泵上体油道内的柴油经油孔进入泵油室，柱塞运动到下止点，进油结束。

当凸轮轴转到凸轮的凸起部分顶起滚轮体时，柱塞弹簧被压缩，柱塞向上运动，燃油受压,一部分燃油经油孔流回喷油泵上体油腔。当柱塞顶面遮住套筒上进油孔的上缘时,由于柱塞和套筒的配合间隙很小,使柱塞顶部的泵油室成为一个密封油腔,柱塞继续上升,泵油室内的油压迅速升高,泵油压力大于出油阀弹簧力与高压油管剩余压力之和时,推开出油阀,高压柴油经出油阀进入高压油管,通过喷油器喷入燃烧室。

柱塞向上供油,当上行到柱塞上的斜槽(停供边)与套筒上的回油孔相通时,泵油室低压油路便与柱塞头部的中孔和径向孔及斜槽沟通,油压骤然下降,出油阀在弹簧力的作用下迅速关闭,停止供油。此后柱塞还要上行,当凸轮的凸起部分转过去后,在弹簧的作用下,柱塞又下行,此时便开始了下一个循环。

由于柴油机的单缸功率变化范围很大,若根据每一种单缸功率所需要的循环供油量来设计和制造喷油泵,那么喷油泵的尺寸规格将不可胜数,给生产和使用都造成诸多不便。因此,世界各国的喷油泵制造厂都是以几种不同的柱塞行程作为基础,将喷油泵划分成为数不多的几个系列或型号,然后再配以不同尺寸的柱塞偶件,构成若干循环供油量不等的喷油泵,以满足各种不同功率柴油机的需要。

4. 调速器

调速器是一种自动调节装置,它根据柴油机负荷的变化,自动增减喷油泵的供油量,使柴油机能够以稳定的转速运行。在柴油机上装设调速器,是由柴油机的工作特性决定的。汽车柴油机的负荷经常变化,当负荷突然减小时,若不及时减少喷油泵的供油量,则柴油机的转速将迅速增高并远远超出柴油机设计所允许的最高转速,这种现象称"飞车"。当发生飞车时,柴油机性能急剧恶化,并可能造成机件损坏。相反,当负荷骤然增大时,若不及时增加喷油泵的供油量,则柴油机的转速将急速下降直至熄火。另外,汽车柴油机还经常在怠速下运转。怠速是柴油机对外不输出有效转矩的工况,这时喷油泵的供油量很少,柴油机转速很低,汽缸内燃烧气体所做的膨胀功全部用来克服柴油机内部的摩擦阻力和驱动外部的附件。在这种情况下,若出现汽缸缺火或内部阻力发生变化,也将引起柴油机怠速转速的波动甚至熄火。

柴油机超速或怠速不稳,往往出自于偶然的原因,汽车驾驶人难于作出响应。这时唯有调速器能够对柴油机转速的变化作出快速反应,及时调节喷油泵的供油量,保持柴油机稳定运行。柴油机调速器按其工作原理的不同,可分为机械式、气动式、液压式和电子式等多种形式。目前应用最广的当属机械式调速器,其结构比较简单,工作可靠,性能良好。

按调速器起作用的转速范围不同,又可分为两极式调速器和全程式调速器。中、小型汽车柴油机多数采用两极式调速器,以起到防止超速和稳定怠速的作用。在重型汽车上则多采用全程式调速器。这种调速器除具有两极式调速器的功能外,还能对柴油机工作转速范围内的任何转速起调节作用,使柴油机在各种转速下都能稳定运转。两极式调速器只在柴油机的最高转速和怠速起自动调节作用,而在最高转速和怠速之间的其他任何转速,调速器不起调速作用,而由驾驶人控制柴油机转速的变化。

5. 电控柴油机喷射系统

与传统的机械控制柴油喷射系统相比,电控柴油喷射系统有下列优点:

(1)机械控制喷射系统的基本控制信息是柴油机的转速和加速踏板的位置,而电控喷射系统则通过许多传感器检测柴油机的运行状态和环境条件,并由电控单元计算出适应柴油机运行状况的控制量,然后由执行器实施。因此,它控制精确、灵敏。在需要扩大控制功能时,只需改变电控单元的存储软件,便可实现综合控制。

(2)机械控制喷射系统往往由于设定错误和磨损等原因,而使喷油时刻产生误差。但是在电控喷射系统中,总是根据曲轴位置的基本信号进行再检查,因此不存在产生失调的可能性。

(3)在电控喷射系统中,通过改换输入装置的程序和数据,可以改变控制特性,一种喷射系统可用于多种柴油机。在此过程中不需要机械加工,故可缩短开发新产品的周期,有利于降低成本。

第六节 发动机点火系统和起动系统

一、发动机点火系统

1. 概述

汽油发动机工作时,吸入汽缸中的可燃混合气在压缩行程终了时靠电火花点燃,使混合气燃烧产生强大的动力,推动活塞向下运动使发动机做功,为此在汽油发动机的燃烧室中装有火花塞,在火花塞的两个电极之间加上直流电压时,电极之间的气体便发生电离现象。随着两电极间电压的升高,气体电离的程度也不断增强。当电压增长到一定值时,火花塞两电极间的间隙被击穿而产生电火花。使火花塞两电极间隙击穿所需要的电压,称为击穿电压。击穿电压的数值与电极间的距离、汽缸内的压力和温度有关。电极间隙越大、汽缸内压力越高、温度越低,则击穿电压越高。

能够按时在火花塞两电极之间产生电火花的全部装置,称为发动机点火系统。为了适应发动机的工作,要求点火系统能在规定的时刻,按发动机的点火次序供给火花塞以足够能量的高压电使其两电极间产生电火花,点燃混合气,使发动机做功。

按照点火系统的组成和产生高压电的方法不同,发动机点火系统可分为传统点火系统、半导体点火系统、微机控制点火系统以及磁电机点火系统。

传统点火系统以蓄电池或发电机为电源,提供12V、24V或6V的直流电,借点火线圈和断电器将低压电转变为高压电,再经过配电器分配到各缸火花塞,使火花塞两电极之间产生电火花,点燃混合气。目前,传统点火系统正在逐渐被半导体点火系统和微机控制的点火系统所代替。

半导体点火系统也以蓄电池和发电机为电源,通过点火线圈和由半导体器件(晶体三极管)组成的点火控制器将电源提供的低电压转变为高电压,再通过分电器分配到各缸火花塞,使火花塞两电极之间产生电火花,点燃可燃混合气。

微机控制的点火系统由点火线圈和微机控制装置产生的点火信号,将电源的低压电转变为高压电。它还可以进一步取消分电器,由微机系统直接进行高压电的分配,是现代最新型的无分电器点火系统,微机控制的点火系统已广泛应用于各种轿车上。

磁电机点火系统它由磁电机内的永久磁铁和电磁线圈的作用产生高压电,而不需要另设低压电源。在发动机中等转速和高转速范围内,磁电机点火系统可以产生较高的高压电,使发动机工作可靠。但在发动机低转速时产生的电压低,不利于发动机起动。因此,磁电机点火系统多用于主要在高速、满负荷下工作的赛车发动机,以及某些不带蓄电池的摩托车发动机和大功率柴油机的起动发动机上。

2. 传统点火系统

1)传统点火系统的组成

传统点火系统的组成如图3-38所示。它由点火线圈、分电器、火花塞、电源、点火开关和高压导线等组成。

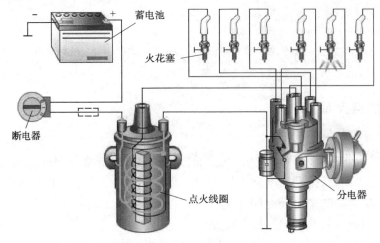

图3-38 传统点火系统组成示意图

点火线圈主要由一次绕组、二次绕组、铁芯等组成。它相当于自耦变压器,用来将低压直流电转变为高压直流电。分电器由断电器、配电器、电容器和点火提前调节装置等组成。它用来在发动机工作时接通与切断点火系统的一次电路,使点火线圈的二次绕组中产生高压电,并按发动机要求的点火时刻与点火顺序,将点火线圈产生的高压电分配到相应汽缸的火花塞上。

断电器凸轮由发动机配气凸轮驱动,并以同样的转速旋转,即曲轴每转两转,断电器凸轮转一转。为了保证曲轴每转两转各缸轮流点火一次,断电器凸轮的凸角数一般等于发动机的汽缸数。断电器的触点串联在点火线圈的一次电路中,用来接通或切断点火线圈一次绕组的电路。因此,断电器相当于一个由凸轮控制的开关。

配电器由分电器盖和分火头组成。分火头安装在分电器的凸轮轴上,与分电器轴一起旋转。分电器盖上有中央高压线插孔(中央电极)和若干个分高压线插孔,分高压线插孔也称为旁电极,其数目与发动机汽缸数相等。点火线圈产生的高压电,经分电器盖的中央电极、分火头、旁电极、高压导线分配到各缸火花塞。火花塞由中心电极和侧电极组成,安装在发动机的燃烧室中,用来将高压电引入燃烧室,并提供一个跳火间隙。点火系统工作时所需要的电能,由蓄电池和发电机两个电源供给。

2)传统点火系统的工作过程

接通点火开关,当断电器触点闭合时,蓄电池的电流从蓄电池的正极出发,经点火开关、点火线圈的一次绕组、断电器活动触点臂、触点、分电器壳体搭铁,流回蓄电池负极。由于回路中流过的是低压电流,所以称这条电路为低压电路或一次电路。电流通过点火线圈一次绕组时，在一次绕组的周围产生磁场，并由于铁芯的作用而加强。当断电器凸轮顶开触点时，一次电路被切断，一次电流迅速下降到零，铁芯中的磁场随之迅速衰减以至消失，因此在匝数多、导线细的二次绕组中感应出很高的电压，称为高压电。二次绕组中产生的高压电，作用在火花塞的中心电极和侧电极之间，当高压电超过火花塞间隙的击穿电压时，火花塞的间隙被击穿，产生电火花，点燃混合气。

3）点火时刻

发动机工作时点火时刻对发动机的性能有很大的影响，由于混合气燃烧有一定的速度，即从火花塞间隙出现火花，到燃烧室中的混合气大部分燃烧完毕，汽缸内的压力上升到最高值是需要一定时间的。虽然这段时间很短，不过千分之几秒，但由于发动机转速很高，在这样短的时间内曲轴却转过较大的角度。若恰好在活塞到达上止点时点火，混合气开始燃烧时活塞已开始向下运动，使汽缸容积增大，燃烧压力降低，发动机功率下降。若点火过早，则活塞正在向上止点运动过程中，混合气开始燃烧，汽缸内气体压力迅速升高，而且气体压力作用的方向与活塞运动的方向相反，此时，发动机有效功减小，发动机功率也将下降，因此，应当在活塞到达压缩行程上止点之前点火，使气体压力在活塞达到上止点后 10°~15°时达到最高值，这样混合气燃烧产生的热能，在做功行程中得到充分利用，可以提高发动机的功率。

3. 微机控制点火系统

微机控制点火系统是随发动机工况的变化自动地调节点火提前角，使发动机在任何工况下均在最佳的点火时刻点火。此外，它还能自动地调节一次电路的导通时间，使高速时一次电路的导通时间延长，增大一次电流，提高二次电压。低速时一次电路导通时间适当缩短，限制一次电流的强度，以防止点火线圈发热。微机控制点火系统一般由各种传感器、微机控制器和点火控制器、点火线圈等组成。图 3-39 所示是微机控制点火系统的组成示意图。

1）传感器

微机控制点火系统中的传感器，在发动机工作时不断地检测反映发动机工作状况的信息，并输入控制器，作为控制系统进行运算和控制的依据或基准。

2）微机控制器

微机控制器是控制系统的中枢，在发动机工作时，它根据各传感器输入的信号计算最佳点火提前角和一次电路的导通时间，并产生点火控制信号控制点火系统工作。微机控制装置的功能很强，它在实行点火控制的同时，还可以进行对发动机的空燃比、怠速转速、废气再循环等多项参数的控制。它还具有故障自诊断和保护功能，当控制系统出现故障时，它还能自动地记录故障码并采取相应的保护措施，维持发动机运行，使汽车能开回维修站。其工作过程如下：

发动机工作期间，各传感器分别将每一瞬间的发动机转速、负荷、冷却液的温度、节气门的状态以及是否发生爆震等与发动机工况有关的信号，经接口电路输入控制器，控制器根据发动机转速和负荷信号，按存储器中存放的程序以及与点火提前角和一次电路导通时间有关的数据，计算出与该工况对应的最佳点火提前角和一次电路导通时间，并根据冷却液的温度加以修正。最后根据计算结果和点火基准信号，在最佳的时刻向点火控制电路和点火线圈发出控制信号,接通点火线圈的一次电路,经过最佳的一次电路导通时间后,再发出控制信号切断点火线圈的一次电路,使一次电流迅速下降到零,在点火线圈的二次绕组中产生高压电,并经配电器送往火花塞,点燃混合气。

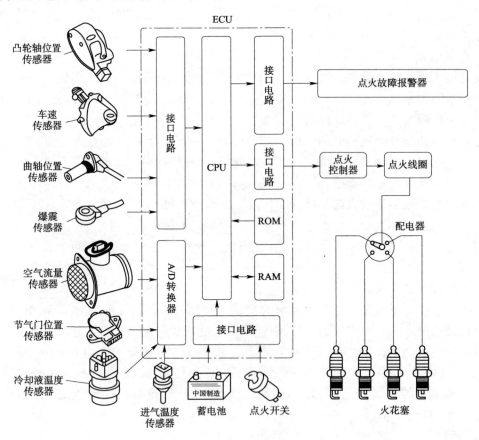

图 3-39 微机控制点火系统的组成示意图

在发动机工作期间,如果发生爆震,爆震传感器输出的电压信号输入控制器,控制器将点火时刻适当推迟;爆震消除后再将点火时刻逐渐移回到最佳点,实现了点火提前角的闭环控制。采用微机控制点火系统,对于提高发动机的动力性、经济性,减少排气污染等都是十分有效的。因此,微机控制点火系统在现代汽车的汽油发动机上已得到了广泛的应用。

二、发动机起动系统

为了使静止的发动机开始进入工作状态,必须先用外力转动发动机的曲轴,使汽缸内吸入可燃混合气,并将其压缩、点燃,混合气燃烧、膨胀产生强大的动力推动活塞向下运动并带动曲轴旋转,使发动机自动进入工作循环。发动机的曲轴在外力的作用下开始转动,到发动机开始自动地怠速运转的全过程,称为发动机的起动过程。

按起动机传动机构和控制机构的不同,车用起动机分为惯性啮合式起动机、机械啮合式起动机、电磁啮合式起动机和电枢移动式起动机。惯性啮合式起动机和机械啮合式起动机因结构复杂、可靠性差或操作不便,目前已很少使用。电磁啮合式起动机结构简单、工作可靠、操作方便,在国内、外汽车上应用十分广泛。电枢移动式起动机结构复杂,但可以传递较大的转矩,适用于起动功率大、在平坦路面上工作的工程车和特种车辆。

电力起动机起动,几乎是现代汽车唯一的起动方式。电力起动机以下简称起动机,它由直流电动机、传动机构、控制机构等组成。图3-40所示为起动机的组成示意图,图3-41所示为起动机的实物图。

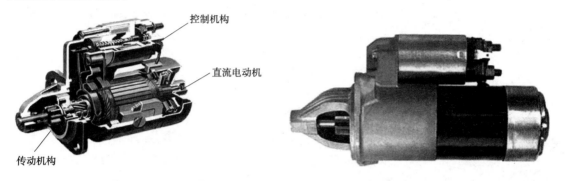

图3-40 起动机的组成示意图　　　　图3-41 起动机的实物图

直流电动机在直流电压的作用下产生的旋转力矩,称为电磁力矩或电磁转矩。起动发动机时,它通过驱动齿轮、飞轮的环齿驱动发动机的曲轴旋转,使发动机起动。

起动机的传动机构安装在电动机电枢的延长轴上,用来在起动发动机时,将驱动齿轮与电枢轴连成一体,并使驱动齿轮沿电枢轴移出与飞轮环齿啮合,将起动机产生的电磁转矩传递给发动机的曲轴,使发动机起动。

发动机起动后,飞轮转速提高,带着驱动齿轮转速超过电枢轴转速时,传动机构应使驱动齿轮与电枢轴自动脱开,防止电动机超速。起动机的控制机构主要控制起动机主电路的通、断和驱动齿轮的移出与退回。

第七节　发动机冷却系统和润滑系统

一、发动机冷却系统

1.冷却系统的功用和分类

冷却系统的功用是使发动机在所有工况下都保持在适当的温度范围内。冷却系统既要防止发动机过热,也要防止冬季发动机过冷。在冷态发动机起动之后,冷却系统还要保证发动机迅速升温,尽快达到正常的工作温度。在发动机工作期间,最高燃烧温度可能高达2500℃,即使在怠速或中等转速下,燃烧室的平均温度也在1000℃以上。因此,与高温燃气接触的发动机零件受到强烈的加热。在这种情况下,若不进行适当的冷却,发动机将会过热,工作过程恶化,零件强度降低,机油变质,零件磨损加剧,最终导致发动机动力性、经济性、可靠性及耐久性的全面下降。但是,冷却过度也是有害的。不论是过度冷却还是发动机长时间在低温下工作,均会使散热损失及摩擦损失增加,零件磨损加剧,排放恶化,发动机工作粗暴,发动机功率下降及燃油消耗率增加。

发动机的冷却系统有风冷与水冷之分。以空气为冷却介质的冷却系统称为风冷系统。以冷却液为冷却介质的称为水冷系统。汽车发动机,尤其是轿车发动机大都采用水冷系统,只有少数汽车发动机采用风冷系统。

2. 发动机水冷系统的组成

汽车发动机的冷却系统为强制循环水冷系统,即利用水泵提高冷却液的压力,强制冷却液在发动机中循环流动。强制循环水冷系统由水泵、散热器、冷却风扇、节温器、发动机机体和汽缸盖中的水套以及其他附属装置等组成,如图3-42所示。

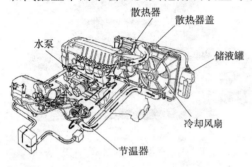

图3-42 汽车发动机水冷系统组成

冷却液在水泵中增压后,经分水管进入发动机的机体水套,冷却液从水套壁周围流过并从水套壁吸热而升温;然后向上流入汽缸盖水套,从汽缸盖水套壁吸热之后经节温器及散热器进水软管流入散热器;在散热器中,冷却液向流过散热器周围的空气散热而降温;最后冷却液经散热器出水软管返回水泵,如此循环不已。

在汽车行驶时或冷却风扇工作时,空气从散热器周围高速流过,以增强对冷却液的冷却。不论是铜制或不锈钢制的分水管,还是直接铸在机体上的分水道,都沿纵向开有出水孔,并与机体水套相通,离水泵越远出水孔越大,其数目通常与汽缸数相同。分水管或分水道的作用是使多缸发动机各汽缸的冷却强度均匀一致。

3. 散热器

发动机水冷系统中的散热器由进水室、出水室及散热器芯三部分构成。冷却液在散热器芯内流动,空气在散热器芯外通过。热的冷却液由于向空气散热而变冷,冷空气则因为吸收冷却液散出的热量而升温,所以散热器是一个热交换器。

按照散热器中冷却液流动的方向,可将散热器分为纵流式和横流式两种,纵流式散热器芯竖直布置,上接进水室,下连出水室,冷却液由进水室自上而下地流过散热器芯进入出水室。横流式散热器芯横向布置,左右两端分别为进、出水室,冷却液自进水室经散热器芯到出水室横向流过散热器。大多数新型轿车均采用横流式散热器,这可以使发动机罩的外廓较低,有利于改善车身前端的空气动力性。

4. 冷却风扇

冷却风扇置于散热器后面,当发动机在车架上纵向布置时,风扇一般安装在水泵轴上,并由驱动水泵和发电机的同一根V带传动。

风扇的功用是当风扇旋转时吸进空气,使其通过散热器,以增强散热器的散热能力,加速冷却液的冷却。汽车发动机水冷系统多采用低压头、大风量、高效率的轴流式风扇,即风扇旋转时,空气沿着风扇旋转轴的轴线方向流动。在风扇外围装设导风罩,使风扇吸进的空气全部通过散热器以提高风扇效率。风扇的扇风量主要与风扇直径、转速、叶片形状、叶片安装角及叶片数有关。叶片的断面形状有腹弧形和翼形两种。翼形风扇效率高、消耗功率少,在轿车和轻型汽车上得到了广泛的应用。

5. 节温器

节温器是控制冷却液流动路径的阀门。它根据冷却液温度的高低,打开或关闭冷却液通向散热器的通道。当起动冷发动机时,节温器关闭冷却液流向散热器的通道,这时冷却液经水泵入口直接流回机体及汽缸盖水套,使冷却液迅速升温,如果不装节温器,那么,温度较低的冷却液经过散热器冷却后返回发动机,其温度将长时间不能升高,发动机也将长时间在低温下运转。

单阀蜡式节温器的结构如图3-43所示。推杆的一端紧固在带状上支架上,而另一端则插入感温体内的胶管中,感温体支承在带状下支架及节温器阀之间。在感温体外壳与胶管中间充满精制石蜡。当冷却液温度低于规定值时,节温器感温体内的石蜡呈固态,节温器阀在弹簧的作用下关闭冷却液流向散热器的通道,冷却液经旁通孔、水泵返回发动机,进行小循环。

当冷却液温度达到规定值后,石蜡开始熔化逐渐变成液体,体积随之增大并压迫胶管使其收缩。在胶管收缩的同时,对推杆作用以向上的推力,由于推杆上端固定,因此,推杆对胶管和感温体产生向下的反推力使阀门开启。这时冷却液经节温器阀进入散热器,并由散热器经水泵流回发动机,进行大循环。图3-44所示为蜡式节温器实物图。

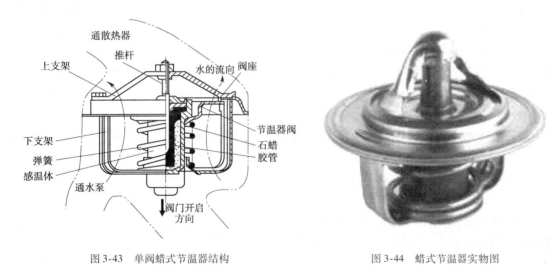

图3-43 单阀蜡式节温器结构　　　　　图3-44 蜡式节温器实物图

6. 水泵

水泵的功用是对冷却液加压,保证其在冷却系统中循环流动。汽车发动机广泛采用离心式水泵。其基本结构如图3-45所示,由水泵壳体、水泵轴、叶轮及进、出水管等组成。水泵壳体由铸铁或铝铸制,叶轮由铸铁或塑料制造,叶轮上通常有6~8个径向直叶片或后弯叶片。进、出水管与水泵壳体铸成一体。当水泵叶轮按图示方向旋转时,水泵中的冷却液被叶轮带动一起旋转,并在离心力的作用下被甩向水泵壳体的边缘,同时产生一定的压力,然后从出水管流出。在叶轮的中心处,由于冷却液被甩出而压力下降,散热器中的冷却液在水泵进口与叶轮中心的压差作用下,经进水管流入叶轮中心。

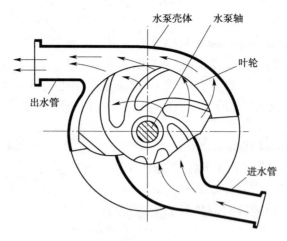

图 3-45 离心式水泵工作原理

二、发动机润滑系统

1. 润滑系统的功用

发动机工作时,很多传动零件都是在很小的间隙下作高速相对运动的,如曲轴主轴颈与主轴承,曲柄销与连杆轴承,凸轮轴颈与凸轮轴轴承,活塞、活塞环与汽缸壁面,配气机构各运动副及传动齿轮副等。尽管这些零件的工作表面都经过精细的加工,但放大来看这些表面却是凹凸不平的。若不对这些表面进行润滑,它们之间将发生强烈的摩擦。金属表面之间的干摩擦不仅增加发动机的功率消耗,加速零件工作表面的磨损,而且还可能由于摩擦产生的热,将零件工作表面烧损,致使发动机无法运转。

润滑系统的功用就是在发动机工作时连续不断地把数量足够的洁净润滑油输送到全部传动件的摩擦表面,并在摩擦表面之间形成油膜,实现液体摩擦,从而减小摩擦阻力、降低功率消耗、减轻机件磨损,以达到提高发动机工作可靠性和耐久性的目的。

2. 润滑方式

由于发动机传动件的工作条件不尽相同,因此,对负荷及相对运动速度不同的传动件采用不同的润滑方式。

(1) 压力润滑是以一定的压力把润滑油供入摩擦表面的润滑方式。这种方式主要用于主轴承、连杆轴承及凸轮轴承等负荷较大的摩擦表面的润滑。

(2) 利用发动机工作时运动件溅泼起来的油滴或油雾润滑摩擦表面的润滑方式,统称飞溅润滑,该方式主要用来润滑负荷较轻的汽缸壁面和配气机构的凸轮、挺柱、气门杆以及摇臂等零件的工作表面。

(3) 润滑脂润滑是通过润滑脂嘴定期加注润滑脂来润滑零件的工作表面,如水泵及发电机轴承等。

3. 润滑系统组成

为了实现润滑系统的功用,汽车发动机润滑系统由机油泵、机油冷却器、机油滤清器、集滤器和油底壳等零部件组成。机油泵其功用是保证润滑油在润滑系统内循环流动,并在发动机任何转速下都能以足够高的压力向润滑部位输送足够数量的润滑油。机油滤清器是用来滤除润滑油中的金属碎屑、机械杂质和润滑油氧化物。若这些杂质随同润滑油进入润滑系统,将加剧发动机零件的磨损,还可能堵塞油管或油道。在热负荷较高的发动机上装备有机油冷却器,用来降低润滑油的温度。润滑油在循环过程中,由于吸热而温度升高。若润滑油温度过高,则其黏度下降,不利于在摩擦表面形成油膜。此外,还会加速润滑油老化变质,缩短润滑油使用期。油底壳是存储润滑油的容器。集滤器是用金属丝编织的滤网,是润滑系统的进口,用来滤除润滑油中粗大的杂质,防止其进入机油泵。除此之外,润滑系统还包括润滑油压力表、温度表和润滑油管道等。

4. 机油泵

机油泵结构形式可分为齿轮式和转子式两类。齿轮式机油泵又分内接齿轮式和外接齿轮式,一般把后者称为齿轮式机油泵。

齿轮式机油泵的工作原理如图 3-46 所示。在机油泵体内装有一对外啮合齿轮,齿轮的端面由机油泵盖封闭。泵体、泵盖和齿轮的各个齿槽组成工作腔。当齿轮按图示方向旋转时,进油腔的容积由于轮齿逐渐脱离啮合而增大,腔内产生一定的真空,润滑油从油底壳经进油口被吸入进油腔,随后又被轮齿带到出油腔,出油腔的容积由于轮齿逐渐进入啮合而减小,使润滑油压力升高,润滑油经出油口被甩入发动机机体上的润滑油道。

在发动机工作时,机油泵齿轮不停地旋转,润滑油便连续不断地流入润滑油道,经过滤清之后被送到各润滑部位,当轮齿进入啮合时,封闭在轮齿径向间隙内的润滑油,压力急剧升高,使齿轮受到很大的推力,并使机油泵

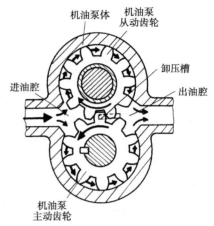

图 3-46 齿轮式机油泵工作原理

轴衬套的磨损加剧,如能将径向间隙内的润滑油及时引出,油压自然降低。为此,特在泵盖上加工一道卸压槽,使轮齿径向间隙内被挤压的润滑油通过卸压槽流入出油腔。

齿轮式机油泵由曲轴或凸轮轴经中间传动机构驱动。汽油机的齿轮式机油泵典型的传动方式是机油泵与分电器由凸轮轴或中间轴上的曲线齿轮经同一个传动轴驱动。齿轮式机油泵的优点是效率高,功率损失小,工作可靠;缺点是需要中间传动机构,制造成本相应较高。国产桑塔纳、捷达和奥迪等轿车都采用齿轮泵。

5. 机油滤清器

机油滤清器有全流式与分流式之分。全流式滤清器串联于机油泵和主油道之间,因此能滤清进入主油道的全部润滑油。分流式滤清器与主油道并联,仅能过滤机油泵送出的部分润滑油。目前分流式滤清器在轿车上已很少见到。

现代汽车发动机所采用的全流式滤清器结构如图 3-47 所示。纸滤芯装在滤清器外壳内,滤清器出油口是螺纹孔,借此螺纹孔把滤清器安装在机体上的螺纹接头上,螺纹接头与机体主油道相通。在机体安装平面与滤清器之间用密封圈密封。润滑油从纸滤芯的外围进入滤清器中心,然后经出油口流进机体主油道。机油流过滤芯时,杂质被截留在滤芯上。如果滤清器的使用时间达到了更换周期,就把整个滤清器拆下扔掉,换上新滤清器。

如果滤清器在使用期内滤芯被杂质严重堵塞,润滑油不能通过滤芯,则滤清器进油口油

压升高。当油压达到规定值时,滤清器中的旁通阀片开启,润滑油不通过滤芯经旁通阀直接进入机体主油道。虽然这时润滑油未经滤清便输送到各润滑表面,但是这总比发动机断油不能润滑要好得多。

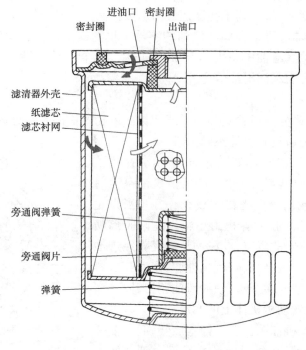

图 3-47 全流式机油滤清器结构图

有些发动机的机油滤清器除设置旁通阀之外,还加装止回阀。当发动机停机后,止回阀将滤清器的进油口关闭,防止润滑油从滤清器流回油底壳。在这种情况下,当重新起动发动机时,润滑系统能迅速建立起油压,从而可以减轻由于起动时供油不足而引起的零件磨损。

机油滤清器的滤芯有褶纸滤芯和纤维滤清材料滤芯等。褶纸滤芯由微孔滤纸制造。微孔滤纸经酚醛树脂处理后,具有较高的强度、抗腐蚀性和抗水湿性。褶纸滤芯具有质量轻、体积小、结构简单、滤清效果好、阻力小和成本低等优点,因此得到了广泛的应用。汽车机油滤清器的实物图如图 3-48 所示。

图 3-48 汽车机油滤清器实物图

第四章 汽车底盘构造

第一节 汽车传动系统

一、传动系统的基本功用与分类

1. 传动系统的功用

汽车传动系统的基本功用是将发动机发出的动力传给驱动车轮。传动系统的组成及其在汽车上的布置形式,取决于发动机的形式和性能、汽车总体结构形式、汽车行驶系统及传动系统本身的结构形式等许多因素。

目前广泛应用于普通双轴货车上,并与活塞式发动机配用的机械式传动系统的组成及布置形式为前置后驱式,即发动机纵向安置在汽车前部,并且以后轮为驱动轮,如图4-1所示。图中有标号的部分为传动系统,发动机发出的动力依次经过离合器、变速器、由万向节和传动轴组成的万向传动装置以及安装在驱动桥中的主减速器、差速器和半轴传到驱动轮。

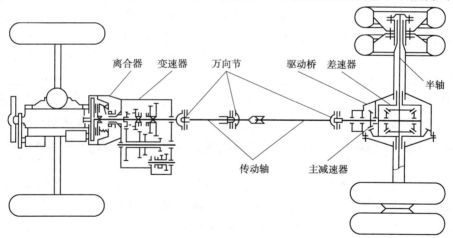

图4-1 机械式传动系统的组成及布置

传动系统的首要任务是与发动机协同工作,以保证汽车能在不同使用条件下正常行驶,并具有良好的动力性和燃油经济性。为此,任何形式的传动系统都必须具有以下的功能。

1) 减速增矩

只有当作用在驱动轮上的牵引力足以克服外界对汽车的阻力时,汽车方能起步和正常行驶。假如将发动机与驱动轮直接连接,以东风6100Q-1发动机为例,在发出最大功率99.3kW时的转速为3000r/min,假如将发动机与驱动轮直接连接,则对应这一曲轴转速的汽车速度将达510km/h。这样高的车速既不实用,又不可能实现(因为相应的牵引力太小,汽车根本无法起步）。为解决上述矛盾，必须使传动系统具有减速增矩作用，亦即使驱动轮的转速降低为发动机转速的若干分之一，相应地驱动轮所得到的转矩则增大到发动机转矩的若干倍。在机械式传动系统中，若不计摩擦，则驱动轮转矩与发动机转矩之比等于发动机转速与驱动轮转速之比。两者统称为传动比，以符号 i 表示。

传动系统传动比的最小值应保证汽车能在平直良好的路面上克服滚动阻力和空气阻力，并以相应的最高速度行驶。最小传动比通常是依靠装在驱动桥中的主减速器来实现的。在轿车和轻、中型货车中，广泛采用一对大小不等、轴线互相垂直的锥齿轮作为主减速器。大小两齿轮的齿数比即为主减速器的传动比，其数值一般应等于所要求的传动系统最小传动比。这样，即使发动机转速高达 3000r/min，相应的车速也只有 80.5km/h。当发动机转速为 1200r/min 时，相应的最大转矩为 353N·m 时，汽车的牵引力可达 4961N。这样大的牵引力可以使该车在沥青路面上，以 40km/h 匀速爬越 4% 左右的坡度。

汽车的使用条件，诸如汽车的实际装载质量、道路坡度、路面状况以及道路宽度和曲率、交通情况所允许的车速等都在很大范围内不断变化。这就要求汽车牵引力和速度也有相当大的变化范围。另一方面，活塞式发动机在其整个转速范围内，转矩的变化不大，而功率及燃油消耗率的变化却很大。因而保证发动机功率较大而燃油消耗率较低的曲轴转速范围，即有利转速范围是很窄的。为了使发动机能保持在有利转速范围内工作，而汽车牵引力和速度又在足够大的范围内变化，应当使传动系统传动比在最大值和最小值之间变化，即传动系统应起变速作用。

若传动比在一定范围内的变化是连续的和渐进的，则称为无级变速。无级变速可以保证发动机保持在最有利的工况下工作，因而有利于提高汽车的动力性和燃油经济性。但对机械式传动系统而言，实现无级变速比较困难。因此，机械式传动系统大部分是有级变速的，即传动比挡数是有限的。一般轿车和轻、中型货车的传动比有 3~5 挡，越野汽车和重型货车的传动比可多达 8~10 挡。实现有级变速的结构措施，大多数是只在主减速器之前的辅助减速机构中设置并联的若干对减速齿轮，其传动比各不相同，而且任何一对齿轮都可以在驾驶人操纵下加入或退出传动。在汽车行驶过程中，驾驶人可根据需要，选用其中一对齿轮与主减速器串联传动，以获得不同的传动系统总传动比。这种辅助减速机构即称为变速器。

在良好道路上欲使汽车以较高速度行驶时，则可选用变速器中传动比较小的挡位（高速挡，简称高挡）。在艰难道路上行驶或爬越较大坡度时，则可选用变速器中传动比较大的挡位（低速挡，简称低挡）绝大多数变速器的最高挡传动比为 1，即变速器不起减速作用，仅依赖于主减速器实现减速。

2）实现汽车倒驶

汽车在某些情况下，如进入停车场或车库，在窄路上掉头时都需要倒向行驶。然而发动机是不能反向旋转的，因此与发动机共同工作的传动系统必须在发动机旋转方向不变的情况下，使驱动轮反向旋转。这就需要在变速器内加设倒挡。

3）必要时中断传动

发动机只能在无负荷情况下起动，而且起动后的转速必须保持在最低稳定转速上，否则即可能熄灭。所以在汽车起步之前，必须将发动机与驱动轮之间的传动路线切断，以便起动发动机。发动机进入正常怠速运转后,再逐渐地恢复传动系统的传动能力,亦即从零开始逐渐对发动机曲轴加载,同时加大节气门开度,以保证发动机不致熄灭,且汽车能平稳起步。此外,在变换传动系统传动比挡位(换挡)以及对汽车进行制动之前,也都有必要暂时中断动力传递。为此,在发动机与变速器之间,可装设一个依靠摩擦来传动,且其主动和从动部分可在驾驶人操纵下彻底分离,随后再柔和接合的机构——离合器。

在汽车长时间停驻以及在发动机不停止运转情况下,使汽车暂时停驻,或在汽车获得相当高的车速后,欲停止对汽车供给动力,使之靠自身惯性进行长距离滑行时,传动系统应能长时间保持在中断传动状态。为此变速器应设有空挡,即所有各挡齿轮都能自动保持在脱离传动位置的挡位。

4) 差速作用

当汽车转弯行驶时,左右车轮在同一时间内滚过的距离不同。如果两侧驱动轮仅用一根刚性轴驱动,则两者角速度必然相同,因而在汽车转弯时必然产生车轮相对于地面滑动的现象。这将使转向困难,汽车的动力消耗增加,传动系统内某些零件和轮胎加速磨损。所以,驱动桥内装有差速器,可以使左右两驱动轮以不同的角速度旋转。

此外,由于发动机、离合器和变速器固定在车架上,而驱动桥和驱动轮一般是通过弹性悬架与车架联系的,因此在汽车行驶过程中,变速器与驱动轮经常有相对运动。在此情况下,两者之间不能用简单的整体传动轴传动,而应采用图 4-1 所示的由万向节和传动轴组成的万向传动装置。

2. 汽车传动系统的分类

根据汽车传动系统中传动元件的特征,传动系统可分为机械式、液力机械式、静液式和电力式等。

1) 机械式传动系统的布置方案

(1) 前轮驱动的方案。

发动机前置、前轮为驱动轮的方案示意图如图 4-2 所示。发动机、离合器与主减速器、差速器装配成十分紧凑的整体固定在车架或车身底架上,这样在变速器和驱动桥之间就省去了万向节和传动轴。发动机可以纵置或横置。

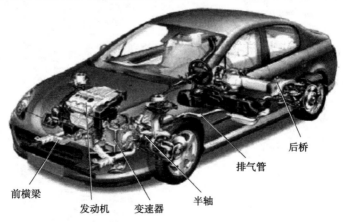

图 4-2 前置前驱轿车传动系统布置示意图

发动机横置,曲轴轴线垂直于车身轴线时,由于变速器轴线与驱动桥轴线平行,主减速器可以采用结构加工都较简单的圆柱齿轮副。发动机纵置时,则大多需采用螺旋锥齿轮副。由于取消了纵贯前后的传动轴,车身底板高度可以降低,有助于提高汽车高速行驶时的稳定性。整个传动系统集中在汽车前部,因而其操纵机构比较简单,这种发动机和传动系统的布置方案目前已在微型客车和轿车上广泛应用。货车没有采用这种方案是因为上坡时作为驱动轮的前轮附着力太小,不能获得足够的牵引力。

发动机前置、后轮为驱动轮的传动方案示意图如图4-3所示。发动机前置后轮驱动是一种最传统的驱动形式。国内外大多数货车、部分轿车和部分客车都采用这种驱动形式。该方案的优点是便于发动机的维修,离合器、变速器操纵机构简单,前、后车桥载荷分配合理,转向轮是从动轮,转向机构结构简单、便于维修。

图4-3　前置后驱轿车传动系统布置示意图

(2)发动机后置后轮驱动驱动方案。

发动机后置后轮驱动方案多用于大型客车上。如图4-4所示,发动机、离合器和变速器都横置于驱动桥之后,驱动桥采用非独立悬架。主减速器与变速器之间距离较大,其相对位置经常变化。由于这些原因,有必要设置万向传动装置和角传动装置。大型客车采用这种布置方案更容易做到汽车总质量在前后车轴之间的合理分配。但是在此情况下,发动机冷却条件较差,发动机和变速器、离合器的操纵机构都较复杂。图4-5所示为后置后驱轿车传动系统布置示意图。

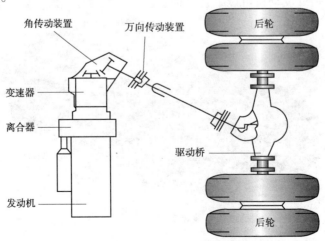

图4-4　发动机后置后轮驱动的传动系统示意图

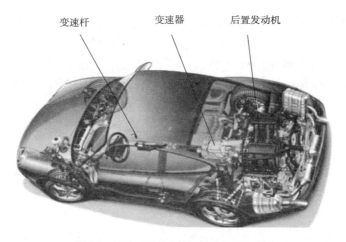

图 4-5　后置后驱轿车传动系统布置示意图

(3) 四轮驱动。

四轮驱动形式起源于很早以前的军用车,因为它经常行驶在坏路或无路地带,要求越野能力强,因此为了充分利用所有车轮与地面之间的附着条件,以获得尽可能大的牵引力,总是将全部车轮都作为驱动轮。

四轮驱动汽车(图 4-6)的前桥和后桥都是驱动桥,为了将变速器输出的动力分配给前后两驱动桥,在变速器与两驱动桥之间设置有分动器,并且相应增设了自分动器通向前驱动桥的万向传动装置。分动器虽然也装在车架上,但若不与变速器直接连接,且相距较远时,考虑到安装精确度和车架变形的影响,两者之间也需要采用万向传动装置。

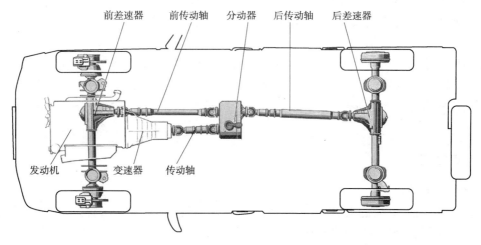

图 4-6　四轮驱动轿车传动系统布置示意图

2) 液力式传动系统

液力式传动系统又分为液力机械式传动系统和静液式传动系统。

(1) 液力机械式传动系统。

液力机械式传动系统的特点是组合运用液力传动和机械传动。此处,液力传动单指动液传动,即以液体为传动介质,利用液体在主动元件和从动元件之间循环流动过程中动能的变化来传递动力。动液传动装置有液力耦合器和液力变矩器两种。

液力耦合器只能传递转矩，而不能改变转矩的大小，可以代替离合器的部分功能，即保证汽车平稳地起步和加速，但不能保证在换挡时变速器中的齿轮不受冲击。液力变矩器除了具有液力耦合器全部功能外，还可以实现无级变速，故目前应用得比液力耦合器广泛得多。但是，液力变矩器的输出转矩与输入转矩的比值变化范围还不足以满足使用要求，故一般在其后串联一个有级机械式变速器而组成液力机械变速器，以取代机械式传动系统中的离合器和变速器。

液力机械式传动系统能根据道路阻力的变化，自动地在若干个车速范围内分别实现无级变速，而且其中的有级式机械变速器还可以实现自动或半自动操纵，因而可使驾驶人的操作大为简化。

(2)静液式传动系统。

静液式传动系统又称为容积式液压传动系统，是通过液体传动介质的静压力能的变化来传动的，主要由发动机驱动的液压泵、液压马达和液压自动控制装置等组成。油泵和液压马达一般采用轴向柱塞式。发动机输出的机械能通过油泵转换成液压能，然后再由液压马达重新转化成机械能。静液式传动系统的缺点是机械效率低、造价高、使用寿命和可靠性不够理想。

3)电力式传动系统

电力传动是很早采用的一种无级传动装置。它是由汽车发动机带动发电机发电，将发出的电能送到电动机。可以只用一个电动机，与传动轴或驱动桥连接；也可以在每个驱动轮上单独安装一个电动机。在后一种情况下，电动机输出的动力必须通过减速机构传输到驱动轮上，因为装在车轮内部的牵引电动机的转矩还不够大，转速则显过高。这种直接与车轮相连的减速机构称为轮边减速器。内部装有牵引电动机和轮边减速器的驱动车轮，统称为电动轮。

电力传动系统的优点是由于从发动机到车轮只由电器连接，可使汽车的总体布置简化；此外，它的无级变速特性有助于提高平均车速，使操纵简化以及驱动平稳，冲击小，有利于延长车辆的使用寿命等。但是电力传动系统也有质量大、效率低、消耗较多的有色金属铜等缺点。

二、离合器

1.离合器的功用

在汽车起步前，先要起动发动机，这时应使变速器处于空挡位置，将发动机与驱动车轮之间的联系断开，以卸除发动机负荷。待发动机已经起动并开始正常的怠速运转后，方可将变速器挂上一定挡位，使汽车起步。汽车起步时，是从完全静止的状态逐步加速的。如果传动系统与发动机刚性联系，则变速器一挂上挡，汽车将突然向前冲一下，但并未起步。这是因为汽车从静止到前冲时，产生很大惯性力，对发动机造成很大的阻力矩，在这种惯性阻力矩作用下，发动机在瞬间转速急剧下降到最低稳定转速，发动机即熄火而不能工作，当然汽车也不能起步。

在传动系统中如果装设了离合器，在发动机起动后，汽车起步之前，驾驶人可以先踩下离合器踏板，将离合器分离，使发动机与传动系统脱开；再将变速器挂上挡，然后逐渐松开离合器踏板,使离合器逐渐接合。在离合器逐渐接合过程中,发动机所受阻力矩也逐渐地增加,故应同时逐渐踩下加速踏板,即逐步增加发动机的燃料供给量,使发动机的转速始终保持在最低稳定转速以上,不致熄火。由于离合器的接合紧密程度逐渐增大,发动机经传动系统传给驱动车轮的转矩便逐渐增加。到牵引力足以克服起步阻力时,汽车即从静止开始运动并逐步加速。因此,保证汽车平稳起步是离合器的首要功用。

离合器另一功用是保证传动系统换挡时工作平顺。在汽车行驶过程中,为了适应不断变化的行驶条件,传动系统经常要换用不同的挡位工作。实现齿轮式变速器的换挡,一般是拨动齿轮或其他换挡机构,使原有挡位的某一齿轮副退出传动,再使另一挡位的齿轮副进入工作。在换挡前也必须踩下离合器踏板,中断动力传递,便于使原有挡位的啮合副脱开,同时有可能使新挡位啮合副的啮合部位的速度逐渐趋于相等。这样进入啮合时的冲击可以大为减轻。

另外,当汽车进行紧急制动时,若没有离合器,则发动机将因和传动系统刚性相连而急剧降低转速,因而其中所有运动件将产生很大的惯性力矩,对传动系统造成超过其承载能力的载荷,从而使其机件损坏。有了离合器,便可依靠离合器主动部分和从动部分之间产生的相对运动来消除这一危险。因此,离合器的又一功用是限制传动系统所承受的最大转矩,防止传动系统过载。

2. 摩擦离合器的结构及工作原理

如图 4-7 所示,发动机飞轮是离合器的主动件,带有摩擦片的从动盘和从动盘毂借滑动花键与从动轴(即变速器的主动轴)相连。压紧弹簧将从动盘压紧在飞轮端面上。发动机转矩即靠飞轮与从动盘接触面之间的摩擦作用而传到从动盘上,再由此经过从动轴和传动系统中一系列部件传给驱动车轮。弹簧的压紧力越大,则离合器所能传递的转矩也越大。

由于汽车在行驶过程中需要经常保持动力传递,而中断传动只是暂时的需要,故汽车离合器的主动部分和从动部分应经常处于接合状态。摩擦副采用弹簧压紧装置即是为了适应这一要

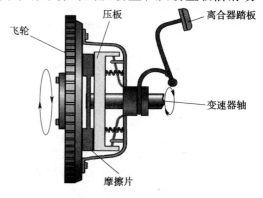

图 4-7 摩擦式离合器结构示意图

求。如图 4-8 所示,欲使离合器分离时,只要踩下离合器操纵机构中的踏板,便推动从动盘克服压紧弹簧的压力向右移动而与飞轮分离,摩擦力消失,从而中断了动力传递。

当需要重新恢复动力传递时,为使汽车速度和发动机转速的变化比较平稳,应该适当控制离合器踏板回升的速度,使从动盘在压紧弹簧的压力作用下,向左移动与飞轮恢复接触,两者接触面间的压力逐渐增加,相应的摩擦力矩也逐渐增加,当飞轮和从动盘接合还不紧密,摩擦力矩比较小时,两者可以不同步旋转,即离合器处于打滑状态。随着飞轮和从动盘接合紧密程度的逐步增大,两者转速也渐趋相等。直到离合器完全接合而停止打滑时,汽车速度方能与发动机转速成正比。

摩擦离合器所能传递的最大转矩取决于摩擦面间的最大静摩擦力矩,而后者又由摩擦面间最大压紧力和摩擦面尺寸及性质决定。因此,对于一定结构的离合器来说,静摩擦力矩

是一个定值。当输入转矩达到此值,则离合器将打滑,因而限制了传给传动系统的转矩,防止超载。

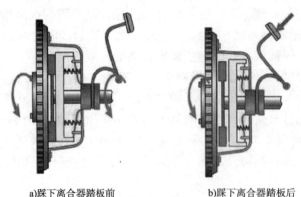

a)踩下离合器踏板前　　　　　b)踩下离合器踏板后

图4-8　摩擦式离合器工作原理示意图

由上述工作原理可以看出,摩擦离合器基本上由主动部分、从动部分、压紧机构和操纵机构四部分组成。主、从动部分和压紧机构是保证离合器处于接合状态并能传递动力的基本结构,而离合器的操纵机构主要是使离合器分离的装置。

摩擦离合器所能传递的最大转矩的数值,取决于摩擦面间的压紧力和摩擦因数,以及摩擦面的数目和尺寸。对轿车和中型货车而言,发动机最大转矩的数值一般不是很大,在汽车总体布置尺寸容许的条件下,离合器通常只设有一片从动盘,其前后两面都装有摩擦片,因而具有两个摩擦表面,这种离合器称为单盘离合器。

若欲增大离合器所传递的最大转矩,可以选用摩擦因数较大的摩擦片材料,或适当加大压紧弹簧的压紧力,或加大摩擦面的尺寸。有些吨位较大的中型和重型汽车所要求离合器传递的转矩相当大,采用上述几种结构措施可能仍然满足不了要求。因为摩擦因数的提高受到摩擦片材料的限制,摩擦面尺寸的增加又为发动机飞轮尺寸所限制,过分加大弹簧的压紧力,在采用螺旋弹簧的条件下,又将使操纵费力。在这种情况下,最有效的措施是将摩擦面数增加一倍,即增加一片从动盘,成为双盘离合器。

采用若干个螺旋弹簧作压紧弹簧并沿摩擦盘圆周分布的离合器,称为周布弹簧离合器。仅具有一个或两个较强的螺旋弹簧并安置在中央的离合器,称为中央弹簧离合器。目前,汽车广泛采用膜片弹簧作为压紧弹簧的离合器,称为膜片弹簧离合器。

三、变速器

现代汽车上广泛采用活塞式发动机作为动力源,其转矩和转速变化范围较小,而复杂的使用条件则要求汽车的牵引力和车速能在相当大的范围内变化。为解决这一矛盾,在传动系统中设置了变速器。

1. 变速器的功用和分类

变速器的功用包括:改变传动比,扩大驱动轮转矩和转速的变化范围,以适应经常变化的行驶条件,如起步、加速、上坡等,同时使发动机在有利的工况下工作;在发动机旋转方向不变的前提下,使汽车能倒退行驶;利用空挡,中断动力传递,以使发动机能够起动、怠速,并便于变速器换挡或进行动力输出。

变速器由变速传动机构和操纵机构组成,根据需要,还可加装动力输出器。按传动比变化方式,变速器可分为有级式、无级式和综合式三种。

(1)有级式变速器应用最为广泛。它采用齿轮传动,具有若干个定值传动比。按所用轮系形式不同,有轴线固定式变速器(普通齿轮变速器)和轴线旋转式变速器(行星齿轮变速器)两种。目前,轿车和轻、中型货车变速器的传动比通常有 3～5 个前进挡和一个倒挡;在重型货车用的组合式变速器中,则有更多挡位。所谓变速器挡数,均指前进挡位数。

(2)无级式变速器的传动比在一定的范围内可多级变化,常见的有电力式和液力式(动液式)两种。电力式的在传动系统中也有广泛采用的趋势,其变速传动部件为直流串励电动机。液力式的传动部件是液力变矩器。

(3)综合式变速器是指由液力变矩器和齿轮式有级变速器组成的液力机械式变速器,其传动比可在最大值和最小值之间的几个间断范围内作无级变化。

2. 普通齿轮式变速器

图 4-9 所示为普通齿轮式三轴五挡变速器结构示意图,它具有输入轴、中间轴和输出轴以及五个前进挡和一个倒挡。发动机传来到的动力通过离合器传给输入轴。输入轴上的齿轮与输入轴制成一体,与中间轴上的齿轮构成常啮合齿轮副。中间轴与倒挡主动齿轮、一挡主动齿轮制成一体。输出轴把动力传给主减速器。

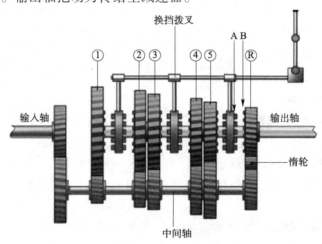

图 4-9　普通齿轮式变速器结构示意图

图 4-10 所示为解放 CA1040 系列轻型载货汽车变速器的传动示意图。当第一轴旋转时,通过齿轮 2 带动中间轴及其上的齿轮旋转,其从动齿轮 17、16、9 和 8 随第一轴的旋转而在第二轴上空转,因此,第二轴不能被驱动。固定在第二轴上的各个花键毂 35、13 和 24 的外圆表面上均制有与其相邻的接合齿圈齿形完全相同的外花键,分别与相应的具有内花键的各个接合套相接合,接合套可沿花键毂轴向滑动。

在该变速器中,除倒挡外,各挡均采用同步器换挡。同步器是一种加装了一套同步装置的接合套换挡机构。同步装置的作用是使变速器在汽车行进中换挡时,不发生接合齿的冲击。欲挂上一挡,可操纵变速杆,通过拨叉使接合套 20 左移,与一挡同步器锁环 19 的接合齿圈和一挡齿轮接合齿圈 18 接合后,动力便可从第一轴依次经齿轮 2、33、中间轴 26、齿轮 29、17、接合齿圈 18、接合套 20 以及花键毂 24,传给第二轴 23 输出。

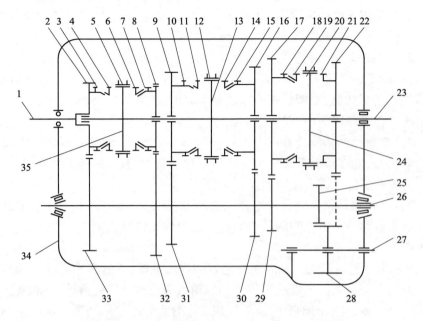

图 4-10 解放 CA1040 系列轻型载货汽车变速器的传动示意图

1-第一轴;2-第一轴常啮合齿轮;3-第一轴齿轮接合齿圈;4-四挡同步器锁环;5、12-接合套;6-五挡同步器锁环;7-五挡齿轮接合齿圈;8-第二轴五挡齿轮;9-第二轴三挡齿轮;10-三挡齿轮接合齿圈;11-三挡同步器锁环;13、24、35-花键毂;14-二挡同步器锁环;15-二挡齿轮接合齿圈;16-第二轴二挡齿轮;17-第二轴一挡齿轮;18-一挡齿轮接合齿圈;19-一挡同步器锁环;20-倒挡齿轮接合齿圈;21-倒挡齿轮接合齿圈;22-第二轴倒挡齿轮;23-第二轴;25-中间轴倒挡齿轮;26-中间轴;27-倒挡轴;28-倒挡中间齿轮;29-中间轴一挡齿轮;30-中间轴二挡齿轮;31-中间轴三挡齿轮;32-中间轴四挡齿轮;33-中间轴常啮合传动齿轮;34-变速器壳体

解放 CA1040 系列轻型载货汽车变速器为三轴式,适应于传统的发动机前置、后轮驱动的布置形式。在发动机前置、前轮驱动或发动机后置、后轮驱动的轿车和微、轻型货车上,多采用两轴式变速器,其特点是输入轴和输出轴平行,无中间轴。两轴式变速器从输入轴到输出轴只通过一对齿轮传动,倒挡传动路线中也只有一个中间齿轮,因而机械效率高,噪声小。

一汽大众奥迪 100 型轿车的变速器是具有五个前进挡、一个倒挡的二轴式全同步器变速器。第一轴的前端借离合器与发动机曲轴相连,它与输入轴一挡齿轮、输入轴二挡齿轮和输入轴倒挡齿轮制成一体。输入轴上还装有输入轴三挡齿轮和输入轴四挡齿轮,两个主动齿轮都通过滚针轴承空套在输入轴上,三、四挡花键毂与该轴花键紧配合,输入轴五挡齿轮与该轴是压配合,这种结构对轴的直线度、轴承处的轴颈和齿轮的同心度都有很高的要求。输出轴与主减速器主动锥齿轮制成一体,前端用大圆锥滚子轴承支承在变速器前壳体上,后端用小圆锥滚子轴承支承在变速器后壳体后端。

图 4-11 所示为 6 速手动变速器实物图。

3. 同步器

变速器在换挡过程中,必须使所选挡位的一对待啮合齿轮轮齿的圆周速度相等(即同步),能使之平顺地进入啮合而挂上挡。如两齿轮轮齿不同步时即强制挂挡,势必因两轮齿间存在速差而发生冲击和噪声。这样不但不易挂挡,而且影响轮齿寿命,使齿端部磨损加剧,甚至使轮齿折断。为使换挡平顺,驾驶人应采取合理的换挡操作步骤。而欲使一般变速器换挡时不产生轮齿或花键齿间的冲击,需要进行较复杂的操作,并应在短时间内迅速而准确地完成。这对于即使是技术很熟练的驾驶人,也易造成疲劳,因此,要求在变速器结构上采取措施,既保证挂挡平顺,又使操作简化,减轻驾驶人劳动强度。同步器即是在这样的要求下产生的。同步器有常扭式、惯性式、自行增力式等种类,目前广泛采用的是惯性式同步器。

图 4-11　6 速手动变速器实物图

惯性式同步器是依靠摩擦作用实现同步的,它可以从结构上保证接合套与待接合的花键齿圈在达到同步之前不可能接触,以避免齿间冲击和发生噪声。轿车和轻、中型货车广泛采用锁环式惯性同步器,其结构示意图如图 4-12 所示。

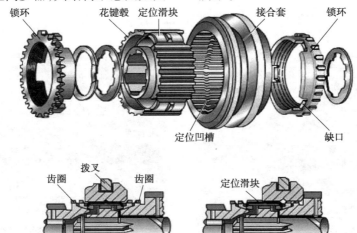

图 4-12　锁环式惯性同步器结构示意图

该锁环式同步器花键毂的内花键与轴上的外花键配合,用卡环轴向固定。同步器接合套的内花键齿与花键毂的外花键齿滑动配合,接合套可轴向移动。在花键毂两端与齿圈之间,各有一个青铜制成的锁环(同步环)。锁环上有断续的短花键齿圈,花键齿的断面轮廓尺寸与齿圈及花键毂的外花键齿均相同。两个锁环上的花键齿,在对着接合套的一端都有倒角(称锁止角)且与接合套齿端的倒角相同。锁环具有与齿圈上的锥形面锥度相同的内锥面,锥面上制出细牙的螺旋槽,以便两锥面接触后能破坏油膜,增加锥面间的摩擦,缩短同步时间。三个滑块分别嵌合在花键毂的三个轴向槽内,并可沿轴向滑动。三个定位销分别插入三个滑块的通孔中,在弹簧的作用下,定位销压向接合套,使定位销端部的球面正好嵌在接合套中部的凹槽中,起到空挡定位作用。滑块的两端伸入锁环的三个缺口中。锁环的三个凸起分别伸入花键毂的三个通槽中,只有当凸起位于通槽的中央时,接合套与锁环的齿方能啮合。

图4-13所示为锁环实物图。

4. 变速器操纵机构

变速器操纵机构应保证驾驶人能准确可靠地使变速器挂入所需要的任一挡位工作,并可随时使之退到空挡。

图4-13 锁环实物图

大多数汽车变速器布置在驾驶人座位附近,变速杆由驾驶室底板伸出,驾驶人可直接操纵。这种操纵机构称为直接操纵式变速器操纵机构。它一般由变速杆、拨块、拨叉、拨叉轴以及安全装置等组成,多集装于上盖或侧盖内,结构简单,操纵方便。

变速器的挡数和操纵机构的结构与布置都有所不同,因而相应于各挡位的变速杆上端手柄位置排列,即挡位排列也不相同。因此,汽车驾驶室仪表板上(或操纵手柄上)应标有该车变速器挡位排列图。图4-14为5速手动变速器的挡位排列图,其中数字1~5分别代表5个前进挡,字母R代表倒挡。

图4-15所示为自动挡变速器的挡位排列图。字母P代表驻车挡,字母R代表倒挡,字母N代表空挡,字母D代表前进挡。

图4-14 5速手动变速器挡位排列图

图4-15 自动挡汽车的挡位排列图

四、万向传动装置

万向传动装置一般由万向节和传动轴组成。有时还加装中间支承。汽车上任何一对轴线相交且相对位置经常变化的转轴之间的动力传递,均须通过万向传动装置来进行。

万向节按其在扭转方向上是否有明显的弹性,可分为刚性万向节和挠性万向节。刚性万向节的动力是靠零件的铰链式连接传递的,而挠性万向节则是靠弹性零件传递,且有缓冲减振作用。刚性万向节又可分为不等速万向节(常用的为十字轴式)、准等速万向节(双联式、三销轴式等)和等速万向节(球叉式、球笼式)。

1. 十字轴式刚性万向节

十字轴式刚性万向节因其结构简单,传动可靠,效率高,且允许相邻两传动轴之间有较大的交角(一般为15°~20°),故普遍应用于各类汽车的传动系统中。

图4-16所示为十字轴式刚性万向节的结构示意图。两万向节叉上的孔分别活套在十字轴的两对轴颈上。这样当主动轴转动时,从动轴既可随之转动,又可绕十字轴中心在任意方向摆动。为了减少摩擦损失,提高传动效率,在十字轴轴颈和万向节叉孔间装有由滚针和套筒组成的滚针轴承。然后用螺钉和轴承盖将套筒固定在万向节叉上,并用锁片将螺钉锁紧,以防止轴承在离心力作用下从万向节叉内脱出。为了润滑轴承,十字轴做成中空的,并有油路通向轴颈。润滑油从注油嘴注入十字轴内腔。为避免润滑油流出及尘垢进入轴承,在十字轴的轴颈上套着装在金属座圈内的毛毡油封。在十字轴的中部还装有带弹簧的安全阀。如果十字轴内腔的润滑油压力大于允许值,安全阀即被顶开而润滑油外溢,使油封不致因油压过高而损坏。

图4-17所示为十字轴式万向节实物图。

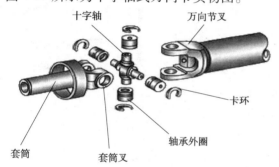

图4-16 十字轴式刚性万向节结构示意图　　图4-17 十字轴式刚性万向节实物图

十字轴式万向节的损坏是以十字轴轴颈和滚针轴承的磨损为标志的,因此润滑与密封直接影响万向节的使用寿命。为了提高密封性能,近年来在十字轴式万向节中多采用橡胶油封,实践证明橡胶油封的密封性能远优于老式的毛毡或软木垫油封。

2. 准等速万向节和等速万向节

1) 准等速万向节

准等速万向节是根据双万向节实现等速传动的原理而设计的,常见的有双联式和三销轴式万向节。双联式万向节实际上是一套传动轴长度缩减至最小的双万向节等速传动装置。

图4-18所示为双联式万向节的结构示意图。在万向节叉的内端有球头,与球碗的内圆面配合,球碗座则镶嵌在万向节叉内端。球头与球碗的中心与十字轴中心的连线中点重合。当万向节叉相对万向节叉在一定角度范围内摆动时,双联叉也被带动偏转相应角度,使两十字轴中心连线与两万向节叉的轴线的交角差值很小,从而保证两轴角速度接近相等,其差值在容许范围内,故双联式万向节具有准等速性。

双联式万向节允许有较大的轴间夹角,且具有结构简单、制造方便、工作可靠等优点,故在转向驱动桥中的应用逐渐增多。

2）等速万向节

目前采用较广泛的等速万向节有球叉式万向节和球笼式万向节。球叉式万向节的构造如图4-19所示。主动叉与从动叉分别与内、外半轴制成一体，在主、从动叉上，各有四个曲面凹槽，装合后，形成两个相交的环形槽作为钢球滚道。四个传动钢球放在槽中，定心钢球放在两叉中心的凹槽内，以定中心。

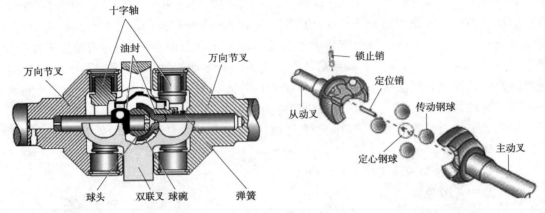

图4-18 双联式万向节结构示意图　　　　图4-19 球叉式等速万向节

球叉式万向节结构简单，允许最大交角为32°~33°，一般应用于转向驱动桥中。近年来，有些球叉式万向节中省去了定位销和锁止销，定心钢球上也没有凹面，靠压力装配。这样结构更为简单，但拆装不便。球叉式万向节工作时，只有两个钢球传力，反转时，则由另两个钢球传力。因此，钢球与曲面凹槽之间的单位压力较大，磨损较快，影响使用寿命。

图4-20所示为球笼式万向节的结构示意图。星形套内花键与主动轴相连，其外表面有六条弧形凹槽，形成内滚道。球形壳的内表面有相应的六条弧形凹槽，形成外滚道。六个钢球分别装在由六组内外滚道所对出的空间里，并被保持架限定在同一个平面内。动力由主动轴（及星形套）经钢球传到球形壳输出。

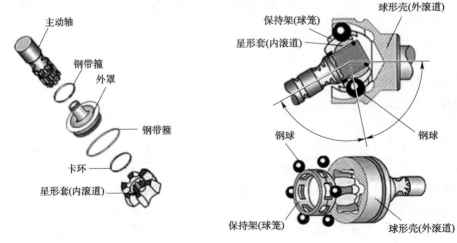

图4-20 球笼式万向节的结构示意图

图 4-21 所示为汽车球笼等速万向节实物图。

图 4-21　汽车球笼等速万向节–半轴总成

3. 挠性万向节

挠性万向节依靠其中弹性件的弹性变形来保证在相交两轴间传动时不发生机械干涉。弹性件可以是橡胶盘、橡胶金属套筒、六角形橡胶圈或其他结构形式。由于弹性件的弹性变形量有限,故挠性万向节一般用于两轴间夹角不大和只有微量轴向位移的万向传动场合。例如,常用来连接固定安装在车架上的两个部件(如发动机与变速器或变速器与分动器)之间,以消除制造安装误差和车架变形对传动的影响。此外,它还具有能吸收传动系统中的冲击载荷和衰减扭转振动、结构简单、无须润滑等优点。

五、驱动桥

驱动桥由主减速器、差速器、半轴和驱动桥壳等组成。驱动桥的功用是将万向传动装置传来的发动机转矩通过主减速器、差速器、半轴等传到驱动车轮,实现降速、增大转矩;通过主减速器锥齿轮副改变转矩的传递方向;通过差速器实现两侧车轮差速作用,保证内、外侧车轮以不同转速转向。

驱动桥的类型有断开式驱动桥和非断开式驱动桥两种。非断开式驱动桥的总体构造如图 4-22 所示,它由驱动桥壳、主减速器、差速器、半轴和轮毂组成。

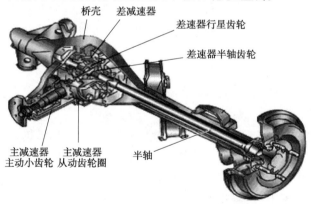

图 4-22　非断开式驱动桥示意图

发动机传来的动力从变速器或分动器经万向传动装置输入驱动桥,首先传到主减速器,在此增大转矩并相应降低转速后,经差速器分配给左右两半轴,最后通过半轴外端的凸缘盘传至驱动车轮的轮毂。

驱动桥壳由主减速器壳和半轴套管组成,轮毂借助轴承支承在半轴套管上。整个驱动桥通过弹性悬架与车架连接,由于半轴套管与主减速器壳是刚性的连成一体的,因而两侧的半轴和驱动轮不能在横向平面内做相对运动,故称这种驱动桥为非断开式驱动桥,又称整体式驱动桥。

为了提高汽车行驶平顺性和通过性,有些轿车和越野车全部或部分驱动轮采用独立悬架,即将两侧的驱动轮分别用弹性悬架与车架相连。两轮可彼此独立地相对于车架上下跳动。与此相应,主减速器壳固定在车架上,驱动桥壳应制成分段并通过铰链连接,这种驱动桥称为断开式驱动桥。图4-23 所示为断开式驱动桥示意图。

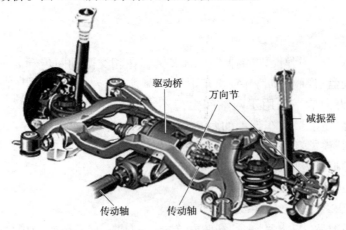

图4-23　断开式驱动桥示意图

1. 主减速器

主减速器的功用是将输入的转矩增大并相应降低转速,以及当发动机纵置时还具有改变转矩旋转方向的作用。为满足不同的使用要求,主减速器的结构形式也是不同的。按参加减速传动的齿轮副数目的不同,可分为单级式主减速器和双级式主减速器。在双级式主减速器中,若第二级减速器齿轮有两对,并分置于两侧车轮附近,实际上成为独立部件,则称为轮边减速器。按齿轮副结构形式的不同,主减速器又可分为圆柱齿轮式、锥齿轮式和准双曲面齿轮式。

1)单级主减速器

目前,轿车和一般轻、中型货车采用单级主减速器即可满足汽车动力性要求,它具有结构简单、体积小、质量轻和传动效率高等优点。

近年来准双曲面齿轮在广泛应用于轿车、轻型货车的基础上,越来越多地在中型、重型货车上也得到采用。这是因为它的齿轮的工作平稳性好,轮齿的弯曲强度和接触强度高,还具有主动齿轮的轴线可相对从动齿轮轴线偏移的特点。当主动锥齿轮轴线向下偏移时,在保证一定离地间隙的情况下,可降低主动锥齿轮和传动轴的位置,因而使车身和整个重心降低,这有利于提高汽车行驶稳定性。

单级式主减速器示意图如图4-24 所示。它的主减速器及差速器装于变速器前壳体内,主减速器的主动锥齿轮和从动锥齿轮的轴线不相交,且有一偏心距,主动锥齿轮与变速器的输出轴制成一体。从动锥齿轮与差速器壳用螺栓连接。

2)双级主减速器和轮边减速器

根据发动机特性和汽车使用条件,要求主减速器具有较大的传动比时,由一对锥齿轮构成的单级主减速器已不能保证足够的离地间隙,这时则需要用两对齿轮降速的双级主减速器。

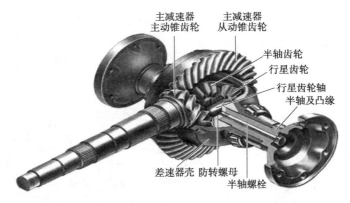

图 4-24　单级主减速器及差速器

在重型载货汽车、越野汽车或大型客车上,当要求有较大的主传动比和较大的离地间隙时,往往将双级主减速器中的第二级减速齿轮机构制成同样的两套,分别安装在两侧驱动车轮的近旁,称为轮边减速器,而第一级减速器被称为主减速器。

2. 差速器

差速器的功用是当汽车转弯行驶或在不平路面上行驶时,使左右驱动车轮以不同的转速滚动,即保证两侧驱动车轮作纯滚动运动。汽车行驶过程中,车轮对路面的相对运动有滚动和滑动两种状态,其中滑动又有滑转和滑移两种。当汽车转弯行驶时,内外两侧车轮中心在同一时间内移过的曲线距离显然不同,即外侧车轮移过的距离大于内侧车轮。若两侧车轮都固定在同一刚性转轴上,两轮角速度相等。则此时外轮必然是边滚动边滑移,内轮必然是边滚动边滑转。同样,汽车在不平路面上直线行驶时,两侧车轮实际移过曲线距离也不相等。即使路面非常平直,但由于轮胎制造尺寸误差,磨损程度不同,承受的载荷不同或充气压力不等,各个轮胎的滚动半径实际上不可能相等。因此,只要各车轮角速度相等,车轮对路面的滑动就必然存在。

车轮对路面的滑动不仅会加速轮胎磨损。增加汽车的动力消耗,而且可能导致转向和制动性能的恶化,所以在正常行驶条件下,应使车轮尽可能不发生滑动。因此,为了使两侧驱动轮可用不同角速度旋转,以保证其纯滚动状态,就必须将两侧车轮的驱动轴断开,差速器分别驱动两侧半轴和驱动轮,这种装在同一驱动桥两侧驱动轮之间的差速器,称为轮间差速器。

当遇到左、右或前、后驱动轮与路面之间的附着条件相差较大的情况时,简单的齿轮式差速器将不能保证汽车得到足够的牵引力。此时,只是附着较差的驱动轮高速滑转而汽车却不能前进,故经常遇到这种情况的汽车应当采用抗滑差速器。抗滑差速器常见的形式有强制锁止式齿轮差速器和高摩擦自锁差速器。

齿轮式差速器有锥齿轮式和圆柱齿轮式两种。按两侧的输出转矩是否相等,齿轮差速器有对称式(等转矩式)和不对称式(不等转矩式)两类。对称式用作轮间差速器,不对称式用作前、后驱动桥之间(四轮驱动汽车)的轴间差速器。目前,汽车上广泛应用的是对称式锥齿轮差速器,其结构如图 4-25 所示。

对称式锥齿轮轮间差速器由圆锥行星齿轮、行星齿轮轴、圆锥半轴齿轮和差速器壳等组成。差速器壳由用螺栓紧固的左壳和右壳组成。主减速器的从动齿轮用铆钉或螺栓固定在差速器左壳的凸缘上。装配时,十字形的行星齿轮轴的四个轴颈嵌在差速器壳两半端面上相应的凹槽所形成的孔内,差速器壳的剖分面通过行星齿轮轴各轴颈的中心线,每个轴颈上浮套着一个直齿圆锥行星齿轮,它们均与两个直齿圆锥半轴齿轮啮合。而半轴齿轮的轴颈分别支承在差速器壳相应的左右座孔中,并借花键与半轴相连。

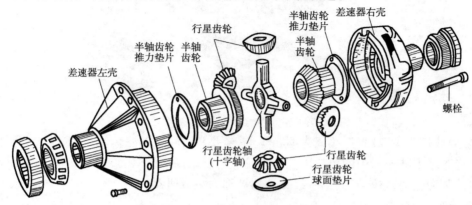

图 4-25 对称式锥齿轮差速器结构图

动力自主减速器从动齿轮依次经差速器壳、十字轴、行星齿轮、半轴齿轮、半轴输出给驱动车轮。当两侧车轮以相同的转速转动时,行星齿轮绕半轴轴线转动,这称作公转。若两侧车轮阻力不同,则行星齿轮在作上述公转运动的同时,还绕自身轴线转动,这称作自转,因而,两半轴齿轮带动两侧车轮以不同转速转动。

行星齿轮的背面和差速器壳相应位置的内表面,均做成球面,保证行星齿轮对正中心,以利于和两个半轴齿轮正确地啮合。由于行星齿轮和半轴齿轮是锥齿轮传动,在传递转矩时,沿行星齿轮和半轴齿轮的轴线作用着很大的轴向力,而齿轮和差速器壳之间又有相对运动,为减少齿轮和壳的磨损,在半轴齿轮和差速器壳之间装有软钢的半轴齿轮推力垫片。

差速器靠主减速器壳体中的润滑油润滑。在差速器壳体上开有窗口,供润滑油进出。为保证行星齿轮和十字轴轴颈之间有良好的润滑,在十字轴轴颈上铣出一平面,并有时在行星齿轮的齿间钻有油孔。

3. 半轴与桥壳

1)半轴

半轴是在差速器与驱动轮之间传递动力的实心轴,其内端与差速器的半轴齿轮连接,而外端则与驱动轮的轮毂相连,其结构示意图如图 4-26 所示。

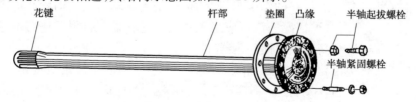

图 4-26 半轴结构示意图

半轴与驱动轮的轮毂在桥壳上的支承形式,决定了半轴的受力状况。现代汽车基本上采用全浮式半轴支承和半浮式半轴支承两种主要支承形式。

全浮式半轴支承广泛应用于各种类型的载货汽车上,这种支承形式的半轴与桥壳没有直接联系。半轴的实物图如图 4-27 所示。

2）桥壳

驱动桥壳的功用：支承并保护主减速器、差速器和半轴等，使左右驱动车轮的轴向相对位置固定；与从动桥一起支承车架及其上各总成的质量；汽车行驶时，承受由车轮传来的路面反作用力和力矩，并经悬架传给车架。

图 4-27　半轴实物图

驱动桥壳应有足够的强度和刚度，质量小，并便于主减速器的拆装和调整。由于桥壳的尺寸和质量比较大，制造较困难，故其结构形式在满足使用要求的前提下，要尽可能便于制造。驱动桥壳从结构上可分为整体式桥壳和分段式桥壳两类。

图 4-28 所示为整体铸造桥壳示意图。桥壳上有通气塞，保证高温下的通气，保持润滑油质量和使用周期。这种整体铸造桥壳刚度大、强度高、易铸成等强度梁形状，但质量大，铸造质量不易保证，适用于中、重型汽车，更多用于重型汽车上。

图 4-29 所示为分段式桥壳示意图。分段式桥壳由左、右桥壳和半轴套管组成。左、右桥壳经铸造制成后，先在每个桥壳外端压入半轴套管，然后将两者沿接合面圆周方向布置的螺栓紧固在一起，构成可分式桥壳。这种桥壳结构简单，制造工艺性好，主减速器支撑刚度好。但拆装、调整、维修很不方便，桥壳的刚度和强度受结构的限制，曾用于总质量不大的汽车上，现已较少使用。

图 4-30 所示为桥壳实物图。

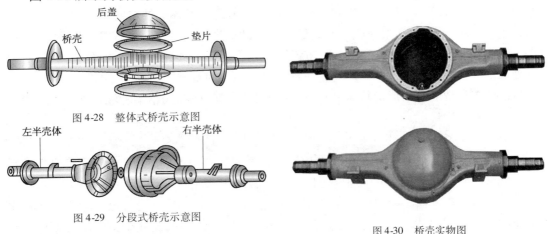

图 4-28　整体式桥壳示意图

图 4-29　分段式桥壳示意图

图 4-30　桥壳实物图

第二节　汽车行驶系统

汽车行驶系统的功用包括接受由发动机经传动系统传来的转矩，并通过驱动轮与地面间的附着作用，产生路面对驱动轮的牵引力，以保证汽车正常行驶；传递并承受路面作用于车轮上的各向反力及其所形成的力矩；应尽可能缓和不平路面对车身造成的冲击。并衰减其振动，保证汽车行驶平顺性；与汽车转向系统协调地配合工作，实现汽车行驶方向的正确控制，以保证汽车操纵稳定性。汽车行驶系统一般由车架、车桥、车轮和悬架等组成。

一、车架

现代汽车绝大多数都具有作为整车骨架的车架,车架是整个汽车的基体。汽车绝大多数部件和总成都是通过车架来固定其位置的,如发动机、传动系统、悬架、转向系统、驾驶室、货厢和有关操纵机构。车架的功用是支承连接汽车的各零部件,并承受来自车内外的各种载荷。车架的实物图如图4-31所示。

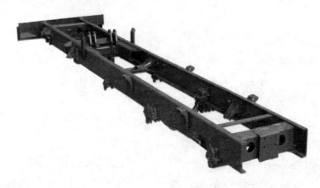

图4-31 车架实物图

车架的结构形式首先应满足汽车总布置的要求。汽车在复杂多变的行驶过程中,固定在车架上的各总成和部件之间不应发生干涉。汽车在崎岖不平的道路上行驶时,车架在载荷作用下可能产生扭转变形以及在纵向平面内的弯曲变形;当一边车轮遇到障碍时,还可能使整个车架扭曲成菱形。这些变形将会改变安装在车架上的各部件之间的相对位置,从而影响其正常工作。因此,车架还应具有足够的强度和适当的刚度。为了提高整车的轻量化,要求车架质量尽可能小。此外,车架应布置得离地面近一些,以使汽车重心位置降低,有利于提高汽车的行驶稳定性。这一点对轿车和客车来说尤为重要。

目前汽车车架的结构形式基本上有三种:边梁式车架、中梁式车架和综合式车架。其中以边梁式车架应用最广。

1. 边梁式车架

边梁式车架由两根位于两边的纵梁和若干根横梁组成,用铆接法或焊接法将纵梁与横梁连接成坚固的刚性构架。纵梁通常用低合金钢板冲压而成,断面形状一般为槽形,也有的做成Z字形或箱形断面。根据汽车形式不同和结构布置的要求,纵梁可以在水平面内或纵向平面内做成弯曲的,以及等断面或非等断面的。横梁不仅用来保证车架的扭转刚度和承受纵向载荷,而且还可以支承汽车上的主要部件。通常载货车有5～6根横梁,有时会更多。

边梁式车架的结构特点是便于安装驾驶室、车厢及一些特种装备和布置其他总成,有利于改装变型车和发展多品种汽车,因此被广泛用在载货汽车和大多数的特种汽车上。

图4-32所示为东风EQ1092汽车车架,它主要由两根纵梁和8根横梁铆接而成。纵梁为槽形不等高断面梁,由于其中部受到的弯曲力矩最大,故中部断面高度最大,由此向两端断面高度则逐渐减小。这样可使应力分布较均匀,同时又减小了质量。在左右纵梁上各有100多个装置用孔,用以安装转向器、钢板弹簧、燃油箱、储气罐、蓄电池等的支架。横梁一般也用钢板冲压成槽形,为增强车架的抗扭强度,有时采用管形或箱形断面的横梁。

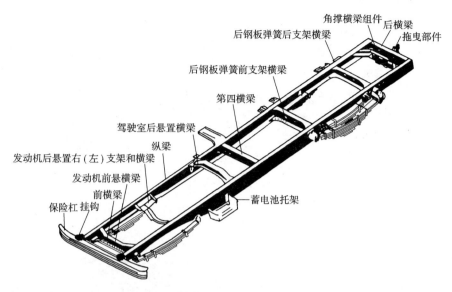

图 4-32 东风 EQ1092 型汽车车架

某些越野汽车在车架纵梁前端两侧装有加长梁,以便在加长梁前端安装绞盘装置和专用的保险杠。在未装有加长梁的纵梁上,其前端两侧备有一组冲孔,以便需要加装绞盘等装置时,可以紧固左、右加长梁。

有些汽车车架为加强纵梁和横梁的连接,并使车架具有较大的刚度,用钢板制成的盖板焊在或铆在连接处。有时货车和部分大型客车要拖带挂车,故应有与挂车的车架相连接的拖钩部件安装在车架后横梁中部。

轿车车架的前后两端,有横梁式的缓冲件——保险杠。当汽车在纵向突然受到障碍物的冲撞时,它可以保护车身、翼子板和散热器,使之不受损坏。对于轿车来说,保险杠同时还起着装饰的作用。货车车架前端还装有简单的挂钩,以便汽车发生故障或陷入地面下时,可以用其他车辆拖曳出它。

2. 中梁式车架

中梁式车架只有一根位于中央贯穿前后的纵梁,因此亦称为脊骨式车架。中梁式车架的结构特点是中梁的断面可做成管形或箱形,中梁式车架有较大的扭转刚度并使车轮有较大的运动空间,便于采用独立悬架,车架较轻,减小了整车质量,重心也较低,行驶稳定性好。但这种车架制造工艺复杂,精度要求高,总成安装比较困难,维修也不方便,故目前应用于某些轿车和货车上。图 4-33 所示为中梁式车架示意图。

3. 综合式车架

综合式车架由边梁式和中梁式车架结合而成的。车架前段或后段近似边梁结构,便于分别安装发动机或驱动桥,传动轴从中梁中间穿过,这种结构制造工艺复杂,目前应用较少。图 4-34 所示为综合式车架示意图。

4. 承载式车身

部分轿车和一些大型客车取消了车架,而以车身兼起车架的作用,则将所有部件固定在车身上,所有的力也由车身来承受,这种车身称为承载式车身。目前大多数轿车都是采用承载式车身,如上海桑塔纳轿车、一汽大众的捷达和奥迪 100 等。

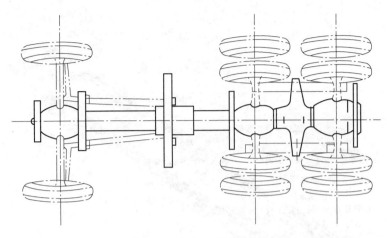

图 4-33 中梁式车架示意图

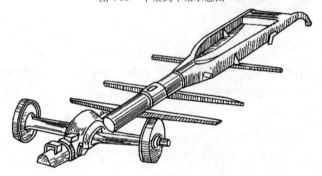

图 4-34 综合式车架示意图

图 4-35 所示为承载式轿车车身壳体。承载式车身由于无车架，可以减轻整车质量，可以使地板高度降低，使上、下车方便。但是传动系统和悬架的振动和噪声会直接传入车内。为此应采取隔声和防振措施。图 4-36 所示为承载式轿车车身的实物图。

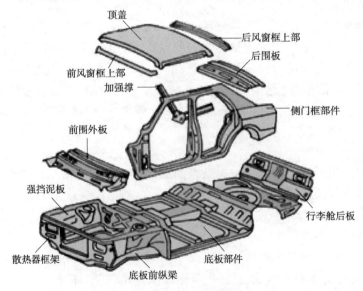

图 4-35 承载式轿车车身壳体

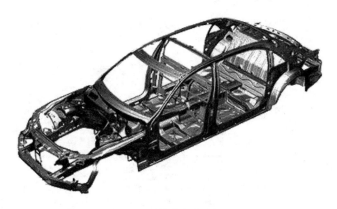

图 4-36　承载式车身实物图

二、车桥和车轮

1. 车桥

车桥(也称车轴)通过悬架和车架(或承载式车身)相连,它的两端安装车轮,其功用是传递车架(或承载式车身)与车轮之间各方向的作用力及其产生的力矩根据悬架结构的不同,车桥分为整体式和断开式两种。当采用非独立悬架时,车桥中部是刚性的实心或空心梁,这种车桥即为整体式车桥。断开式车桥为活动关节式结构,与独立悬架配用。

根据车桥上车轮的作用,车桥也可分为转向桥、驱动桥、转向驱动桥和支持桥四种类型。其中,转向桥和支持桥都属于从动桥。一般汽车多以前桥为转向桥,而以后桥或中、后两桥为驱动桥。有些现代轿车和越野汽车的前桥则为转向驱动桥,还有单桥驱动的三轴汽车的中桥(或后桥)为驱动桥,则后桥(或中桥)为支持桥。支持桥除不能转向外、其他功能和结构与转向桥相同。

1)转向桥

转向桥是利用车桥中的转向节使车轮可以偏转一定角度,以实现汽车的转向。它除承受垂直载荷外,还承受纵向力和侧向力及这些力造成的力矩。转向桥通常位于汽车前部,因此也常称为前桥。各种车型的整体式转向桥结构基本相同,主要由前梁、转向节组成。

下面以东风 EQ1090E 型汽车前桥加以说明。如图 4-37 所示,作为主体零件的前梁是用钢材锻造的,其断面是工字型以提高抗弯强度。为提高抗扭强度,接近两端略成方形。中部向下弯曲,使发动机位置得以降低,从而降低汽车重心,扩展驾驶人视野,并减小传动轴与变速器输出轴之间的夹角。

前梁两端各有一个加粗部分,呈拳形,其中有通孔,主销即插入此孔内。用带有螺纹的楔形锁销将主销固定在拳部孔内,使之不能转动。转向节上有销孔的两耳通过主销与前梁的拳部相连,使前轮可以绕主销偏转一定角度而使汽车转向。为了减小磨损,转向节销孔内压入青铜衬套,衬套上的润滑油槽在上面端部是切通的,用装在转向节上的油嘴注入润滑脂润滑。为使转向灵活轻便起见,在转向节下耳与前梁拳部之间装有推力滚子轴承。在转向节上耳与拳部之间装有调整垫片,以调整其间的间隙。

在左转向节的上耳上装有与转向节臂制成一体的凸缘,在下耳上则装着与转向梯形臂制成一体的凸缘,这两个凸缘上均制有一矩形键,因此在左转向节的上下耳上都有与之配合的键槽。转向节通过矩形键及带有锥形套的双头螺栓与转向节臂及梯形臂相连。在键槽端面间装有条形的橡胶密封垫。

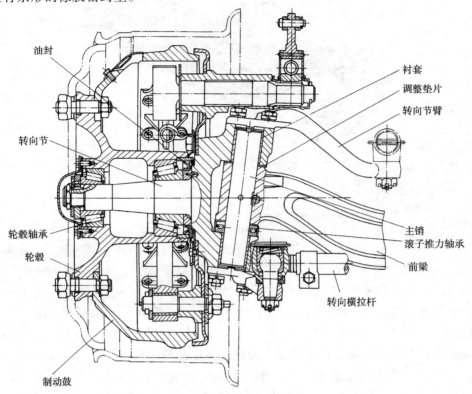

图 4-37　东风 EQ1090E 型汽车转向桥（前桥）

车轮轮毂通过两个圆锥滚子轴承支承在转向节外端的轴颈上。轴承的松紧度可用调整螺母加以调整。轮毂外端用冲压的金属罩盖住。轮毂内侧装有油封，如果油封漏油，则外面的挡油盘仍足以防止润滑油进入制动器内，转向节上靠近主销孔的一端有方形的凸缘，以固定制动底板。整体式转向桥的结构组成如图 4-38 所示。

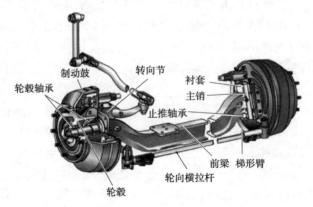

图 4-38　整体式转向桥组成示意图

断开式转向桥在轿车和微型客车上得到广泛采用，它与独立悬架相配置，组成了性能优良的转向桥。由于它有效地减少了非簧载质量，降低了发动机的质心高度，从而提高了汽车的行驶平顺性和操纵稳定性。

图4-39所示为JL6360微型客车的断开式转向桥的结构图。该断开式转向桥主要由车轮、减振器、上支点总成、缓冲弹簧、转向节、大球头销总成、横向稳定杆总成、左右梯形臂、主转向臂、中臂、左右横拉杆和悬臂总成等组成，其中有些零件也属于转向和前悬架总成。中臂、主转向臂、悬臂均为薄钢板焊接结构。左右转向梯形臂用大球头销总成与悬臂总成连接。该断开式转向桥和前述整体转向桥一样，在具有承载传力功用的同时，还应具有实现转向的功能，它与转向机配合、通过纵拉杆、主转向臂、中臂、左右横拉杆以及左右梯形臂，使车轮偏转以实现汽车转向。

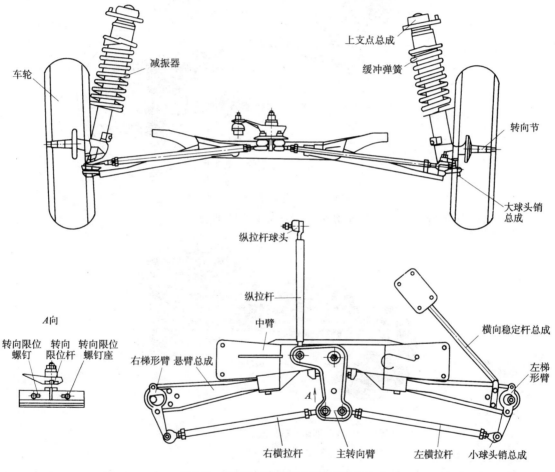

图4-39　JL6360型微型客车断开式转向桥

2）转向驱动桥

在许多轿车和全轮驱动的越野汽车上，前桥除作为转向桥外，还兼起驱动桥的作用，故称为转向驱动桥。目前，许多现代轿车采用了发动机前置前驱动的布置形式，其前桥既是转向桥又是驱动桥。该类型转向驱动桥多与麦弗逊式独立悬架配合使用，因其前轮内侧空间较大，便于布置，具有良好的接近性和维修方便性。

图4-40所示为上海桑塔纳轿车前转向驱动桥总成。主减速器和差速器在图中未画出。其动力经主减速器和差速器传至左右内半轴及左右半轴（传动轴）和左右内等角速万向节，

并经球笼式左右外等角速万向节及左右外半轴凸缘传到左右两轮毂,使驱动车轮旋转。当转动转向盘时,通过齿轮齿条式转向器和横拉杆而使前轮偏转,以实现转向。捷达、奥迪、红旗 CA20 型等轿车的前桥均是转向驱动桥,其构造与上述结构类似。

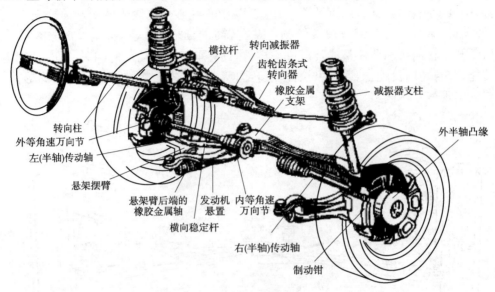

图 4-40　上海桑塔纳轿车前转向驱动桥

北京切诺基越野汽车转向驱动桥示意图如图 4-41 所示。

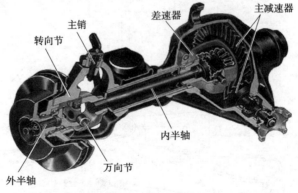

图 4-41　北京切诺基越野汽车转向驱动桥示意图

2. 车轮与轮胎

车轮与轮胎是汽车行驶系统中的重要部件,其功用是:支承整车;缓和由路面传来的冲击力;通过轮胎同路面间存在的附着作用来产生驱动力和制动力;汽车转弯行驶时产生平衡离心力的侧抗力,在保证汽车正常转向行驶的同时,通过车轮产生的自动回正力矩,使汽车保持直线行驶方向等。

1) 车轮

车轮是介于轮胎和车轴之间承受负荷的旋转组件,通常由两个主要部件轮辋和轮辐组成。轮辋是在车轮上安装和支承轮胎的部件,轮辐是在车轮上介于车轴和轮辋之间的支承部件。轮辋和轮辐可以是整体式的、永久连接式的或可拆卸式的。

按轮辐的构造,车轮可分为两种主要形式:辐板式和辐条式。按车轴一端安装一个或两个轮胎,车轮又分为单式车轮和双式车轮。此外,还有对开式车轮、可反装式车轮、组装轮辋式车轮和可调式车轮。

2)轮胎

现代汽车几乎都采用充气轮胎。轮胎安装在轮辋上,直接与路面接触,它的作用是:

(1)和汽车悬架共同来缓和汽车行驶时所受到的冲击,并衰减由此而产生的振动,以保证汽车有良好的乘坐舒适性和行驶平顺性。

(2)保证车轮和路面有良好的附着性,以提高汽车的牵引性、制动性和通过性。

(3)承受汽车的重力,并传递其他方向的力和力矩。

从轮胎的作用来看,轮胎必须有适宜的弹性和承受载荷的能力,同时在其与路面直接接触的胎面部分,应具有用以增强附着作用的花纹。此外车轮滚动时,轮胎在所承受的重力和由于道路不平而产生的冲击载荷作用下受到压缩,摩擦消耗的功在载荷去除后并不能完全回收,有一部分消耗于橡胶的内摩擦,结果使得轮胎发热并且温度过高将严重地影响橡胶的性能和轮胎的组织,从而大大增加轮胎的磨损而缩短轮胎的使用寿命。

汽车轮胎按胎体结构不同可分为充气轮胎和实心轮胎。现代汽车绝大多数采用充气轮胎。充气轮胎按组成结构不同,又分为有内胎轮胎和无内胎轮胎两种。充气轮胎按胎体中帘线排列的方向不同,还可分为普通斜交轮胎、带束斜交轮胎和子午线轮胎。目前,普通斜交轮胎和子午线轮胎在汽车上得到广泛应用,特别是子午轮胎的应用最为广泛。

图4-42所示为子午线轮胎的构造。它由帘布层、带束层、胎冠、胎肩和胎圈组成,并以带束层箍紧胎体。子午线轮胎的帘布层帘线排列的方向与轮胎的子午断面一致,由于帘线如此排列,使其强度得到充分利用。帘线在圆周方向上只靠橡胶来联系,因此,为了承受行驶时产生的较大切向力,子午线轮胎具有若干层帘线与子午断面呈大角度(交角为70°~75°)、高强度、不易拉伸的周向环形的类似缓冲层的带束层。带束层通常采用强度较高、拉伸变形很小的织物帘布,如玻璃纤维、聚酰胺纤维等高强度材料或钢丝帘布制造。

图4-42 子午线轮胎

子午线轮胎的优点是接地面积大,附着性能好,胎面滑移小,对地面单位压力也小,因而滚动阻力小,使用寿命长;胎冠较厚且有坚硬的带束层,不易刺穿;因为帘布层数少,胎侧薄,所以散热性能好;径向弹性大,缓冲性能好,负荷能力较大。它的缺点是因胎侧较薄,胎冠较厚,在其与胎侧的过渡区易产生裂口;侧面变形大,导致汽车的侧向稳定性差;制造技术要求高,成本也高。

三、悬架

悬架是车架(或承载式车身)与车桥(或车轮)之间的一切传力连接装置的总称。它的功用是把路面作用于车轮上的垂直反力、纵向反力和侧向反力以及这些反力所造成的力矩都要传递到车架(或承载式车身)上,以保证汽车的正常行驶。

1. 悬架的结构和主要部件

现代汽车的悬架尽管有各种不同的结构形式,但是一般都由弹性元件、减振器和导向机构三部分组成,如图4-43所示。

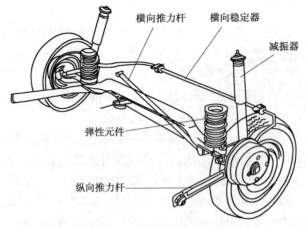

图4-43 汽车的悬架组成示意图

由于汽车行驶的路面不可能绝对平坦,因此路面作用于车轮上的垂直反力往往是冲击性的,尤其在坏路面上高速行驶时,这种冲击力将极大。为了缓和冲击,在汽车行驶系统中,除了采用弹性的充气轮胎之外,在悬架中还必须装有弹性元件,使车架(或车身)与车桥(或车轮)之间作弹性连接。但弹性系统在受到冲击后,将产生振动。持续的振动易使乘员感到不舒适或疲劳,故悬架还应当具有减振作用,使振动迅速衰减。为此,在许多结构形式的汽车悬架中都设有专门的减振器。车轮相对于车架和车身跳动时,车轮(特别是转向轮)的运动轨迹应符合一定的要求,否则对汽车的某些行驶性能有不利的影响。因此,悬架中某些传力构件同时还承担着使车轮按一定轨迹相对于车架和车身跳动的任务,因而这些传力构件还起导向作用,故称导向机构。

汽车悬架可分为非独立悬架和独立悬架两大类。非独立悬架的结构特点是两侧的车轮由一根整体式车桥相连。车轮连同车桥一起通过弹性悬架与车架连接。当一侧车轮因道路不平而发生跳动时,必然引起另一侧车轮在汽车横向平面内发生摆动,故称为非独立悬架。独立悬架其结构特点是车桥做成断开的,每一侧的车轮可以单独地通过弹性悬架与车架(或车身)连接,两侧车轮可以单独跳动,互不影响,故称为独立悬架。

1)减振器

为加速车架与车身振动的衰减,以改善汽车的行驶平顺性,在大多数汽车的悬架系统内部装有减振器。汽车悬架系统中广泛采用液力减振器。

液力减振器的作用原理是当车架与车桥作往复相对运动而活塞在缸筒内往复移动时,减振器壳体内的油液便反复地从内腔通过一些窄小的孔隙流入另一内腔。此时孔壁与油液间的摩擦及液体分子内摩擦便形成对振动的阻尼力,使车身和车架的振动能量转化为热能被油液和减振器壳体所吸收,然后散到大气中。

减振器阻尼力的大小随车架和车桥(或车轮)相对速度的增减而增减,并且与油液的黏度有关。要求油液的黏度受温度变化的影响尽可能小,且具有抗汽化、抗氧化以及对各种金属和非金属零件不起腐蚀作用等性能。减振器的阻尼力越大,振动消除得越快,但却使并联的弹性元件的作用不能充分发挥,同时,过大的阻尼力还可能导致减振器连接零件及车架损坏。

为解决弹性元件与减振器之间的这一矛盾,要求在悬架压缩行程(车桥与车架相互移近的行程)内,减振器阻尼力应较小,以便充分利用弹性元件的弹性来缓和冲击;在悬架伸张行程(车桥与车架相互远离的行程)内,减振器的阻尼力应较大,以求迅速减振;当车桥(或车轮)与车架的相对速度较大时,减振器应当能自动加大液流通道截面积,使阻尼力始终保持在一定限度之内,以避免承受过大的冲击载荷。

液力减振器按其作用方式不同,可分为双向作用式减振器和单向作用式减振器两种。在压缩和伸张两行程内均能起作用的减振器,称为双向作用式减振器。另有一种仅在伸张行程内起作用,称为单向作用式减振器。目前,汽车上广泛采用双向作用筒式减振器。

双向作用筒式减振器(图4-44)一般都具有四个阀即压缩阀、伸张阀、流通阀和补偿阀。流通阀和补偿阀是一般的止回阀,其弹簧很弱,当阀上的油压作用力与弹簧力同向时,阀处于关闭状态,完全不通液流;而当油压作用力与弹簧力反向时,只要有很小的油压,阀便能开启。压缩阀和伸张阀是卸载阀,其弹簧较强,预紧力较大,只有当油压升高到一定程度时,阀才能开启,而当油压降低到一定程度时,阀即自行关闭。双向作用筒式减振器的工作原理分为压缩和伸张两个行程加以说明。

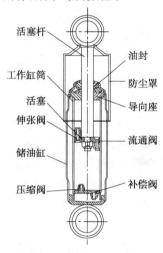

图4-44 双向作用筒式减震器示意图

(1)压缩行程。

当汽车车轮滚上凸起和滚出凹坑时,车轮移近车架(车身),减振器受压缩,减振器活塞下移,活塞下面的腔室(下腔)容积减小,油压升高,油液经流通阀流到活塞上面的腔室(上腔)。由于上腔被活塞杆占去一部分空间,上腔内增加的容积小于下腔减小的容积,故还有一部分油液推开压缩阀,流回储油缸。这些阀对油液的节流便造成对悬架压缩运动的阻尼力。

(2)伸张行程。

当车轮滚进凹坑或滚离凸起时,车轮相对车身移开。减振器受拉伸。此时减振器活塞向上移动。活塞上腔油压升高,流通阀关闭。上腔内的油液便推开伸张阀流入下腔。同样,由于活塞杆的存在,自上腔流来的油液还不足以充满下腔所增加的容积,下腔内产生一定的真空度,这时储油缸中的油液便推开补偿阀流入下腔进行补充。此时,这些阀的节流作用即造成对悬架伸张运动的阻尼力。

2)弹性元件

(1)钢板弹簧。

钢板弹簧是汽车悬架中应用最广泛的一种弹性元件,它是由若干片等宽但不等长(厚度可以相等,也可以不相等)的合金弹簧片组合而成的一根近似等强度的弹性梁,其一般构造如图4-45所示。

钢板弹簧的第一片(最长的一片)称为主片,其两端弯成卷耳,内装青铜或塑料、橡胶,粉

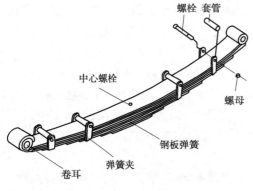

图 4-45 钢板弹簧

末冶金制成的衬套,以便用弹簧销与固定在车架上的支架或吊耳作铰链连接。钢板弹簧的中部一般用 U 形螺栓固定在车桥上。中心螺栓用以连接各弹簧片,并保证装配时各片的相对位置。中心螺栓两端卷耳中心的距离可以相等,也可以不相等。

当钢板弹簧安装在汽车悬架中,所承受的垂直载荷为正向时,各弹簧片都受力变形,有向上拱弯的趋势,这时车桥和车架便互相靠近;当车桥和车架互相远离时,钢板弹簧所受的正向垂直载荷和变形便逐渐减小,有时甚至会反向。

主片卷耳受力严重,是薄弱处。为改善主片卷耳的受力情况,常将第二片末端也弯成卷耳,包在主片卷耳的外面(亦称包耳)。为了使得在弹簧变形时各片有相对滑动的可能,在主片卷耳和第二片包耳之间留有较大的空隙。

连接各片的构件,除中心螺栓外,还有若干个弹簧夹,其主要作用是当钢板弹簧反向变形时,使各片不至于分开,以免主片单独承载。此外,还可防止各片横向错动。弹簧夹用铆钉铆接在与之相连的最下面弹簧片的端部。弹簧夹的两边用螺栓连接,在螺栓上有套管顶住弹簧夹的两边,以免将弹簧片夹得过紧。在螺栓套管与弹簧片之间有一定的间隙,以保证弹簧变形时,各片可以相互滑移。

钢板弹簧在载荷作用下变形时,各片之间有相对滑动而产生摩擦,可以促使车架振动的衰减。但各片间的干摩擦,将使车轮所受的冲击在很大的程度上传给车架,即降低了悬架缓和冲击的能力,并使弹簧各片加速磨损。为了减少弹簧片的磨损,在装合钢板弹簧时,各片间须涂上较稠的润滑剂(石墨润滑脂)并应定期进行维护。为了在使用期间长期储存润滑脂和防止污染,有时将钢板弹簧装在护套内。

前已述及,钢板弹簧本身还能兼起导向机构的作用,并且由于各片之间的摩擦而起到一定的减振作用。为了保证在弹簧片间产生定值摩擦力以及消除噪声,可在弹簧片之间夹入塑料片。

钢板弹簧实物图如图 4-46 所示。

图 4-46 钢板弹簧实物图

(2)螺旋弹簧。

螺旋弹簧广泛应用于独立悬架,特别是前轮独立悬架中,然而在有些轿车的后轮非独立悬架中,其弹性元件也采用螺旋弹簧,如图 4-47 所示。螺旋弹簧和钢板弹簧比较具有以下优点:无须润滑,不忌污泥;安置它所需的纵向空间不大;弹簧本身质量小。

螺旋弹簧本身没有减振作用,因此在螺旋弹簧悬架中必须另装减振器。此外,螺旋弹簧只能承受垂直载荷,故必须装设导向机构以传递垂直力以外的各种力和力矩。螺旋弹簧用弹簧钢棒料卷制而成,可做成等螺距或变螺距。前者刚度不变,后者刚度是可变的。

图4-48所示为螺旋弹簧实物图。

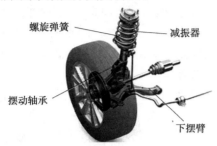

图4-47 螺旋弹簧悬架示意图

图4-48 螺旋弹簧实物图

2. 悬架的分类

1)非独立悬架

非独立悬架因其结构简单,工作可靠,被广泛应用于货车的前、后悬架。在少数轿车中,非独立悬架仅用作后悬架。悬架的结构,特别是导向机构的结构,随所采用的弹性元件不同而有差异,而且有时差别很大。采用螺旋弹簧时,需要有较复杂的导向机构。而采用钢板弹簧时,由于钢板弹簧本身可兼起导向机构的作用,并有一定的减振作用,使得悬架结构大为简化,因而在非独立悬架中大多数采用钢板弹簧作为弹性元件。

非独立悬架的结构示意图如图4-49所示。

图4-49 非独立悬架示意图

为提高汽车的平顺性,有的轻型货车上采用将副簧置于主簧下面的渐变刚度钢板弹簧。渐变刚度钢板弹簧的主簧由厚度为9mm的4片(或3片)和副簧由厚度为15mm的2片(或3片)组成钢板弹簧组件,它们用中心螺栓固定在一起。在小载荷时,主簧起作用,而当载荷增加到一定值时,副簧开始与主簧接触,悬架刚度随之相应提高,弹簧特性变为非线性。

当副簧全部接触后,弹簧特性又变为线性。这种渐变刚度钢板弹簧的特点是副簧逐渐起作用,因此悬架刚度的变化比较平稳,从而改善了汽车行驶平顺性。但在使用中因主簧和副簧之间容易存积泥垢,对悬架刚度的渐变有一定影响。如果在主、副簧外装上护套,则可消除此缺点。

2) 独立悬架

随着汽车速度的不断提高,非独立悬架已不能满足行驶平顺性和操纵稳定性等方面提出的要求。因此,独立悬架获得了很大的发展。独立悬架的结构特点是两侧的车轮各自独立地与车架或车身弹性连接,因而具有以下优点:

(1) 在悬架弹性元件一定的变形范围内,两侧车轮可以单独运动而互不影响,这样在不平道路上可减少车架和车身的振动,而且有助于消除转向轮不断偏摆的不良现象。

(2) 减少了汽车的非簧载质量(即不由弹簧支承的质量)。在非独立悬架的情况下,整个车桥和车轮都属于非簧载质量部分,在采用独立悬架时,对驱动桥而言,由于主减速器、差速器及其外壳固定在车架上,成了簧载质量;对转向轴而言,它仅具有转向主销和转向节,而且中部的整体梁不再存在,所以在采用独立悬架时,非簧载质量只包括车轮质量和悬架系统中的一部分零件的全部或部分质量,显然比用非独立悬架时的非簧载质量要小得多。在道路条件和车速相同时,非簧载质量越小,则悬架所受到的冲击载荷也越小,故采用独立悬架可以提高汽车的平均行驶速度。

(3) 采用断开式车桥,发动机总成的位置可以降低和前移,使汽车重心下降,提高了汽车行驶稳定性;同时给予车轮较大的上下运动的空间,因而可以将悬架刚度设计得较小,使车身振动频率降低,以改善行驶平顺性。

以上优点使独立悬架广泛地被采用在现代汽车上,特别是轿车的转向轮普遍采用了独立悬架。但是独立悬架结构复杂,制造成本高,维修不便。在一般情况下,车轮跳动时,由于车轮外倾角与轮距变化较大,轮胎磨损较严重。

独立悬架中多采用螺旋弹簧和扭杆弹簧作为弹性元件,独立悬架的结构类型很多,主要可按车轮运动形式分成三类。

(1) 车轮在汽车横向平面内摆动的悬架(横臂式独立悬架)。

(2) 车轮在汽车纵向平面内摆动的悬架(纵臂式独立悬架)。

(3) 车轮沿主销移动的悬架,其中包括烛式悬架和麦弗逊式悬架。

横臂式独立悬架分为单横臂式和双横臂式两种。单横臂式独立悬架的特点是当悬架变形时,车轮平面将产生倾斜而改变两侧车轮与路面接触点间的距离——轮距,致使轮胎相对于地面侧向滑移,破坏轮胎和地面的附着,且轮胎磨损较严重。此外,这种悬架用于转向轮时,会使主销内倾角和车轮外倾角发生较大的变化,对于转向操纵有一定的影响,但由于结构简单、紧凑、布置方便,在车速不高的重型越野汽车上采用的较多。例如太脱拉138型和148型越野汽车的前悬架,就是这种单横臂独立悬架,其弹性元件是扭杆弹簧。

图4-50所示为单横臂后独立悬架示意图。在该结构中,后桥半轴套管是断开的,主减速器的右面有一个单铰链,半轴可绕其摆动。在主减速器上面安置着可调节车身水平作用的油气弹性元件,它和螺旋弹簧一起承受并传递垂直力。作用在车轮上的纵向力主要由纵向推力杆承受。中间支承不仅可以承受侧向力,而且还可以部分地承受纵向力。当车轮上下跳动时,为避免运动干涉,其纵向推力杆的前端用球铰链与车身连接。

图4-51所示为富康轿车的麦弗逊式悬架。减振器的上端用螺栓和橡胶垫圈与车身连接,减振器下端固定在转向节上,而转向节通过球铰链与下摆臂连接。车轮所受的侧向力通过转向节大部分由下摆臂承受,其余部分由减振器承受。因此这种结构形式在一定程度上减少了滑动磨损。

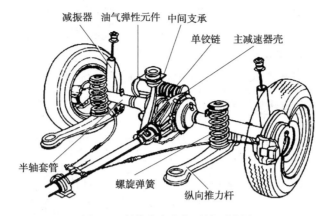

图 4-50 单横臂式后独立悬架示意图

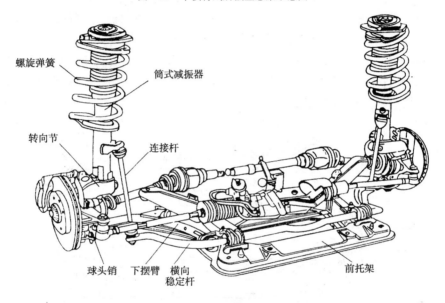

图 4-51 富康轿车前悬架

该麦弗逊式悬架的螺旋弹簧套在筒式减振器的外面。主销的轴线为上下铰链中心的连线。车轮上下跳动时,因减振器的下支点随下摆背摆动,故主销轴线的角度是变化的。这说明车轮是沿着摆动的主销轴线而运动的。因此,这种悬架在变形时,使得主销的定位角和轮距都有些变化。然而,如果适当调整杆系的位置,可使车轮的这些定位参数变化极小。

麦弗逊式悬架突出的优点是增大了两前轮内侧的空间,便于发动机和其他一些部件的布置,因此多用在前置、前驱动的轿车和微型汽车上。一汽大众的捷达、上海桑塔纳和红旗CA7220型等轿车的前悬架,都是这种麦弗逊式独立悬架。

第三节 汽车转向系统

汽车在行驶过程中,需按驾驶人的意志经常改变其行驶方向。实现汽车转向的方法是驾驶人通过一套专设的机构,使汽车转向桥上的车轮相对于汽车纵轴线偏转一定角度。在汽车直线行驶时,往往转向轮也会受到路面侧向干扰力的作用,自动偏转而改变行驶方向。此时,驾驶人也可以利用这套机构使转向轮向相反的方向偏转,从而使汽车恢复原来的行驶方向。这一套用来改变或恢复汽车行驶方向的专设机构,即称为汽车转向系统。因此,汽车转向系统的功用是保证汽车能按驾驶人的意志而进行转向行驶。

一、汽车转向系统的类型和组成

汽车转向系统可按转向能源的不同分为机械转向系统和动力转向系统两大类。

1. 机械转向系统

机械转向系统以驾驶人的体力作为转向能源,其中所有传力件都是机械的。机械转向系统由转向操纵机构、转向器和转向传动机构三大部分组成。

图4-52所示为机械转向系统的组成和布置示意图。当汽车转向时,驾驶人对转向盘施加一个转向力矩,该力矩通过转向轴、转向万向节和转向传动轴输入转向器。经转向器放大后的力矩和减速后的运动传到转向摇臂,再经过转向直拉杆传给固定于左转向节上的转向节臂,使左转向节和它所支承的左转向轮偏转。为使右转向节及其支承的右转向轮随之偏转相应角度,还设置了转向梯形。转向梯形由固定在左、右转向节上的梯形臂及两端与梯形臂作球铰链连接的转向横拉杆组成。

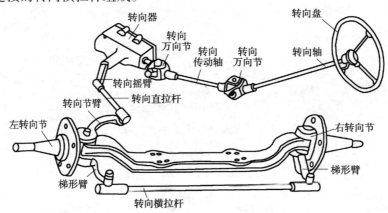

图4-52 机械转向系统的组成和布置示意图

从转向盘到转向传动轴这一系列部件和零件,均属于转向操纵机构。由转向摇臂至转向梯形这一系列部件和零件(不含转向节),均属于转向传动机构。

2. 动力转向系统

动力转向系统是兼用驾驶人体力和发动机动力为转向能源的转向系统。在正常情况下,汽车转向所需的能量,只有一小部分由驾驶人提供,而大部分是由发动机通过动力转向装置提供的。但在转向加力装置失效时,一般还应当能由驾驶人独立承担汽车转向任务。因此,动力转向系统是在机械转向系统的基础上加设一套转向加力装置而形成的。

图4-53所示为一种液压动力转向系统和液压转向加力装置的管路布置示意图。其中属于转向加力装置的部件是转向油罐、转向液压泵、转向控制阀和转向动力缸。

当驾驶人逆时针转动转向盘(左转向)时,转向摇臂带动转向直拉杆前移。直拉杆的拉力作用于转向节臂,并依次传到梯形臂和转向横拉杆使之右移。与此同时,转向直拉杆还带动转向控制阀中的滑阀,使转向动力缸的右腔接通液面压力为零的转向油罐。转向液压泵的高压油进入转向动力缸的左腔,于是转向动力缸的活塞上受到向右的液压作用力,便经推杆施加在转向横拉杆上,也使之右移。这样,驾驶人施于转向盘上很小的转向力矩,便可克服地面作用于转向轮上的转向阻力矩。

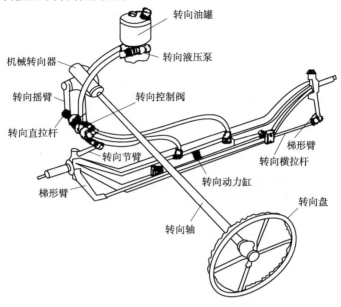

图 4-53　动力转向系示意图

二、转向器及转向操纵机构

1. 转向器的传动效率及转向盘自由行程

转向器是转向系统的减速传动装置,一般有 1~2 级减速传动副。它可按传动副的结构形式分类。目前在汽车上广泛采用的有齿轮齿条式、循环球－齿条齿扇式、循环球曲柄指销式和蜗杆曲柄指销式等几种结构形式。

1) 转向器传动效率

转向器的输出功率与输入功率之比称为转向器传动效率。在功率由转向轴输入、由转向摇臂输出的情况下求得的传动效率称为正效率;而传动方向与上述相反时求得的效率,则称为逆效率。逆效率很高的转向器很容易将经转向传动机构传来的路面反力传到转向轴和转向盘上,故称为可逆式转向器。可逆式转向器有利于汽车转向结束后转向轮和转向盘自动回正,但也能将坏路对车轮的冲击力传到转向盘,发生"打手"情况。

逆效率很低的转向器,称为不可逆式转向器。不平道路对转向轮的冲击载荷输入到这种转向器,即由其中各传动零件及传动副承受,而不会传到转向盘上。路面作用于转向轮上的回正力矩同样也不能传到转向盘,这就使得转向轮自动回正成为不可能,此外,道路的转向阻力矩也不能反馈到转向盘,使得驾驶人不能得到路面反馈信息(所谓丧失"路感"),无法据以调节转向力矩。

逆效率略高于不可逆式的转向器,称为极限可逆式转向器,其反向传力性能介于可逆式和不可逆式之间,而接近于不可逆式。采用这种转向器时,驾驶人能有一定的路感,转向轮自动回正也可实现,而且只有在路面冲击力很大时,才能部分地传到转向盘。经常在良好路面上行驶的汽车,多采用可逆式转向器。极限可逆式转向器多用于中型以上越野汽车和工矿用自卸汽车。

2)转向盘自由行程

单从转向操纵灵敏而言,最好是转向盘和转向节的运动能同步开始并同步终止。然而这在实际上是不可能的,因为在整个转向系统中,各传动件之间都必然存在着装配间隙,而且这些间隙将随着零件的磨损而增大。在转向盘转动过程的开始阶段,驾驶人对转向盘所施加的力矩很小,因为只是用来克服转向系统内部的摩擦,使各传动件运动到其间的间隙完全消除,故可以认为这一阶段是转向盘空转阶段。此后,才要对转向盘施加更大的转向力矩以克服经车轮传到转向节上的转向阻力矩,从而实现使各转向轮偏转的目的。

转向盘在空转阶段中的角行程,称为转向盘自由行程。转向盘自由行程对于缓和路面冲击及避免使驾驶人过度紧张是有利的,但不宜过大,以免过分影响灵敏性。一般说来,转向盘从相应于汽车直线行驶的中间位置向任一方向的自由行程最好不超过10°～15°。当零件磨损严重到使转向盘自由行程超过25°～30°时,必须进行调整。

2. 转向器

1)齿轮齿条式转向器

齿轮齿条式转向器由于具有结构简单、紧凑、质量轻、刚性大、转向灵敏、制造容易,成本低,正、逆效率都高,特别适于麦弗逊式悬架配用,便于布置等优点,因此它在轿车和微型、轻型货车上得到了广泛的应用。

图4-54所示为红旗CA7220型轿车的齿轮齿条式转向器。作为传动副主动件的转向齿轮安装在壳体中,与水平布置的转向齿条相啮合。弹簧通过压块将齿条压靠在齿轮上,保证无间隙啮合。弹簧的预紧力可用调整螺栓调整。

2)蜗杆曲柄指销式转向器

如图4-55所示,蜗杆曲柄指销式转向器的传动副以转向蜗杆为主动件,其从动件是装在摇臂轴曲柄端部的指销。转向蜗杆转动时,与之啮合的指销即绕摇臂轴轴线沿圆弧运动,并带动摇臂轴转动。

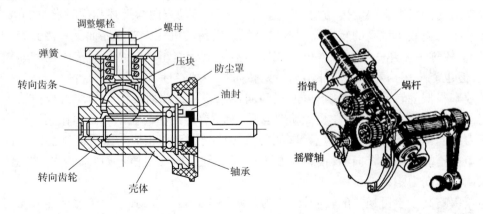

图4-54 齿轮齿条式转向器　　图4-55 蜗杆曲柄指销式转向器

3.转向操纵机构

从转向盘到转向传动轴这一系列部件和零件属于转向操纵机构。如图4-56所示,它主要由转向盘、转向节、转向轴组成。转向轴连接转向盘和转向器,并传递它们之间的转矩。转向柱管安装在车身上,支撑着转向盘。转向轴从转向管柱中穿过,支承在柱管内的轴承和衬套上。

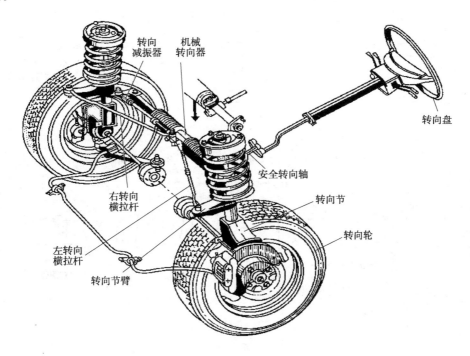

图4-56 桑塔纳轿车转向系统

三、转向传动机构

转向传动机构的功用是将转向器输出的力和运动传到转向桥两侧的转向节,使两侧转向轮偏转,并使两转向轮偏转角按一定关系变化,以保证汽车转向时车轮与地面的相对滑动尽可能小。转向传动机构的组成和布置,因转向器位置和转向轮悬架类型不同而异。

1.与非独立悬架配用的转向传动机构

与非独立悬架配用的转向传动机构(图4-57),主要包括转向摇臂、转向直拉杆、转向节臂和转向梯形臂。在前桥仅为转向桥的情况下,由转向横拉杆和左、右梯形臂组成的转向梯形,一般布置在前桥之后,如图4-57a)所示。当转向轮处于与汽车直线行驶相应的中立位置时,梯形臂与横拉杆在与道路平行的平面(水平平面)内的交角在发动机位置较低或转向桥兼充当驱动桥的情况下,为避免运动的干涉,往往将转向梯形布置在前桥之前,如图4-57b)所示。若转向摇臂不是在汽车纵向平面内前后摆动,而是在与道路平行的平面内左右摆动,则可将转向直拉杆横置,并借球头销直接带动转向横拉杆,从而推使两侧梯形臂转动,如图4-57c)所示。

2. 与独立悬架配用的转向传动机构

当转向轮采用独立悬架时,每个转向轮分别相对于车架作独立运动,因而转向桥必须是断开式的。与此相对应,转向传动机构中的转向梯形也必须分成两段[图 4-58a)]或三段[图 4-58b)],并且由在平行于路面的平面中摆动的转向摇臂直接带动或通过转向直拉杆带动。

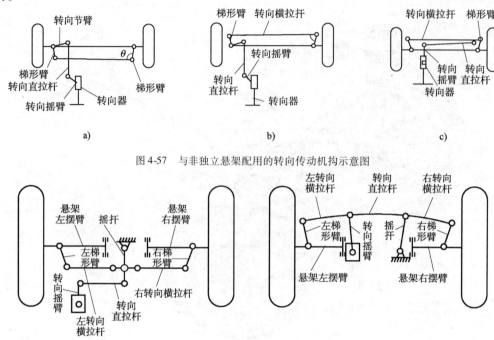

图 4-57 与非独立悬架配用的转向传动机构示意图

图 4-58 与独立悬架配用的转向传动机构示意图

四、动力转向装置

用以将发动机输出的部分机械能转化为压力能,并在驾驶人控制下,对转向传动装置或转向器中某一传动件施加不同方向的液压或气压作用力,以助驾驶人施力不足的一系列零部件,总称为动力转向装置。动力转向装置是由机械转向器、转向动力缸和转向控制阀三大部分组成。

按传能介质不同,动力转向装置有气压式和液压式两种。气压动力转向装置主要应用于部分前轴最大轴载质量为 3~7t,并采用气压制动系统的货车和客车,但装载质量特别大的货车也不宜采用气压转向加力装置,因为气压系统的工作压力较低(一般不高于 0.7MPa),用于这种重型汽车上时,其部件尺寸将过于庞大。液压转向加力装置的工作压力可高达 10MPa 内以上,故其部件尺寸很小。液压系统工作时无噪声,工作滞后时间短,而且能吸收来自不平路面的冲击。因此,液压转向加力装置已在各种汽车上获得广泛应用,本书所讨论的动力转向装置也只限于液压式的。液压转向加力装置有常压式和常流式两种。

1. 常压式液压转向加力装置

常压式液压转向加力装置如图 4-59 所示。在汽车直线行驶,转向盘保持中立位置时,转向控制阀经常处于关闭位置,转向液压泵输出的压力油充入储能器。当储能器压力增长到规定值后,得以限制在该规定值以下。当转动转向盘时,机械转向器即通过转向摇臂等杆件使转向控制阀转入开启位置。此时,储能器中的压力油即流入转向动力缸,动力缸输出的液压作用力作用在转向传动机构上,以助机械转向器输出力之不足。转向盘一停止运动,转向控制阀便随之回到关闭位置。于是转向加力作用终止。由此可见,无论转向盘处于中立位置还是转向位置,也无论转向盘保持静止还是运动状态,该系统工作管路中总是保持高压。

2. 常流式液压转向加力装置

常流式液压转向加力装置如图4-60所示。不转向时,转向控制阀保持开启,转向动力缸的活塞两边的工作腔,由于都与低压回油管路相通而不起作用。转向液压泵输出的油液流入转向控制阀,又由此流回转向油罐。因转向控制阀的节流阻力很小,故液压泵输出压力也很低,液压泵实际上处于空转状态。

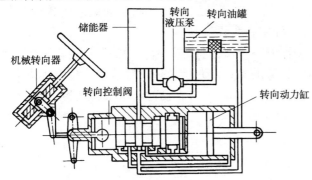
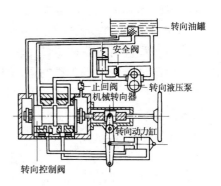

图4-59 常压式液压转向加力装置示意图　　图4-60 常流式液压转向加力装置示意图

当驾驶人转动转向盘,通过机械转向器使转向控制阀处于与某一转弯方向相应工作位置时,转向动力缸的相应工作腔方与回油管路隔绝,转而与液压泵输出管路相通,而动力缸的另一腔则仍然通回油管路。地面转向阻力经转向传动机构传到转向动力缸的推杆和活塞上,形成比转向控制阀节流阻力高得多的液压泵输出管路阻力。于是,转向液压泵输出压力急剧升高,直到足以推动转向动力缸活塞为止。转向盘停止转动后,转向控制阀随即回到中立位置,使动力缸停止工作。

上述两种液压转向加力装置相比较,常压式的优点在于有储能器积蓄液压能,可以使用流量较小的转向液压泵,而且还可以在液压泵不运转的情况下保持一定的转向加力能力,使汽车有可能续驶一定距离,这一点对重型汽车而言尤为重要。常流式的优点则是结构简单,液压泵寿命长,漏泄较少,消耗功率也较少。因此,目前只有少数重型汽车采用常压式转向加力装置,而常流式转向加力装置则广泛应用于各种汽车。

第四节　汽车制动系统

使行驶中的汽车减速甚至停车,使下坡行驶的汽车的速度保持稳定,以及使已停驶的汽车保持不动,这些作用统称为汽车制动。

对汽车起到制动作用的是作用在汽车上,其方向与汽车行驶方向相反的外力。作用在行驶汽车上的滚动阻力、上坡阻力、空气阻力都能对汽车起制动作用,但这外力的大小都是随机的、不可控制的。因此,汽车上必须装设一系列专门装置,以便驾驶人能根据道路和交通等情况,借以外界(主要是路面)在汽车某些部分(主要是车轮)施加一定的力,对汽车进行一定程度的强制制动。这种可控制的对汽车进行制动的外力,称为制动力。这样的一系列专门装置称为制动系统。

一、制动系统的组成及分类

1.制动系统的组成

制动系统由供能装置、控制装置、传动装置和制动器这四个基本组成部分组成,制动系统的组成如图 4-61 所示。

供能装置包括供给、调节制动所需能量以及改善传动介质状态的各种部件。其中,产生制动能量的部分称为制动能源。控制装置包括产生制动动作和控制制动效果的各种部件。图 4-61 中的制动踏板机构即是最简单的一种控制装置。

传动装置包括将制动能量传输到制动器的各个部件,如图 4-61 中的制动主缸和制动轮缸。制动器是产生阻碍车辆的运动或运动趋势的力(制动力)的部件,其中也包括辅助制动系统中的缓速装置。较为完善的制动系统还具有制动力调节装置以及报警装置、压力保护装置等附加装置。

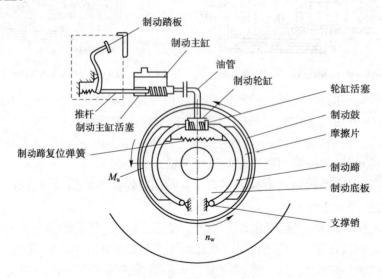

图 4-61 制动系统组成示意图

2.制动系统的类型

1)按制动系统的功用分类

制动系统按照功用分类可以分为行车制动系统、驻车制动系统、第二制动系统和辅助制动器。行车制动系统是使行驶中的汽车降低速度甚至停车的一套专门装置。它是在行车过程中经常使用的。驻车制动系统是使已停驶的汽车驻留原地不动的一套装置。第二制动系统是在行车制动系统失效的情况下,保证汽车仍能实现减速或停车的一套装置。

辅助制动系统是在汽车下长坡时用以稳定车速的一套装置。例如,经常行驶在山区的汽车,若单靠行车制动系统来达到下长坡时稳定车速的目的,则可能导致行车制动系统的制动器过热而降低制动效能,甚至完全失效。因此,山区用汽车还应具备此辅助制动装置。

2) 按制动系统的制动能源分类

制动系统按照制动能源分类可以分为人力制动系统、动力制动系统和伺服制动系统。人力制动系统是以驾驶人的肌体作为唯一的制动能源的制动系统。动力制动系统是完全靠由发动机的动力转化而成的气压或液压形式的势能进行制动的制动系统。伺服制动系统是兼用人力和发动机动力进行制动的制动系统。

按照制动能量的传输方式,制动系统又可分为机械式、液压式、气压式和电磁式等,同时采用两种以上传能方式的制动系统,可称为组合式制动系统。

二、制动系统主要部件的构成及工作原理

一般制动器都是通过其中的固定元件对旋转元件施加制动力矩、使后者的旋转角速度降低,同时依靠车轮与路面的附着作用,产生路面对车轮的制动力以使汽车减速。

目前各类汽车所用的摩擦制动器可分为鼓式和盘式两大类。前者的摩擦副中的旋转元件为制动鼓,其工作表面为圆柱面。后者的旋转元件则为圆盘状的制动盘,以端面为工作表面。

旋转元件固装在车轮或半轴上,即制动力矩直接分别作用于两侧车轮上的制动器,称为车轮制动器。旋转元件固装在传动系统的传动轴上,其制动力矩须经过驱动桥再分配到两侧车轮上的制动器,则称为中央制动器。车轮制动器一般用于行车制动,也有兼用于第二制动(或应急制动)和驻车制动的。中央制动器一般只用于驻车制动和缓速制动。

1. 鼓式制动器

如图 4-62 所示,鼓式制动器由制动轮缸、左右两个制动蹄、制动鼓和复位弹簧等组成。鼓式制动器的制动鼓以内圆柱面为工作表面,在汽车上应用广泛。鼓式制动器都采用带摩擦片的制动蹄作为固定元件。位于制动鼓内部的制动蹄在一端承受促动力时,可绕其另一端的支点向外旋转,压靠到制动鼓内圆面上,产生摩擦力矩。鼓式制动器可以分为以液压制动轮缸作为制动蹄促动装置的轮缸式制动器,还有用凸轮促动装置的凸轮式制动器等。

2. 盘式制动器

盘式制动器(实物如图 4-63 所示)摩擦副中的旋转元件是以端面工作的金属圆盘,此圆盘称为制动盘。其固定元件则有着多种结构形式,大体上可分为两类。一类是工作面积不大的摩擦块与其金属背板组成的制动块,每个制动器中有 2~4 个。这些制动块及其促动装置都装在横跨制动盘两侧的夹钳形支架中,总称为制动钳口。这种由制动盘和制动钳组成的制动器,称为钳盘式制动器。另一类是固定元件的金属背板和摩擦块也呈圆盘形,使用这种固定元件,因其制动盘的全部工作面可同时与摩擦块接触,故该制动器称为全盘式制动器。

图4-62 鼓式制动器实物图

图4-63 盘式制动器实物图

钳盘式制动器又可分为定钳盘式和浮钳盘式两类。定钳盘式制动器的制动钳固定安装在车桥上,既不能旋转,也不能沿制动盘轴线方向移动,因而必须在制动盘两侧都装设制动块促动装置,以便分别将两侧的制动块压向制动盘。定钳盘式制动器中液压缸的结构与制造工艺都与一般制动轮缸相近,但是这种制动器存在着结构复杂、制动液容易受热汽化、若要兼用于驻车制动,则必须加装一个机械促动的驻车制动钳等缺点,因此定钳盘式制动器没有浮钳盘式制动器应用得广泛。

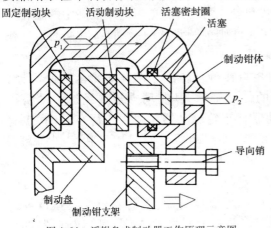
图4-64 浮钳盘式制动器工作原理示意图

浮钳盘式制动器工作原理如图4-64所示,制动钳支架固定在转向节上,制动钳体与支架可沿导向销轴向滑动。制动时,活塞在液压力p_1的作用下,将活动制动块推向制动盘。与此同时,作用在制动钳体上的反作用力p_2推动制动钳体沿导向销向右移动,使固定在制动钳体上的制动块压靠到制动盘上,于是,制动盘两侧的摩擦块在p_1和p_2的作用下夹紧制动盘,使之在制动盘上产生与运动方向相反的制动力矩,促使汽车制动。

三、防抱死制动装置

当车轮抱死滑移时,车轮与路面间的侧向附着力将完全消失。如果是前轮(转向轮)制动到抱死滑移而后轮还在滚动,汽车将失去转向能力(跑偏)。如果是后轮制动到抱死滑移而前轮还在滚动,即使受到不大的倒向干扰力,汽车也将产生侧滑现象。这些都极易造成严重的交通事故。因此,汽车在制动时不希望车轮制动到抱死滑移,而是希望车轮制动到边滚边滑的滑动状态。因为由试验得知,汽车车轮的滑动率在15%～20%时,轮胎与路面间有最大的纵向附着系数,而侧向附着系数也较大,如图4-65所示。所以,为了充分发挥轮胎与路面间的这种潜在附着能力,目前在大多数轿车、大客车和重型货车上都装备了防抱死制动系统,简称ABS。

防抱死制动装置一般由前后轮速度传感器、电子控制器(ECU)和制动压力液压调节器三部分组成。其组成和布置如图4-66所示。

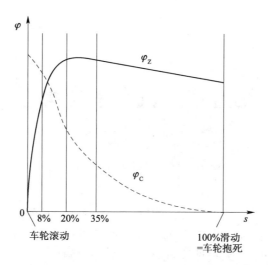

图 4-65 滑移率-附着系数曲线

四个轮速传感器分别将各车轮的信号传给电子控制器,经电子控制器运算得出各车轮的滑移率,并根据滑移率控制各轮缸的油压。当滑移率在8%~35%时,车辆的纵向附着力和侧向附着力都较高(参看图4-65),将这一附着区域内汽车制动的有关参数预先输入到防抱死制动装置的控制系统,控制器可随机地根据实际制动工况进行判断,给执行机构发出动作指令,使车轮的滑移率控制在这一最佳工作范围内,使各车轮制动到不抱死的极限状态。因此,汽车制动时,既不"跑偏"又不"甩尾"。

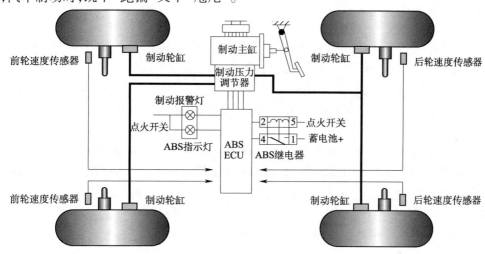

图 4-66 防抱死制动装置组成示意图

第五章 汽车车身构造

第一节 汽车车身

汽车车身是容纳驾驶人、乘客和货物的场所。车身应具备驾驶人有良好的操作条件,给乘客提供舒适的乘坐条件,使他们能够抵御汽车行驶时的振动、噪声、废气的侵袭以及外界恶劣气候的影响,并保证完好无损地运载货物且装卸方便。车身结构和设备还应保证行车安全和减轻事故后果。车身应保证汽车具有合理的形状,在汽车行驶时能有效地引导周围的气流,减小阻力以提高汽车的动力性和燃料经济性,还应保证汽车行驶稳定性和改善发动机的冷却条件,并使室内通风良好。

汽车车身结构应包括车身壳体、车前板制件、车门、车窗、车身外部装饰件和内部装饰件、车身附件、座椅以及通风、暖气、冷气、空气调节装置等。在货车和专用汽车上,还包括货厢和其他设备。

一、车身壳体

车身壳体是一切车身部件的安装基础,通常指纵、横梁和立柱等主要承力部件以及与它们连接的板件共同组成的刚性空间结构。客车车身多数具有明显的骨架,而轿车车身和货车驾驶室则没有明显的骨架,车身壳体通常还包括在其上敷设的隔声、隔热、防振、防腐、密封等材料及涂层。车身壳体按照受力情况分类,有非承载式、半承载式和承载式(或称全承载式)三种。

非承载式车身通过弹簧或橡胶垫与车架作柔体连接。在这种情况下,车架是安装汽车各个总成和承受各种载荷的基体,而安装在车架上的车身不足以加固车架及分担其载荷。

半承载式车身用螺栓连接、铆接或焊接等方式将车身与车架作刚性连接。在这种情况下,车架仍是安装汽车各个总成和承受各种载荷的基体,而车身在一定程度上有助于加固车架并分担车架的载荷。承载式车身的特点是汽车没有车架,车身就作为安装汽车各个总成和承受各种载荷的基体。

大多数轿车和部分客车通常采用承载式车身结构,以充分利用车身壳体构件的承载作用,减小整车质量。货车驾驶室只占汽车长度的小部分,不可能采用承载式结构。少数高级轿车如果为了提高汽车的舒适性,减轻发动机及底盘各总成工作时传来的振动及汽车行驶时由路面通过车轮和悬架传来的冲击,则可采用非承载式车身结构。

二、轿车车身和货车驾驶室

轿车车身和货车驾驶室都没有明显的骨架,而是由外部覆盖件和内部板件等焊合而成的空间结构。

图 5-1 所示为捷达轿车车身壳体,是典型的承载式车身结构形式。纵向承力构件有前纵梁、门槛、地板通道、后纵梁、上边梁和前挡泥板加强撑。横向承力构件有前座椅横梁、地板后横梁、前风窗框上横梁、前风窗框下横梁、后风窗框上横梁、后窗台板和后围板。垂直承力构件有前立柱、中立柱、后立柱等。车身主要板件有前挡泥板、前地板、后地板、前围板、顶盖、后轮罩和后翼子板等。

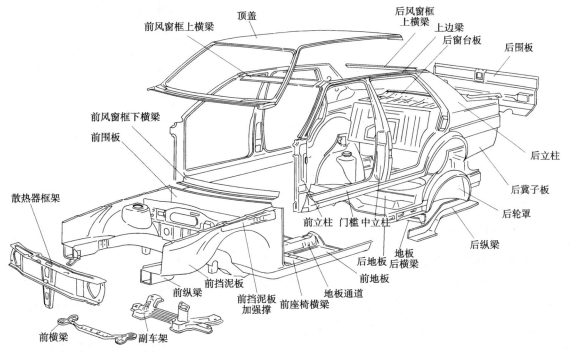

图 5-1 捷达轿车的车身壳体

上述构件和板件经过周密筹划后,利用搭接、翻边连接等方式按预定的先后顺序点焊组装,最后由后地板总成、左、右侧围总成、前地板与前围总成、顶盖等拼装焊合成完整的空间结构。

现代轿车的承载式车身壳体前部都有副车架,在副车架上安装发动机、传动系统、前悬架和前轮,组合成便于装配和维修的整体。副车架与承载式车身壳体前部底面用弹性橡胶垫连接,以隔离振动和冲击,提高车身的舒适性。

非承载式轿车车身与承载式轿车车身在结构上有较多相同之处,主要区别是后者较坚固而前者较薄弱。此外,后者前部有较粗大的前纵梁、挡泥板等焊接成的刚性构架,而前者没有。绝大多数货车驾驶室都是非承载式结构,通过 3 点或 4 点弹性悬置与车架连接。

图 5-2 所示是典型的货车驾驶室壳体结构。其纵向承力构件有左门槛和上边梁。横向承力构件有前风窗框上横梁、前风窗框下横梁、后围上横梁和地板后横梁。垂直承力构件有左前立柱和左后立柱。驾驶室主要板件有地板、前围板、前围上盖板、前围左侧盖板、顶盖和后围板等。驾驶室壳体各个部件按顺序分组点焊连接,最后由地板总成、后围总成、前围总成、顶盖等拼装焊合。

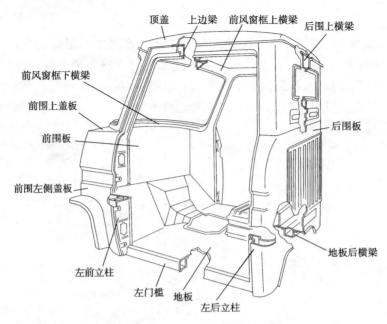

图 5-2　解放 CA1092 型货车驾驶室壳体

三、客车车身结构

客车车身具有规则的厢式形状,故多数有完整的骨架。在客车发展初期,其车身通常由专业化车身厂生产,然后安装在现成的货车底盘车架上,故一般采用非承载式结构。这种结构的优点是便于在同一形式的底盘上安装不同的车身。由于未能充分利用车身构架的承载作用,汽车质量过大就成了这种结构的主要缺点。

图 5-3 所示是承载式客车车身结构,其底架采用若干薄钢板制成的纵格栅和横格栅,以取代笨重的车架。格栅是高度较大的桁架结构,因而车内两侧地板也较高,只能布置座席而不可能布置立位,而座席下方高大的空间可用作行李舱,故适用于大型长途客车。整体承载式结构的特点是所有的车身壳体构件(包括外蒙皮和内蒙皮)都参与承载。这种车身经过精心设计,使各构件承载时相互牵连和协调,充分发挥材料的最大潜力,使车身质量最小而强度、刚度最大。

四、车门和车窗

车门是车身上重要的部件之一。通常按开启方法分为顺开式、逆开式、水平滑移式、折叠式、上掀式、外摆式和旋翼式等类型。

图 5-4 所示为几种车门的形式。顺开式车门即使在汽车行驶时仍可借气流的压力关上,比较安全,故被广泛采用。逆开式车门在汽车行驶时有可能被迎面的气流冲开,因而用得较少。水平滑移式车门的优点是车身侧面与障碍物距离较小时仍能全部开启。折叠式车门结构简单,广泛应用于大、中型客车上。与折叠式车门相比,外摆式车门对车身外表面的随形性较好,但车门的内表面易被污染。上掀式车门广泛用于轿车和轻型客车的背门,有时也用于低矮的汽车。

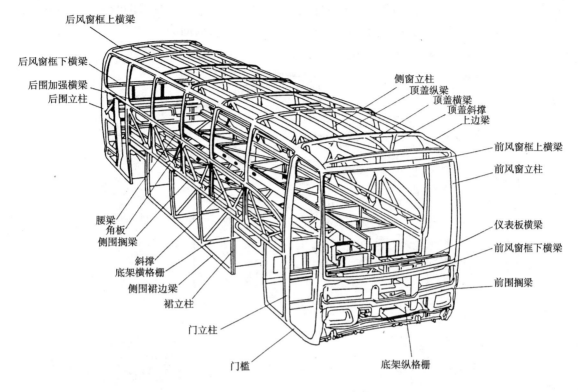

图 5-3 奔驰大客车的承载式车身骨架

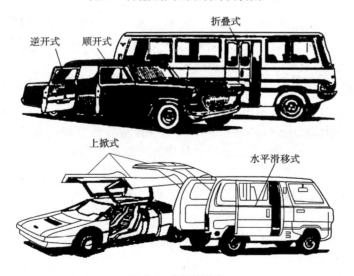

图 5-4 车门的形式

在有些大型客车上，还备有加速乘客撤离事故现场以及便于救援人员进入的安全门。图 5-5 所示为广泛应用于轿车和货车驾驶室的车门。

门内板是门的支承基体，在其上装有三角通风窗，升降玻璃及其导轨，玻璃升降器手柄，门锁及其内手柄，门铰链及开度限位器，还有门外板及门锁外手柄等。车门前部借助于两个门铰链安装在车身上。现代汽车广泛采用隐入车身内部的暗铰链。在解放 CA1092 型货车的门铰链上,还装有开度限位器。开度限位器可限制车门的最大开度,还可使车门停留在某一开度。车门的后部有门锁,使车门关闭时能承受横向力和纵向力。

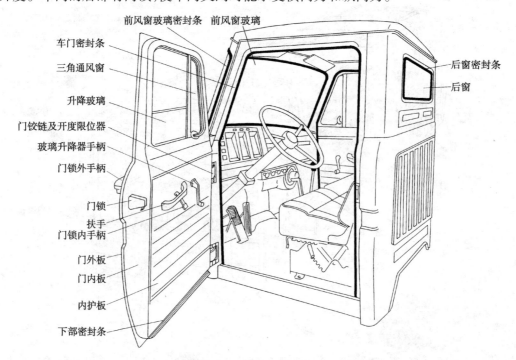

图 5-5　解放 CA1092 型货车驾驶室的车门及车窗

在汽车行驶时,车身壳体将产生反复的扭转变形。为避免在此情况下车门与门框摩擦产生噪声或被门框卡住,车门与门框之间留有较大的间隙,靠橡胶密封条将间隙封住。在车门关闭时,密封条处于挤压状态并将间隙封严。

汽车的前、后窗通常采用有利于视野而又美观的曲面玻璃。图 5-5 的前、后窗借助橡胶密封条扣在窗框上。有的汽车采用专门的黏结剂将前、后窗贴在车身上。为便于自然通风,汽车的侧窗可上下移动或前后移动,在移动玻璃与窗框导轨之间装有植绒橡胶密封槽。许多汽车的前门还装有三角通风窗,以加强自然通风。侧窗玻璃采用茶色或隔热层,可使室内保温并有安闲宁静的舒适感。具有完善的冷气、暖气、通风及空调设备的高级客车,常常将侧窗设计成不可开启式,以提高车身的密封性。

第二节　车身附属装置及安全防护装置

一、通风及冷暖气装置

在汽车行驶时必须保证室内通风,即对汽车室内不断充入新鲜空气,驱排混有尘埃、二氧化碳及来自发动机的有害气体。在寒冷的冬季,还应对新鲜空气加热,以保证车内温度适宜。

不依靠风机而利用汽车行驶的迎面气流进行车内空气交换的办法,称为自然通风。在汽车行驶过程中,既要保证通风又要避免急速的穿堂风,以免乘员受凉。自然通风可依靠车身上的进、出风口和装在车门上的升降玻璃窗和三角通风窗实现。进风口通常布置在前风窗玻璃下沿前方或车身前围两侧。出风口通常布置在车身侧面向后部的拐角处。三角通风窗可绕垂直转轴调节开度,使空气在其附近形成涡流并绕车窗循环流动。

图 5-6 所示为北京 BJ2020 型轻型越野汽车的通风及暖气联合装置。车外空气经过前围通风孔盖被风机送入室内进行强制通风。在寒冷季节,则可将热水开关(装在发动机汽缸盖上)开启,使热水导入暖气散热器对空气加热,然后将加热的空气经由暖气出口导入室内或经由软管和及喷嘴和导向风窗玻璃进行除霜。强制通风方法比自然通风更有效,并可用过滤办法保证空气更加洁净。

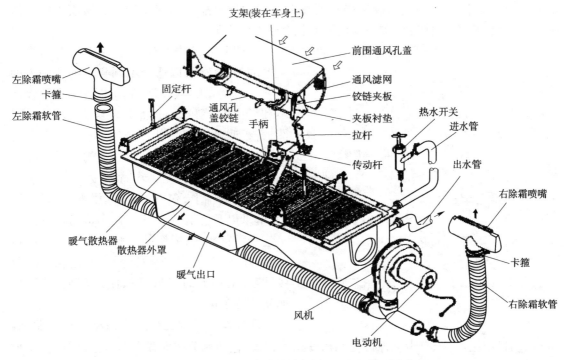

图 5-6 北京 BJ2020 型轻型越野汽车的通风及暖气联合装置

许多汽车装有冷气装置,其作用是在车外环境温度较高时降低车内温度,使乘客感到凉爽舒适。冷气装置工作时,必须使汽车的门、窗和后部行李舱紧闭以保证室内良好的密封。

冷气装置的制冷原理可简述如下:液体汽化时需要吸收热量,而气体液化时则放出热量。减小或加大压力也可以使液体汽化或气体液化。为便于理解,可把制冷循环分成两个步骤:第一步是降低压力,使制冷工质从液态变为气态,同时吸收空气中的热量使空气降温,即制冷过程;第二步是将低压工质压缩并使之冷凝成液态,放出热量,亦即使工质还原为备用的液态的过程。

二、座椅

座椅是车身内部的重要装置。座椅的作用是支承人体,使驾驶操作方便和乘坐舒适。座椅由骨架、坐垫、靠背和调节机构等部分组成。座椅骨架常用轧制型材制造或用钢板冲压焊接而成,并用螺栓直接固定或通过座椅调节机构与车身连接。坐垫和靠背的形状应与人体相适应,以使人体与座椅接触的压力合理分布。坐垫和靠背中部常常略为凹陷,其表面制成凹入的格线,以提高人体的附着性能且改善透气性。

坐垫和靠背的覆饰材料应具有美观、强度高、耐磨、阻燃等性能。座椅面料采用富有弹性的针织布料,能很好地适应座椅在人的体重作用下的反复变形。毛织物可增加吸湿性和透气性,其原料以纯羊毛最好,但价格较昂贵。真皮座椅面料不但耐用,而且显得高雅,适于高级轿车。普通汽车的座椅面料常采用人造革或连皮发泡塑料,以便于擦拭。

坐垫和靠背的弹性元件应保证弹性特性适当。弹性元件分为金属和非金属两大类。金属弹性元件由弹簧钢丝绕制成螺旋弹簧或S形弹簧,绷在座椅骨架上。非金属弹性元件广泛采用聚氨酯泡沫塑料,用以制造坐垫或靠背芯子的聚氨酯泡沫塑料是在金属模子中发泡成所需形状,其密度、刚度可按需要调配并且有较好的阻尼。

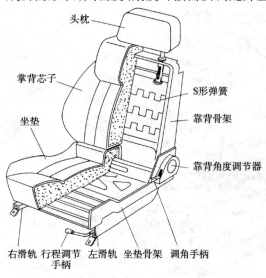

图 5-7 驾驶人座椅示意图

座椅调节机构的作用是改变座椅与操纵装置的相对位置,以适合不同身材的驾驶人的需要。最基本的两种调节方法是座椅行程调节和靠背角度调节。图 5-7 为驾驶人座椅示意图,行程调节装置可使座椅在左、右两根滑轨上前后移动,定位方法是使移动的卡爪与固定的齿条上某个齿扣紧。靠背角度调节器装在靠背的倾翻轴上,包括内部的发条状弹簧、齿轮、卡爪以及手柄等。发条状弹簧两端分别与坐垫和靠背相连,力图使靠背前倾。靠背调角时,装在倾翻轴上的齿轮亦随之转过相同的角度,装在坐垫上的卡爪可扣住齿轮某个齿,从而使靠背定位。

座椅调节机构也可采用微型电动机驱动。最先进的"记忆座椅"有十多种行程和角度调节方式,包括调节转向盘和后视镜的倾角,这种座椅有调节按钮以及电子记忆装置,可记忆3个驾驶人所需的调节方式。驾驶人就座后,开动记忆装置就可操纵微型电动机,按预先设定的位置完成十多项调节。

三、安全防护装置

安全防护装置是现代汽车结构的重要组成部分。在发生汽车碰撞事故时,安全防护装置能有效地减轻人员的伤亡和汽车的损坏。

1. 车外防护装置

1) 车身壳体结构防护措施

根据碰撞安全性的要求,车身壳体的正确结构应该是:使乘客舱具有较大刚度,以便在碰撞时尽量减小变形;同时使车身的头部、尾部等其他离乘员较远的部位的刚度相对较小,在碰撞时得以产生较大变形而吸收撞击能量。显然,如果车身乘客舱按照汽车的行驶载荷来设计,其刚度就显得不足,还需要按碰撞安全性的要求进行重点加强。乘客舱容易加固的是地板、前围板、后围板等宽大的部件。门、窗的周边则是薄弱环节,但风窗立柱和中立柱的断面尺寸又不宜过大,只能在其内部贴上较厚的加强板。在汽车碰撞时,为避免整个乘客舱的构架产生剪切变形或坍塌,最重要的是加固门、窗框周边的拐角部位,可在其上贴加强板或加大拐角处的过渡圆角。

要使乘客舱获得必要的刚度,不能仅靠局部补强的办法,而应就整个车身结构受力方式通盘考虑。众所周知,杆件或梁在弯曲时变形较大而在拉伸或压缩时变形较小,因此车身客舱构件应合理布置,使之尽量少承受弯曲载荷。在汽车头部或尾部受撞击时,可通过倾斜构件将力传至客舱纵向构件,使之尽可能承受压缩或拉伸。

为了使车身头部和尾部刚度较小,可以在粗大的构件或强固的部件上开孔或开槽来削弱其刚度,或者改变构件的形状,使其在碰撞时承受弯曲载荷。例如,现代承载式轿车车身的前纵梁较粗大,往往有意设计成弯折形或Z字形,以便在碰撞时折叠并吸收冲击能量。为使乘客舱侧面较强固以便承受较大的撞击力,车身门槛通常较粗大,并用横梁将左右两根门槛连接起来共同受力。此外,门腔内部通常还设置防撞杆。

2)保险杠及护条

汽车的最前端和最后端都有保险杠,许多轿车车身左右两侧还设有纵贯前后的护条。保险杠和护条的安装高度应符合法规,以便汽车相撞时两车的保险杠或护条能首先接触。保险杠的防护结构应包括:减轻行人受伤的软表层,主要由弹性较大的泡沫塑料制成;能吸收汽车一部分撞击能量的装置,如金属构架、塑料或半硬质橡胶的缓冲结构、液压或气压装置等。

3)汽车其他外部构件

除了保险杠外,经常撞伤行人的构件主要有:前翼子板、前照灯、发动机罩、车轮、风窗玻璃等。这些构件不应尖锐、坚硬,最好是平整、光滑而富有弹性。某些轿车包括保险杠在内的整个正面均用大块聚氨酯泡沫塑料制成,并将发动机罩顶面用软材料包垫,以提高安全性。

2.车内防护装置

汽车碰撞时,其速度迅速下降,而乘员的身体仍以较大的惯性向前冲,就有可能撞到前面的转向盘、仪表板、风窗玻璃上,引起伤亡,而安全带和安全气囊正是避免乘员身体与其前面的构件相撞的两种常用的防护装置。

1)安全带

安全带是最有效的防护装置,可以大幅度地降低碰撞事故的伤亡,这一点已被大量使用实践所证明。图5-8所示是最常用的三点式安全带。带子由结实的合成纤维织成,包括斜跨前胸的肩带和绕过人体胯部的腰带。在座椅外侧和内侧地板上各有一个固定点,第三个固定点位于座椅外侧车身支柱的上方。带子绕过上方固定点的环状导向板,伸入车身支柱内腔并卷在支柱下部的收卷器内。乘员胯部内侧附近有一个插扣,由插板和锁扣两部分组成。该两部分插合后,即可将乘员约束在座椅上。按下锁扣上的红色按钮就能解除约束。

收卷器有多种结构形式,功能较完备的是紧急锁止式收卷器。该结构在正常情况下,安全带对人体上部不起约束作用,当乘员向前弯腰时,带子可从收卷器经由上方固定点的导向板拉出;而当乘员恢复正常坐姿时,收卷器又会自动把多余的带子卷起,使带子随时保持与人体贴合。但当遇到紧急情况时,即汽车减速度超过预定数值或车身严重倾斜时,收卷器会将带子卡住而对乘员产生有效的约束。

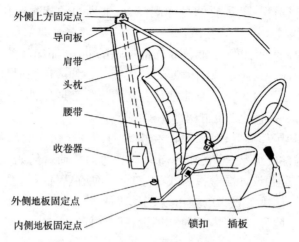

图 5-8　三点式安全带与头枕

2)气囊系统

气囊系统如图 5-9 所示,包括右前方传感器、左前方传感器、中部传感器总成、气体发生器和气囊等部件。气囊平时折叠在转向盘毂内或仪表板内,必要时,可在极短时间内充满气体呈球形,以对人体产生缓冲作用。

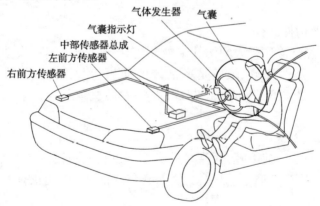

图 5-9　气囊系统示意图

气囊通常采用氮气充气,氮气由气体发生剂燃烧产生。气体发生器如盒状,连接在气囊的下方,其中心装有引燃器和点火剂,周围是填充气体发生剂的燃烧室,燃烧所产生的大量气体通过冷却层降温,继而经由过滤层控制流动,进入气囊。前方传感器、左前方传感器、和中部传感器总成传感器判断系统用以判定碰撞的强烈程度,决定是否向气体发生器发出点火指令。

3)安全玻璃

汽车正面或侧面碰撞时,乘员头部往往撞击风窗玻璃或侧窗玻璃而受伤,并且玻璃碎片还会使脸部和眼睛受伤。目前,在汽车上广泛应用的安全玻璃有两种:钢化玻璃和夹层玻璃。钢化玻璃是在炽热状态下使其表层骤冷收缩,从而产生预应力强度较高的玻璃。汽车用的夹层玻璃中间层比普通夹层玻璃要加厚一倍,具有较高的冲击韧度,称为高抗穿透性夹层玻璃。国产的车用夹层玻璃的中间层材料,通常用韧性较好的聚乙烯醇缩丁醛。

钢化玻璃受冲击损坏时,整块玻璃出现网状裂纹,脱落后分成许多无锐边的碎片,高抗穿透性夹层玻璃损坏时,内、外层玻璃碎片仍黏附在中间层上。中间层韧性好,在承受撞击时拱起,从而吸收一部分冲击能量,起缓冲作用。大量事故调查表明,钢化玻璃与高抗穿透性夹层玻璃相比,前者有较高的伤亡率。采用钢化玻璃的前风窗破裂成细小网状裂纹后,透明度降低并严重影响驾驶人前方视野。由此可见,现代汽车的前风窗应尽可能采用夹层玻璃。

4) 门锁与门铰链

在现代汽车上,门锁和门铰链应有足够的强度,能同时承受纵、横两个方向的撞击载荷而不致使车门开启,避免了乘员被甩出车外而受重伤或死亡的危险。此外,在事故发生后,门锁应不失效而使车门仍能被打开。目前,在汽车上已广泛使用的是同时承受纵、横向载荷的转子卡板式门锁。

四、专用货厢

普通闭式货厢的货车[图5-10a)]通常用来运输日用百货、食品等易污损物品。装有某些运输易腐食品的闭式冷藏货厢,用绝热材料包垫并设有制冷设备。运输液体的汽车通常在其后部有圆筒状容罐,液体由顶部注入,通过下部的阀门流出或用液体泵排出。运输油类的容罐车应使发动机排气管远离油罐,并使各金属部件相互接通以及用悬链接地,以防车体积存静电荷。粉状货物容罐车[图5-10b)]的推广已逐渐取代袋装货物的落后装卸方法。装货时将气密罐顶部的盖子打开,使开口与仓库的漏斗对准,以便粉状货物注入罐内。汽车备有压气装置,可使粉状货物悬浮并在较短时间内(约10min)经由下部的橡胶管安全排出。

倾卸式货厢[图5-10c)]适于运输砂土、矿石类货物,汽车备有液压举倾机构,以使货厢倾斜成卸货必需的角度。在货厢前部伸出足以遮住驾驶室的护板。在寒冷的冬季,为避免湿砂土冻结,货厢用废气加热,使货厢全部凸肋的内腔连接并自发动机排气管引入高温废气。

a) 闭式货厢货车

b) 气力吹卸式散装水泥罐车

c) 倾斜式货厢货车

图5-10 装有专用货箱的货车

平台式货车具有钢板制成的大型平面货台并有较多的支持车轮,适于运输大件货物(例如大型机器、建筑用预制构件等)。

集装箱运输是一种先进的运输方式,便于铁路、公路、水路和航空联运以及国际联运。集装箱可以连同货物从一种运输工具上迅速转移到另一种运输工具上,而不需要将其内部货物重新装卸,故具有保证货物完好、减少装卸工作量和加速货物周转从而降低运输成本等许多显著的优点。

集装箱有多种规格,其外廓尺寸和吊装尺寸等均应符合国家标准或国际标准。如图5-11所示,集装箱由两个侧壁、两个端壁、顶板和底板组成。其边缘有4根侧梁、4根端梁、4根角柱与8个角件牢固连接,每个角件的三面都开有标准尺寸的孔洞,以便吊装机具操作,两根下侧梁的中部还开有供叉车搬运的叉槽。

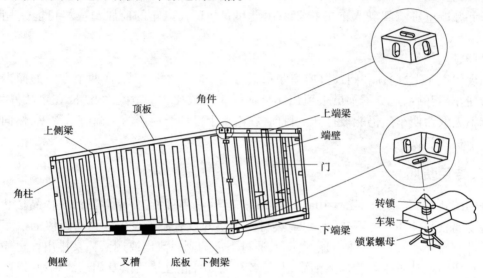

图5-11 集装箱结构示意图

集装箱运输车的车架上有专门的转锁,可将集装箱下部4个角件扣紧在车架上,集装箱还有敞顶式、平板式、无侧壁式、容罐式、冷藏保温式等形式。集装箱结构牢固,能承受各种作业工况(吊顶、吊底、叉运、栓缚等)的载荷,特别是5、6层集装箱堆码的重压。集装箱堆码时,上下两层集装箱的角件必须对准并用转锁相互扣紧。

第三节 汽车仪表及照明

一、汽车仪表

为了使驾驶人能够随时掌握汽车及各系统的工作情况,在汽车驾驶室的仪表板上装有各种指示仪表及各种报警装置,例如灯光开关、车速-里程表、冷却液温度表、发动机转速表、雾灯开关、后风窗加热开关、应急灯开关、熔断器保护壳、转向信号灯、喇叭按钮、风窗刮水器拨杆、收音机和点烟器等。

1. 车速-里程表

车速-里程表是由指示汽车行驶速度的车速表和记录汽车所行驶过距离的里程计组成的,二者装在共同的壳体中,并由同一根轴驱动。其构造如图5-12所示。

车速表是利用磁电互感作用,使表盘上指针的摆角与汽车行驶速度成正比。在表壳上装有刻度的表盘。指针装在由两个轴承支承着并伸出表盘的指针轴上。轴的内端固定在指针活动盘的中心。转动的永久磁铁与驱动轴相连。驱动轴的另一端制成方头,用软轴与变速器第二轴后端的车速表驱动蜗轮轴连接。汽车行驶时,车速-里程表驱动轴带着永久磁铁旋转,由于电磁感应,在指针活动盘内产生感应电流(涡流),因为磁铁的磁场与指针活动盘中涡流产生的磁场相互作用,就使指针活动盘与永久磁铁同向转动,同时指针也随之一同转动。

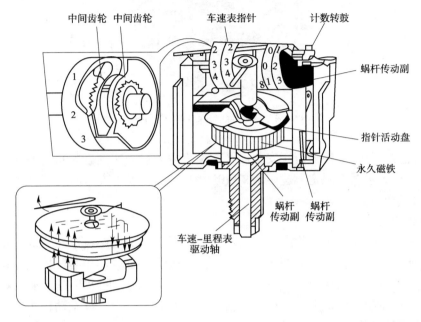

图 5-12 车速-里程表

为了使指针能根据不同车速停留在不同位置上,在指针轴上装有游丝(弹簧),游丝的另一端固定在铁壳的架上。当指针活动盘转动时,游丝被扭紧而产生一个反力矩。当游丝作用在指针活动盘上的反力矩与永久磁铁带动指针活动盘转动的力矩相等时,指针活动盘便稳定在某一位置,指到相应的车速刻度。永久磁铁转动的速度和汽车行驶速度成正比。当汽车行驶速度增大时,在指针活动盘内感应的电流也随之增大,相应地驱动指针活动盘的力矩也将按比例地增加,使指针摆动更大的角度。因此,车速不同,指针便可指出不同的读数。

里程计是由若干个计数转鼓及其转动装置组成的。为了使用方便,有的车速-里程表同时设有总里程计和单程里程计,如图 5-13 所示。总里程计用来记录汽车累计行驶里程,单程里程计用来记录汽车单程行驶里程,单程里程计可以随时复位至零。

图 5-13 所示的总里程计共有 6 个计数转鼓,每个转鼓上有 0~9 共 10 个数字。计数转鼓一般由锌合金制成,通过青铜衬套浮套在转鼓轴上。驱动轴通过一系列蜗杆蜗轮传动副驱动最右边第一个计数转鼓。两个相邻的转鼓间有中间传动齿轮,支承在固定于转鼓轴上的支架上,并可相对支架自由转动。传动齿轮左边与转鼓内齿经常啮合。其右边齿长短不一,而每一转鼓左边只有两个齿,以此保证只有当右边转鼓鼓面上数字从"9"字转到"0"字时,此两齿才与传动齿轮右边的长齿啮合,通过中间传动齿轮带动相邻的左边转鼓转过一格,亦即保证右边转鼓与相邻左边转鼓的传动比为 10∶1,即十进位。最右边转鼓每一格代表 0.1km,第二转鼓每一格即代表 1km,第三转鼓每一格代表 10km。

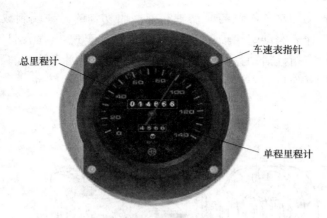

图 5-13　带总里程计和单程里程计的车速里程表

2. 车速报警装置

车速报警装置是为了保证行车安全而在车速表内装设的速度音响报警系统。如果汽车行驶速度达到或超过某一限定车速(例如 110km/h)时,则车速表内的速度开关使蜂鸣器电路接通,发出声音报警。

3. 机油压力表

机油压力表是在发动机工作时指示发动机润滑系统主油道中机油压力大小的仪表。线圈并联式机油压力表工作过程如图 5-14 所示,它包括油压指示表和油压传感器两部分。油压指示表位于驾驶室仪表板上,内有电感不同的主线圈和副线圈及指针。油压传感器则安装在发动机润滑系统主油道上,内有膜片、滑动触点及电阻。当汽车发动机主油道的油压增高时,油迅速推动膜片弯曲,使滑动触点向左滑动,电阻值减小,故通主线圈的电流增大,这时电流通过主线圈和副线圈的合成磁场使指针偏向右侧,指示出相应的油压。

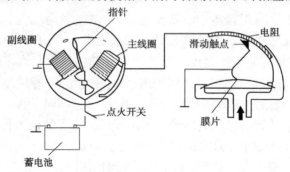

图 5-14　机油压力表示意图

4. 燃油表及燃油低油面报警装置

燃油表用以指示汽车燃油箱内的存油量。图 5-15 所示为目前汽车上常用的电热式燃油表示意图。

燃油表由带稳压器的燃油面指示表和油面高度传感器组成。电流自蓄电池经稳压器的双金属片、燃油面指示表的电阻丝、油面高度传感器的可变电阻和滑动接触片触头回到蓄电池而组成闭合回路。当燃油箱中的油面高度为零时,油面上的浮子位置最低,其滑动接触片触头位于可变电阻的右端,这时传感器输出阻值最大而回路的电流最小,指示表的电阻丝只散发出微小的热量,使得双金属片产生少量的热变形。燃油表指针相应地指在"0"刻度线上。随着油面高度的增加,滑动接触片触头逐渐左移,致使传感器输出阻值随之减小而回路电流随之增大,燃油表指针也因双金属片的热变形增大而逐渐向右偏转,指示出相应的读数。当燃油充满油箱时,回路的电流达到最大,指针指到最右边的"1"刻度线上。

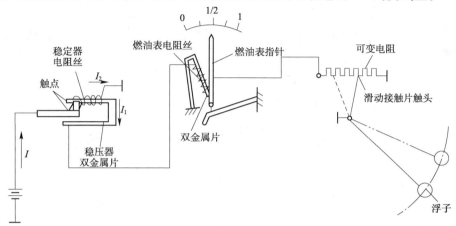

图 5-15　电热式燃油表示意图

电热式燃油表所需要的脉冲电流是由稳压器保证的。如图 5-15 所示回路电流 I 流经稳压器的一对触点后被分为两支分流:一支流经燃油面指示表和燃油面传感器回路的工作电流 I_1;另一支是流经稳压器电阻丝的控制电流 I_2。电源的电压一定时,I_2 值保持恒定。由于稳压器的电阻丝通过电流时将发热,并将热量传给双金属片,使之受热向上挠曲,故此时两触点分开,两支路均被切断。

而后,双金属片因冷却恢复原位,两支回路又同时接通。因此,燃油表回路电流 I_1 是脉冲电流。当电源电压稳定时,脉冲电流的频率将保持不变,这时脉冲电流的平均电流值将随着油面高度不同而变化,平均电流值基本上不受电源电压波动的影响。当蓄电池电压高时,稳压器的控制电流 I_2 将增大,稳压器的双金属片热变形相应加大,便两触点分开的时间延长,且脉冲电流的频率减小。因此,虽然接通时的电流 I_1 值变大,但其平均电流值仍能保持基本稳定。反之,当蓄电池电压低时,虽然接通时电流 I_1 减小,但由于脉冲的频率增加及触点闭合时间的如长,其平均电流值仍然是基本稳定的。

5. 冷却液温度表

冷却液温度表的功用是指示发动机汽缸盖水套内冷却液的工作温度,实物图如图 5-16 所示。冷却液温度表从结构上可分为电热式和电磁式两种。奥迪 100 型、捷达和桑塔纳等轿车均采用电热式冷却液温度表。电热式冷却液温度表由热敏电阻式冷却液温度传感器和带稳压器的冷却液温度指示表组成。当冷却液的温度升高时,热量经传感器的铜管传至热敏电阻,使之受热而其阻值下降,因此电路回路的总阻值也随

图 5-16　汽车冷却液温度表实物图

之减小。这时流过冷却液温度指示表的电阻丝的电流平均值相应地增加,双金属片便发生挠曲并带动指针转动。双金属片挠曲度和冷却液温度呈单值线性函数关系,因此指针转角可以相应地指示冷却液温度。

6. 电流表及充电指示灯

电流表用以指示蓄电池充电和放电的电流值。电流表的工作原理如图5-17所示,电流表内的黄铜片固定在绝缘底板上,两端与接线柱相连,下面夹有永久磁铁。在轴上装有带指针的软铁转子。

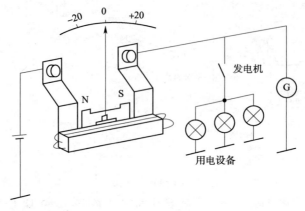

图5-17 电流表工作原理

当没有电流通过电流表时,软铁转子在永久磁铁的作用下被磁化,其极性与永久磁铁的极性相反,因两者的两端互相吸引,使指针保持在中间刻度"0"的位置。当蓄电池放电电流通过黄铜片时,在铜片的周围产生磁场。其方向与永久磁铁的磁场相垂直,在这两个磁场的合成磁场作用下,软铁转子及指针向电流表的"-"刻度方向偏转一个角度,指示出放电电流值。电流值越大,软铁转子的偏转角越大。若有反向电流(即充电电流)通过黄铜片时,则指针向"+"刻度方向偏转,指出相应的充电电流值。

二、汽车照明及信号装置

为了保证汽车行驶安全和工作可靠,在现代汽车上装有各种照明装置和信号装置,用以照明道路、标示车辆宽度、照明车厢内部及仪表指示和夜间检修等。此外,在转弯、制动和倒车等工况下,汽车还应发出光信号和音响信号。

1. 照明装置

前照灯是汽车在夜间行驶时照明前方道路的灯具,它能发出远光和近光两种光束。在无对方来车的道路上,汽车以较高速度行驶时使用远光,远光应保证在车前100m或更远的路上得到明亮而均匀的照明;近光则是在会车时和市区明亮的道路上行驶时使用。会车时,为了避免使迎面来车的驾驶人炫目而发生危险,前照灯应该可以将强的远光转变成光度较弱而且光束下倾的近光。

前照灯可分为二灯式和四灯式两种。前者是在汽车前端左右各装一个前照灯;而后者是在汽车前端左右各装两个前照灯。解放CA1091型汽车前照灯为四灯式,半封闭式前照灯的结构如图5-18所示。

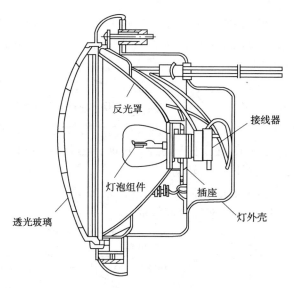

图 5-18 汽车前照灯总成

前照灯主要由灯泡组件、反光罩和透光玻璃组成。灯泡组件是将电能转变为光能的装置。现代汽车的前照灯都采用双丝灯泡。远光灯丝位于反光罩的焦点上,近光灯丝位于焦点上方。在近光灯丝下方加有金属遮罩,下部分的光线被遮罩挡住,以防止光线向上反射及直接照射对方驾驶人而引起炫目。反光罩的形状是一旋转抛物面,其作用是将灯泡远光灯丝发出的光线聚合成平行光束,并使光度增大几百倍。透光玻璃是许多透镜和棱镜的组合体,其上有皱纹和棱格。光线通过时,透镜和棱镜的折射作用使一部分光束折射并分散到汽车的两侧和车前路面上,以照亮驾驶人的视线范围。

前小灯主要用于在夜间会车行驶时,使对方能判断本车的外廓宽度,故又称示宽灯。前小灯也可供近距离照明用。很多公共汽车在车身顶部装有一个或两个标高灯,若有两个,则同时兼起示宽作用。

后灯的玻璃是红色的,便于后车驾驶人判断前车的位置而与之保持一定距离,以免当前车突然制动时发生碰撞。后灯一般兼作照明汽车牌照的牌照灯,有些汽车的牌照灯是单装的,它应保证夜间在车后 20m 处能看清牌照号码。经常在多雾地区行驶的汽车,还应在前部装有光色为黄色的雾灯,越野汽车往往还在车身前部装有防空灯,其特点是灯上部有伸出的灯罩,以免被在空中发现。

车身内部的照明灯特别要求造型美观、光线柔和悦目。它包括驾驶室顶灯、车厢照明灯、轿车中的车门灯和行李舱灯等。为了便于夜间检修发动机,还设有发动机罩下灯。为满足夜间在路上检修汽车的需要,车上还应备有带足够长灯线的工作灯,使用时临时将其插头接入专用的插座中。驾驶室的仪表板上应有仪表板照明灯。

2. 信号装置

1)转向信号灯及转向信号闪光器

转向信号灯分装在车身前端和后端的左右两侧。由驾驶人在转向之前,根据将向左转弯或向右转弯,相应地开亮左侧或右侧的转向信号灯,以通知交通警察、行人和其他汽车上的驾驶人。为了在白天能引人注目,转向信号灯的亮度很强。此外为引起对方注意,在转向信号灯电路中装有转向信号闪光器,借以使转向信号灯光发生闪烁。闪烁式转向信号灯可以单独设置,也可以与示宽灯合成一体。在后一种情况下,一般用双丝灯泡,也有的后转向信号灯和后灯合成一体。

转向信号闪光器分为电热式、电容式和晶体管式三种。下面介绍应用较多的电热式闪光器。

电热式闪光器的线路如图 5-19 所示,在胶木底板上固定着工字形铁芯,上面绕有线圈,线圈的一端与固定触点相连,另一端固定在接线柱上。附加电阻由镍铬丝制成,且和镍铬丝串联。汽车不转向时,转向开关处于中间位置,转向信号灯及指示灯的电路均断开。汽车转向时,转向开关向左或向右处闭合,转向信号灯电路接通,电流从蓄电池正极经接线柱、活动触点、镍铬丝、附加电阻、接线柱、转向开关及转向信号灯及指示灯至蓄电池负极而形成回路。由于附加电阻接入回路,故灯泡的亮度较弱。

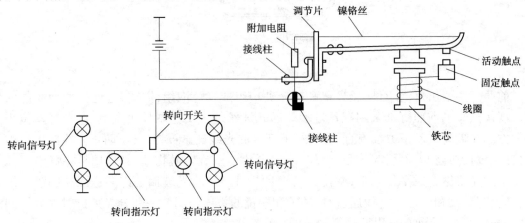

图 5-19　电热式闪光器线路图

经过一段时间后,镍铬丝受热膨胀而伸长,使触点闭合。触点闭合后,电流经闭合的触点、线圈、转向信号灯及指示灯形成回路,镍铬丝和附加电阻被短路。这时线圈中有电流通过,产生电磁力使触点闭合较牢。由于此时电路中的电阻减小,电流增大,故转向信号灯及指示灯发出较亮的光。又经过一段时间后,镍铬丝又冷却收缩使触点重新断开。电流又流经附加电阻,灯光变暗,如此循环,触点反复开闭,附加电阻不断被接入与短路,使通过转向信号灯及指示灯的电流忽大忽小,灯光一明一暗,标示车辆转弯的方向。

2) 制动信号装置

制动信号装置主要由制动信号灯和制动信号灯开关组成。制动信号灯装在汽车后部,在驾驶人踩下制动踏板时即发亮,发出即使在白天也能明显看出的强烈的红光,以提醒后车驾驶人注意。制动信号灯可以单独设置,也可以和后灯合装成一体。

制动信号灯开关装在汽车制动回路中,根据制动能源的不同,可以是液压式或气压式的。液压式制动信号灯开关的结构如图 5-20 所示。当驾驶人踩下制动踏板时,液压管路中的压力增加,迫使膜片上拱,将开关的触点接通,使制动信号灯发亮。气压式制动信号灯开关的作用原理与此类似。有些使用气压制动系统的汽车,在驾驶室仪表板上往往还装有用以指示制动回路中气压的气压表和供能管路低气压报警灯。

3) 倒车信号灯及倒车报警器

倒车信号灯和倒车报警器电路如图 5-21 所示,当倒车时,倒车信号灯发亮,同时报警器的电喇叭发出断续的响声或发出预录的声音,用以警告车后的行人和车辆驾驶人。倒车信号灯及报警器均由装在变速器盖上的倒车信号灯开关控制。

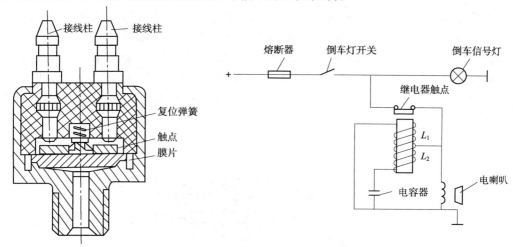

图 5-20 液压式制动信号灯开关　　　图 5-21 倒车信号灯和倒车报警器电路

4)故障停车信号灯

行驶中的汽车因出现故障而停驻在路上时,则安装在汽车上的故障停车信号灯即发出信号,以引起其他行驶车辆的注意。丰田-黛娜型汽车利用其转向信号灯兼作故障停车信号灯,其电路如图 5-22 所示。

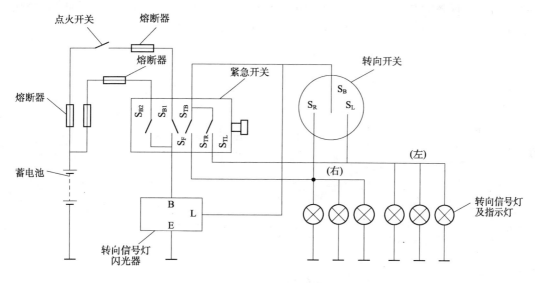

图 5-22 汽车故障停车信号灯电路

当汽车发生故障停车后,驾驶人应拉出紧急开关的手柄,这时紧急开关内部的转向信号闪光开关断开,而左、右转向信号灯开关以及停车信号闪光开关均接通,使汽车前部和后部的左右两个转向信号灯同时发亮并闪烁,表示故障停车。

5)喇叭

为警告行人和其他车辆驾驶人注意交通安全,汽车上都装有声响信号装置——喇叭。

汽车喇叭按其能源分类,有电喇叭和气喇叭两种。我国的交通法规禁止在城市内使用气喇叭。

电喇叭按其外部形状可分为螺旋形、长筒形和盆形三种。按音调又可分为单音、双音和三音喇叭。当装用多音喇叭时,为减少通过喇叭按钮开关的电流和减少线路中的电压降,应加装喇叭继电器。长筒形电喇叭声响传播较远,但所需安装空间较大,目前已很少使用。

盆形电喇叭结构如图5-23所示。它的波长与声源面积之比较小,故声束的发散角也较小,即指向性较好,因而对交通噪声的穿透力较强。其结构特点是不用扬声筒,而用回音板作为共鸣装置。

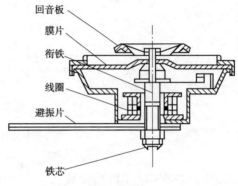

图 5-23　盆形电喇叭

回音板与膜片、衔铁固连在一起。当接通电源后,衔铁被吸下与铁芯碰撞时,使膜片发生振动而产生低频的基音,同时回音板受激励而共振,发出更强的高频谐音。此外,盆形电喇叭所消耗的电流和外形尺寸都比较小,安装也方便,故特别适用于客车及轿车上。

第六章 汽车性能

第一节 汽车动力性

一、汽车动力性评价指标

汽车的动力性是指汽车在良好路面上直线行驶时,由汽车受到的纵向外力决定的、所能达到的平均行驶速度。汽车动力性是汽车各种性能中最基本、最重要的性能,从获得尽可能高的平均行驶速度的观点出发,汽车的动力性主要有汽车的最高车速、汽车的加速时间和汽车最大爬坡度三个评价指标。

1. 汽车的最高车速

最高车速是指在水平良好的路面(混凝土或沥青)上,汽车能达到的最高行驶车速。一般轿车的最高车速能达到 130~200 km/h,客车能达到 90~130 km/h,货车能达到 80~110 km/h。

2. 汽车的加速时间

汽车的加速时间表示汽车的加速能力,它对平均行驶车速有很大影响。常用原地起步加速时间与超车加速时间来表明汽车的加速能力。

原地起步加速时间,指汽车由 1 挡或 2 挡起步,并以最大的加速强度(包括选择恰当的换挡时机)逐步换至最高挡后,到某一预定的距离或车速所需的时间。

超车加速时间,指用最高挡或次高挡由某一较低车速全力加速至某一高速所需的时间。由于超车时两车辆并行,容易发生安全事故,所以超车加速能力强,并行的行程短,行驶就相对安全一些。

3. 汽车最大爬坡度

汽车的上坡能力是用车辆满载(或某一载质量)时,在良好路面上的最大爬坡度表示。汽车的最大爬坡度是指 1 挡最大爬坡度。轿车最高车速大,加速时间短,经常在较好的道路上行驶,一般不强调它的爬坡能力,并且它的 1 挡加速能力大,故爬坡能力也强。货车在各种地区的各种道路上行驶,所以必须具有足够的爬坡能力。

二、汽车的驱动力和行驶阻力

确定汽车的动力性,就是确定汽车沿行驶方向的运动状态。需要掌握沿汽车行驶方向作用于汽车上的各种外力,即驱动力与行驶阻力。行驶阻力又可以分为滚动阻力、空气阻力、坡道阻力和加速阻力。根据这些力的平衡关系,建立汽车行驶方程式,就可以估算汽车的最高车速、加速度和最大爬坡度。

1. 驱动力

1)驱动力的定义

驱动力是由发动机的转矩经传动系统传至驱动轮上得到的,用 F_t 表示。即:

$$F_t = \frac{T_t}{r}$$

式中:T_t——作用于驱动轮上的转矩;
  r——车轮半径。

作用于车轮上的转矩 T_t 来自于发动机,即:

$$T_t = T_{tq} i_g i_0 \eta_t$$

式中:T_{tq}——发动机转矩;
  η_t——机械效率;
  i_g——变速器传动比;
  i_0——主减速器传动比。

对于装有分动器、轮边减速器、液力传动等装置的汽车,上式应计入相应的传动比和机械效率。

因此驱动力为:

$$F_t = \frac{T_{tq} i_g i_0 \eta_t}{r}$$

2)发动机的速度特性

图 6-1 所示为某发动机的外特性曲线。n_{min} 为发动机最低稳定工作转速,随发动机转速增加,发动机发出的有效功率和有效转矩都在增加,发动机转矩达到最大值 T_{tqmax} 时,相应的发动机转速为 n_{tq},再增大发动机转速时,有效转矩 T_{tq} 有所下降,但功率 P_e 继续增加,一直达到最大功率 P_{emax},此时发动机转速为 n_p,继续提高发动机转速,其功率反而下降。允许的发动机最高转速为 n_{max},一般取 $n_{max} = (1.1 \sim 1.2) n_p$。

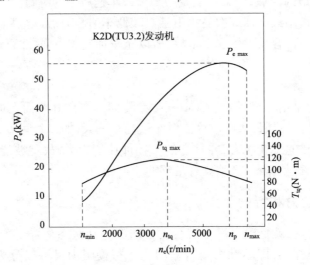

图 6-1 某发动机的外特性曲线

发动机制造厂提供的发动机外特性曲线,一般是在试验台上不带空气滤清器、水泵、风扇、消声器、发电机等附属设备条件下测试得到的。如果带上上述附属设备,测得的发动机外特性的最大功率大约小15%;转速为$0.5n_{max}$时,功率小2%~6%;转速再低时,两者相差更小。此外,由于在试验台上所测的发动机工况相对稳定,而在实际使用中,发动机的工况通常是不稳定的,但两者差别不显著,所以在进行动力估算时,仍可用稳态工况时发动机的试验数据。

3) 传动系统的机械效率

输入传动系统的功率P_{in},经传动系统传到驱动车轮的过程中,要克服传动系统各部件的摩擦而有一定的损失。若损失的功率为P_m,则传动系统的机械效率η_T为:

$$\eta_T = \frac{P_{in} - P_m}{P_{in}}$$

当$P_{in} = P_e$时,则

$$\eta_T = \frac{P_e - P_m}{P_e} = 1 - \frac{P_m}{P_e}$$

传动系统的功率损失由传动系统中各部件——变速器、万向节、主减速器等的功率损失所组成。其中变速器和主减速器等的功率损失所占比重最大,其余部件功率损失较小。

机械损失功率是指齿轮传动副、轴承、油封等处的摩擦损失的功率。其大小由啮合齿轮的对数和传递转矩等因素决定。液力损失功率是指消耗于润滑油的搅动、润滑油与旋转零件之间的表面摩擦功率。其大小由润滑油的品质、温度以及箱体内的油面高度、齿轮等旋转零件的转速等决定,液力损失随传动零件转速提高、润滑油面高度及黏度增加而增大。

传动系统的机械效率是在专门的实验装置上测试得到的。在动力性计算时,机械效率取为常数,有级机械变速传动系统的轿车取0.9~0.92,货车可取0.82~0.85。

4) 车轮半径

车轮按规定气压充好气后,处于无载时的半径,称为自由半径。车轮中心与轮胎接地面的距离称为静力半径。以车轮转动圈数与车轮实际滚动距离之间的关系换算得出的车轮半径,称为车轮的运动半径(滚动半径)。对汽车进行动力学分析时,应用车轮的静力半径;对汽车进行运动学分析时,应用车轮的运动半径。在一般性粗略估算时,不计它们的差别,统称为车轮半径。

5) 汽车的驱动力图

在各个排挡上,汽车驱动力F_t与车速u_a之间的函数关系曲线,称为汽车驱动力图。它直观地显示变速器处于各挡位时,驱动力随车速变化的规律。当已知发动机外特性曲线、传动系统的传动比及机械效率、车轮半径等参数时,即可做出汽车驱动力图。具体的作图方法如下:

(1) 从发动机外特性曲线上取若干n、T_{tq}。

(2) 根据选定的不同挡位传动比,算出驱动力值。

(3) 根据转速n和挡位传动比,由下式计算与所求F_t对应的速度:

$$u_a = 0.377 \frac{rn}{i_g i_0}$$

(4) 建立F_t-u_a坐标,选好比例尺,对每个排挡,将计算出的值(F_t, u_a)分别描点并连成曲线,即得驱动力图。

图 6-2 即为某五挡变速器货车的驱动力图。从驱动力图可以看出驱动力与其行驶速度的关系及不同挡位驱动力的变化。驱动力图可以作为工具来分析汽车的动力性。

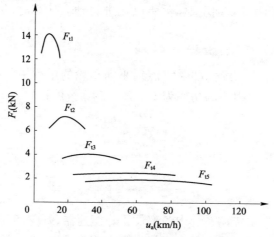

图 6-2 某五挡变速器货车的驱动力图

2. 汽车的行驶阻力

汽车的行驶阻力有滚动阻力、空气阻力、加速阻力和坡度阻力。

1) 滚动阻力

汽车行驶时,车轮与地面在接触区域的法向、切向和侧向均产生相互作用力,轮胎与地面也存在相应的变形。无论是轮胎还是地面,其变形过程必伴随着一定的能量损失。变形过程能量损失是使车轮转动时产生滚动阻力的根本原因。

(1) 车轮弹性迟滞损失。

车轮弹性迟滞损失是弹性车轮在径向加载后,卸载过程中形成的弹性迟滞损失。当汽车车轮在水平路面上,且不受侧向力作用时,车轮与地面间将产生法向和切向的相互作用力。图 6-3 所示为轮胎在硬支撑路面上受法向载荷时的变形过程及对应的曲线。

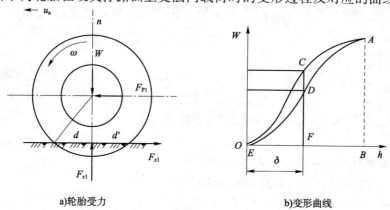

a) 轮胎受力　　　b) 变形曲线

图 6-3 轮胎径向变形曲线

由图 6-3 可见,当弹性车轮在硬支承路面上,对其进行加载和卸载的过程中,法向载荷 W 与由其引起的轮胎径向变形量之间的对应关系。加载变形曲线 OCA 与卸载变形曲线

ADE 并不重合,则可知加载与卸载不是可逆过程,存在着能量损失。面积 OCABO 为加载过程中对轮胎所做的功;面积 ADEBA 为卸载过程中,轮胎恢复变形时释放的功。两个面积之差 OCADEO 即为加载与卸载过程的能量损失。这一部分能量消耗在轮胎各组成部分相互间的摩擦,以及橡胶、帘线等物质分子间的摩擦,最后转化为热能而消失在大气中。这种损失称为弹性物质的迟滞损失。

从图 6-3b)可见,在同样变形量 δ 的情况下,处于加载过程的载荷较大,即图中 $FC > FD$。这便证明了当车轮在径向载荷作用下滚动时,由于弹性迟滞现象,使地面对车轮的法向支持力为不对称分布,其法向反力合力作用线,相对于车轮中心线前移了一段距离,因而形成了阻碍车轮滚动的力偶矩。

(2)等速滚动从动轮受力分析及滚动阻力系数。

在水平路面等速直线滚动的汽车从动轮,如图 6-4a)所示,其法向反力的合力 F_{z1},相对车轮垂直中心线前移了一段距离 a。a 值随弹性损失的增大而增大。车轮所承受的径向载荷 W_1 与法向反力 F_{z1} 大小相等,方向相反,即 $F_{z1} = -W_1$。

若法向反力 F_{z1} 通过车轮中心,则是从动轮在硬路面上等速直线滚动的受力情况,如图 6-4b)所示。图中力矩 T_{f1} 为作用于车轮上阻碍车轮滚动的滚动力偶矩,且 $T_{f1} = F_{z1}a$。要使从动轮等速直线滚动,F_{z1} 必须通过车轮中心,通过车轴加以推力 F_{p1},它与地面切向反力 F_{x1} 构成一个力偶矩来克服滚动力偶矩 T_{f1},由车轮中心力矩平衡条件,得:

$$F_{p1}r = T_{f1}$$

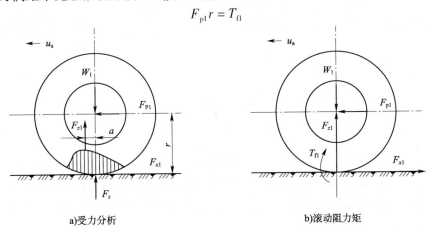

a)受力分析　　　　　　　　b)滚动阻力矩

图 6-4　从动轮在硬路面上滚动时的受力情况

故所应施加推力为:

$$F_{p1} = \frac{T_{f1}}{r} = F_{z1}\frac{a}{r}$$

令 $f = \frac{a}{r}$,且考虑到 F_{z1} 与 W_1 大小相等,常将 F_{p1} 写作 F_f,式中 f 称为滚动阻力系数。

可见滚动阻力系数是车轮在一定条件下滚动时所需推力与车轮负荷之比,即单位汽车重力所需的推力。滚动阻力等于滚动阻力系数与车轮负荷的乘积。即:

$$F_f = Wf = \frac{T_f}{r}$$

这样,在分析汽车的行驶阻力时,可不必具体计算阻碍车轮滚动的力偶矩,只要知道了滚动阻力系数,就可以方便地求出滚动阻力。

(3)等速滚动的驱动轮受力分析。

驱动轮在硬路面上等速直线滚动时的受力如图6-5所示。图中F_{x2}为道路对驱动轮的切向反力,F_{p2}为车架通过悬架给轮轴的反推力,法向反作用力F_{z2}也由于轮胎弹性迟滞损失,使其作用线前移一段距离a,即在驱动轮上同样作用有滚动力偶矩T_{f2}。由对车轮中心的力矩平衡条件得:

$$F_{x2}r = T_t - T_f$$

$$F_{x2} = \frac{T_t}{r} - \frac{T_f}{r} = F_t - F_f$$

由上式可见,真正作用在驱动轮上驱动汽车行驶的力为地面对车轮的切向反作用力F_{x2},其数值等于驱动力F_t减去驱动轮滚动阻力F_{f2}。

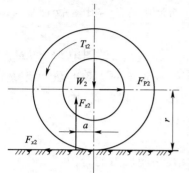

图6-5 驱动轮在硬路面上滚动时的受力情况

(4)滚动阻力系数的影响因素。

滚动阻力系数与路面种类及其状态、车速、轮胎等有关。其数值通过实验确定。路面种类及其状态对滚动阻力系数的影响见表6-1。

路面种类及其状态对滚动阻力系数的影响　　表6-1

路 面 类 型	滚动阻力系数	路 面 类 型	滚动阻力系数
良好的沥青或混凝土路面	0.010~0.018	泥泞土路	0.100~0.250
一般沥青或混凝土路面	0.018~0.020	干砂	0.100~0.300
碎石路面	0.020~0.025	湿砂	0.060~0.50
良好的卵石路面	0.025~0.030	结冰路面	0.015~0.030
坑洼的卵石路面	0.035~0.050	压紧的雪道	0.030~0.050
压紧土路:干燥	0.025~0.035	压紧土路:雨后	0.050~0.150

轮胎的结构、帘线和橡胶的品种对滚动阻力系数的影响具体表现在:子午线轮胎与普通斜交轮胎相比,具有较低的滚动阻力系数。减小帘线层可使胎体减薄,从而可相应降低滚动阻力系数。因此,采用高强力粘胶帘布、合成纤维帘布或钢丝帘布等,均可在保证轮胎强度的条件下减少帘布层数。

汽车行驶速度对滚动阻力系数的影响具体表现在:当车速在100km/h以下时,滚动阻力系数变化不大;当车速在100km/h以上时,滚动阻力系数随车速提高而增大较快,当车速高到一定数值后,轮胎发生驻波现象,即轮胎周缘不是圆形,出现明显的波浪状,滚动阻力系数迅速增大,轮胎的温度也迅速升高,使轮胎帘线层脱落,几分钟内就会出现爆破现象。

轮胎气压对滚动阻力系数的影响具体表现在:在硬路面上行驶,轮胎气压低时,变形较大,滚动时的迟滞损失增大,滚动阻力系数相应增大。随着轮胎气压增高,硬路面上的滚动阻力系数逐渐减小。在软路面上行驶时,气压低,轮胎变形大,使轮胎与地面接触面积增大,单位面积压力下降,地面变形小,使滚动阻力系数相应减小。

2)空气阻力

汽车直线行驶时所受空气的作用力,在行驶方向上的分力,称为空气阻力。空气阻力分为压力阻力和摩擦阻力两部分。压力阻力是汽车外形表面上法向压力的合力在行驶方向的分力,分为形状阻力、干扰阻力、内循环阻力和诱导阻力。摩擦阻力是由于空气的黏性在车身表面产生的切向力的合力在行驶方向的分力。

形状阻力与车身主体形状有关,流线型越好,形状阻力越小;干扰阻力是车身表面凸起物,如后视镜、门把手、车灯等引起的阻力;发动机冷却系统、车内通风等空气流经车体内部时构成的阻力,为内循环阻力;诱导阻力是空气升力在行驶方向上的分力。对于一般轿车,形状阻力占的比重最大(50%~60%),所以,改善车身流线形状,是减小空气阻力的关键。

空气阻力 F_w 的计算公式为:

$$F_w = \frac{1}{2} C_D A \rho u_r^2$$

式中:u_r——相对速度,在无风时即为汽车的行驶速度,km/h;
　　　A——迎风面积,m^2;
　　　C_D——空气阻力系数;
　　　ρ——空气密度。

由于乘坐空间的制约,一般来说迎风面积变化不大,但空气阻力系数 C_D 的变化较大。C_D 大小对轿车(高速)汽车的性能影响极大,可以采用车前部低,过渡平滑,车后部加扰流板,车底部导流,改进通风进口、出口位置,商用车顶部安装导流罩等方法降低空气阻力系数。

3)坡度阻力

如图 6-6 所示,当汽车上坡行驶时,其重力沿坡道斜面的分力 F_i 表现为对汽车行驶的一种阻力,称坡度阻力。坡度阻力 F_i 按下式计算:

$$F_i = G\sin\alpha$$

式中:α——道路坡度角。

道路的坡度 i 是以坡高 h 与底长 s 之比表示:

$$i = \frac{h}{s} = \tan\alpha$$

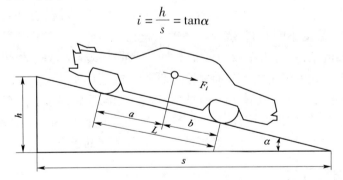

图 6-6　汽车上坡阻力

根据我国公路设计规范,高速公路最大纵坡为 3%,山岭重丘区为 5%;一级公路平原微丘区最大纵坡为 4%,山岭重丘区为 6%;四级公路平原微丘区最大纵坡为 5%,山岭重丘区为 9%。可见,一般道路坡度较小,此时

$$\sin\alpha \approx \tan\alpha = i$$

$$F_i = G\sin\alpha \approx G\tan\alpha = G \cdot i$$

由于上坡阻力 F_i 与滚动阻力 F_f 均属与道路有关的汽车行驶阻力,故常把这两种阻力之和称为道路阻力,即:

$$F_\Psi = F_f + F_i = Gf\cos\alpha + Gi\sin\alpha \approx Gf + Gi$$

$$F_\Psi = G(f+i) = G\Psi$$

式中:Ψ——道路阻力系数。

4)加速阻力

汽车加速行驶时,需克服其质量的惯性力,这就是加速阻力 F_j。汽车质量分为平移质量和旋转质量两部分。加速平移质量要产生惯性力,旋转质量要产生惯性力偶矩,为了便于计算,一般把旋转质量的惯性力偶矩,转化为平移质量的惯性力,并以系数 δ 作为换算系数,则汽车加速时的加速阻力为:

$$F_j = \delta m \frac{du}{dt}$$

式中:δ——旋转质量换算系数。

旋转质量换算系数主要与飞轮、车轮的转动惯量,以及传动系统的传动比有关。

$$\delta = 1 + \frac{1}{m}\frac{\sum I_w}{r^2} + \frac{1}{m}\frac{I_f i_g^2 i_0^2 \eta_T}{r^2}$$

式中:$\sum I_w$——车轮的转动惯量;
I_f——飞轮的转动惯量。

第二节 汽车燃油经济性

石油是现代工业和交通运输的重要能源,汽车的燃料在当前和今后相当长的一段时间仍然是以石油产品为主。随着工业的发展,车辆的增多,使用石油产品越来越多。世界各国都把节约汽车用油作为汽车制造业和汽车运输业中的一个重大问题。汽车的燃油经济性是衡量车辆性能的重要指标之一,特别是随着汽车工业的快速发展,石油资源短缺的矛盾日益突出,以及全球气温的不断升高,燃油经济性问题已经引起社会的广泛关注。

在保证动力性的条件下,汽车以尽可能少的燃油消耗量经济行驶的能力,称为汽车的燃油经济性。提高汽车燃油经济性不仅有利于降低汽车的使用费用、节约能源、维持汽车工业的可持续发展,还能减少温室气体 CO_2 的排放、改善气候环境。除了汽车自身的因素如设计、匹配、制造、装配对其燃油经济性有较大影响外,汽车的使用因素如驾驶人的操作、气象条件、道路条件、行驶工况等对其燃油经济性也有十分重要的影响。

一、汽车燃油经济性评价指标

据统计,燃油消耗成本占运输总成本的 40% 左右,所以节约用油是降低运输成本的重要措施之一。常用的汽车燃油经济性评价指标有汽车行驶百公里燃油消耗量、单位运输工作量的燃油消耗量和消耗单位燃油所行驶的里程。

1. 等速行驶百公里的燃油消耗量

汽车在一定载荷(我国轿车为半载、载货汽车为满载)下,以最高挡在水平良好路面上等速行驶 100km 的燃油消耗量。

当燃油按质量计算时，其单位为 kg/100km。当燃油按容积计算时，其单位为 L/100km。单位行驶里程的燃油消耗量只考虑了行驶里程，没有考虑车型与载质量的差别，所以只能用于比较同类型汽车或同一辆汽车的燃料经济性，也可用于分析不同部件（如发动机、传动系统等）装在同一汽车上，对燃料经济性的影响。

2．单位运输工作量的燃油消耗量

这个指标可以用来比较不同类型、不同装载质量汽车的燃料经济性。若燃油以质量计算时，载货汽车单位为 kg/(100t·km)，客车为 kg/(1000人·km)。若燃油以容积计算时，其单位为 L/(100t·km)，客车为 L/(1000人·km)。

3．消耗单位燃油所行驶的里程

消耗单位燃油所行驶的里程的评价方法，主要是美国采用的，其单位是 mile/USgal。指的是每消耗一加仑燃油能行驶的英里数，其数值越大，汽车燃油经济性越好。

二、汽车燃油经济性计算

在汽车设计时，常需要在实际的试验样车制成之前，先根据所选用的发动机台架试验得到的油耗曲线与汽车功率平衡图，对汽车进行燃油经济性的估算，其中包括等速、等加速、等减速和停车整个行驶过程的油耗的计算。

1．汽车等速行驶工况燃油消耗量的计算

汽车以等速在路上行驶时，根据等速行驶车速 u_a 及阻力净功率 P，在万有特性图上利用插值法可获得发动机相应工况的有效燃油消耗率为 b，从而计算出以该车速等速行驶时单位时间内汽车燃油消耗量为：

$$Q_t = \frac{Pb}{367.1\rho g}$$

式中：ρ——燃料的密度；

g——重力加速度；

b——有效燃油消耗率。

整个等速行驶过程中，行程为 s，燃油消耗量为：

$$Q = \frac{Pbs}{102 u_a \rho g}$$

折算成等速百公里燃油消耗量为：

$$Q_s = \frac{Pb}{1.02 u_a \rho g}$$

2．等加速行驶工况燃油消耗量的计算

在汽车行驶时，发动机还要提供为克服加速阻力所消耗的功率。若加速度为 du/dt，则发动机提供的功率 P 应为：

$$P = \frac{1}{\eta_T}\left(\frac{Gfu_a}{3600} + \frac{C_D A u_a^3}{76140} + \frac{\delta m u_a}{3600}\frac{du}{dt}\right)$$

计算汽车由 u_{a1} 以等加速度行驶至 u_{a2} 的燃油消耗量，可以把加速过程分为若干区间，每个区间的燃油消耗量可根据平均的单位时间燃油消耗量与行驶时间之积求得。各区间燃油消耗量值的和即为整个加速过程的燃油消耗量。

3. 怠速停车时的燃油消耗量

怠速停车时的燃油消耗量 Q_{id} 等于怠速停车时间 t_s 与怠速燃油消耗量 Q_i 的乘积。即：

$$Q_{id} = Q_i t_s$$

式中：Q_i——怠速燃油消耗量；

t_s——怠速停车时间。

4. 整个循环工况的百公里油耗

对于由等速、等加速、等减速、怠速停车等行驶工况（我国采用六工况）组成的循环，其整个试验循环的百公里油耗（L/100km）为：

$$Q_s = \frac{\sum Q}{s} \times 100$$

式中：$\sum Q$——所有过程油耗之和；

s——整个循环行驶距离。

三、影响汽车燃油经济性的因素

1. 汽车结构方面

1）发动机方面

(1) 发动机的种类。

为了节省能源，控制排气污染，充分发挥燃料的热效率，现阶段使用较成熟的发动机有汽油喷射发动机。它可以精确地控制混合气的浓度，保证各缸供应混合气的均匀性，由于汽油是以一定压力喷入进油管中，所以雾化效果较好，燃油利用率高。

柴油机的压缩比较汽油机的大，所以热效率高，特别是在部分负荷时，柴油机的有效燃油消耗率较低，而且柴油价格较汽油低。但是，柴油机排量大、质量大、噪声、振动较大，因此，柴油机的性能不断改善之后，扩大柴油机的使用范围是当前的发展趋势。

(2) 发动机的压缩比。

发动机的压缩比提高，热效率增加，使发动机动力性、经济性得以改善，发动机油耗率有所降低。但汽油机压缩比提高到一定程度后，会产生爆震，并且会增加 NO_x 的排放量。所以压缩比的提高有一定的限度，提高汽油机压缩比的措施主要有：

① 改进燃烧室和进气系统，提高发动机结构的爆震极限。

② 使用爆震传感器，自动延迟产生爆震时的点火提前角。

③ 开发高辛烷值汽油。

(3) 选用小排量发动机、提高发动机的负荷率。

发动机在中等转速较高负荷率下工作时，其燃油经济性较好。在汽车大部分使用中，发动机的负荷率都是较低的，因此，在保证动力性足够的前提下，汽车上不宜装用大功率的发动机，而应选用小排量发动机，以提高发动机的功率利用率，降低汽车的燃油消耗量。

(4) 改善发动机的燃烧过程。

为了改善汽油机的燃烧过程，主要趋向是采用稀薄混合气分层燃烧、涡轮增压器和中冷器。通过增压提高进气压力，增加缸内空气量，再冷却增压空气使之接近环境温度，这样不但增加了空气密度和质量,还降低了工作循环温度,使燃烧温度下降。采取增压中冷既改善了燃烧过程,还使炭烟和氮氧化物排放量下降。

2)传动系统的影响

(1)变速器类型的影响。

目前在汽车上应用最广泛的仍然是机械式手动变速器,但随着人们对汽车乘坐舒适性、操纵简便性以及起步平稳性要求的增加,液力自动变速器应用也越来越广泛。近年来,为了节油和进一步提高动力性,液力自动变速器的挡位数有所增加,一般为四个挡位。在有的挡位(如三挡)进行功率分流,即较大部分功率不经过液力变矩器而直接经输出轴输出。有的自动变速器装有锁止离合器,在离合器锁止时完全消除了滑转,提高了传动效率,从而提高了燃油经济性。

(2)主减速器传动比的影响。

主减速器的传动比选择较小时,在相同的道路条件和车速下,可使发动机的燃料消耗率减小,有利于提高汽车的燃油经济性。但主减速器传动比过小,会导致经常被迫使用低一挡的挡位,最小传动比挡位的利用率降低,反而使燃料消耗量增加。

(3)传动系统的机械效率。

传动系统的机械效率越高,则传动过程中的功率损失越少,发动机有效功率可以更多地转变为驱动功率,汽车的动力性好,燃料消耗量也随之减少。

3)汽车质量的影响

汽车质量影响到滚动阻力、上坡阻力和加速阻力,因此减小汽车质量是降低油耗最有效的措施之一。减小汽车质量方面采取的措施主要有:采用高强度轻材料,如高强度低合金钢、铝合金、塑料、树脂和各种纤维强化材料等制造汽车零件;改进汽车结构,如采用前轮驱动、承载式车身等,以及各种零件的薄壁化和小型化。汽车的轻量化、小型化也是汽车工业的发展方向之一。

4)汽车外形与轮胎

改善汽车外形,使车身形状近于流线型,以减小空气阻力系数,可以减少行驶过程中特别是高速行驶中的空气阻力,有显著的节油效果。

汽车轮胎的选用,主要影响动力性和经济性。公认子午线轮胎综合性能好,尤其滚动阻力小,与一般斜交轮胎相比可节油6%~8%。

2. 汽车的使用因素方面

对于一定的车型而言,汽车燃料消耗量与驾驶人操作技术水平有着直接的关系,采取正确合理的方法,可以有效减少燃油的消耗。

1)适当预热

冷车起动,起动阻力较大。在寒冷季节,未预热的发动机起步行驶至正常温度,将会使燃料消耗增加。

2)正确起步

发动机起动后,冷却液温度升至40~50℃时,汽车起步具有较好的节油效果。起步时要手脚协调,轻踩加速踏板,缓抬离合器,做到起步平稳可靠。重载或在坡道起步时,应避免大开节气门和使用高挡位,以克服静摩擦力和向后滑的惯性。热车在平路上起步,应尽快迅速换入高挡。

3）正确使用加速踏板

使用加速踏板时，应坚持"轻踏、缓抬、不猛轰"的原则，力争做到平稳、准确。汽车起步时，打开节气门要轻缓，不要突然开大节气门，起步前和停车后，尤其是在发动机熄火前应克服习惯性猛踩加速踏板，这样不仅浪费燃油，也加速了发动机的磨损。

4）正确使用挡位和离合器

汽车在实际运行中，因受道路、交通流量、载荷和气候等情况的影响，在车速一定的情况下，用高挡行驶比用低挡行驶节油。

行驶中变挡，要靠离合器配合来完成，使用离合器应做到轻抬、缓放，使其平稳接合，防止接合冲击或过多使用半联动。否则易使汽车发动机起步时熄火，换挡中发生窜动冲击。在离合器接合初期，应缓抬踏板，刚接合时稍稳一下踏板，使之平稳接合，一旦接合，则应完全彻底地放松离合器。

5）正确使用制动和停车

制动减速、停车意味着车辆行驶能量的减小和转化。制动和停车的次数越多，浪费的燃油就越多，因此减少不必要的制动和停车是汽车节油的重要途径。

汽车运行中使用制动的原则是：在保证安全的前提下，尽可能不用或少用制动，行车中保持经济车速，相对减少停车次数。当汽车遇有紧急情况，可能导致交通事故时，方可用紧急制动。

6）正确运用"经济车速"

汽车以一定速度行驶时，最节油的车速称为经济车速。不同车型在不同的载荷、不同海拔地区、不同行驶阻力和不同挡位行驶，具有不同的经济车速。

首先应使发动机在耗油率最小时（发动机的转速在最大功率转速的50%～75%时最省油）的转速范围内运转，其次减少空气阻力、提高发动机的功率利用率和汽车运行中的经济性，包括加速、减速、怠速和常用车速。

7）发动机温度的调节与控制

温度过高或过低，都将使油耗增加。实际运行中，发动机理想的温度是随环境条件的变化而改变的，并非一成不变，这就需要进行适当的调节。水冷式发动机的正常温度通常为80～90℃，在外界温度较高的夏季，可以选用发动机正常温度的下限，即80℃；外界温度较低的冬季，可以选用发动机正常冷却液温度的上限，即90℃；严寒地区，可使发动机冷却液温度保持在90～95℃这一范围内，从而改善燃油雾化条件。

通过以上对汽车燃油经济性的分析可以看出汽车本身的状况决定了燃油的节约与浪费，汽车的发动机、传动系统、汽车质量、汽车外形等因素直接影响燃料的利用率，通过对它们的改进，得到最优匹配，是提高燃油经济性的重要途径，另外，同样性能的车，不同驾驶人使用，燃料消耗情况会差别较大，可见驾驶人正确的驾驶操作方法，是提高燃油经济性的重要手段。因此，汽车节能技术和驾驶人的节能意识是汽车节能的两大要素。

第三节　汽车的操纵稳定性

汽车在其行驶过程中，会碰到各种复杂的情况，有时沿直线行驶，有时沿曲线行驶，此外,汽车还要经受来自地面不平、坡道、大风等各种外部因素的干扰。汽车操纵稳定性是指在驾驶人不感觉过分紧张、疲劳的条件下,汽车能按照驾驶人通过转向系统及转向车轮给定的方向行驶,且当受到外界干扰时,汽车能抵抗干扰而保持稳定行驶的能力。汽车的操纵稳定性包含相互联系的两个部分,一是操纵性,一是稳定性。操纵性是指汽车能够确切地响应驾驶人转向指令的能力,稳定性是指汽车受到外界扰动后恢复原来运动状态的能力。两者很难断然分开,稳定性好坏直接影响操纵性的好坏,因此通常只统称操纵稳定性。

汽车的操纵稳定性直接影响汽车驾驶的操纵方便程度、汽车行驶速度的提高、汽车动力性的发挥和汽车运输生产率的提高,同时也是决定高速汽车安全行驶的一个主要性能。

一、操纵稳定性包含的内容

操纵稳定性研究是把汽车作为一个控制系统,求出汽车曲线行驶的时域响应与频域响应,以此表征汽车的稳定性。操纵稳定性的研究内容有:转向盘角阶跃输入下的稳态及瞬态响应、横摆角速度频率响应特性、转向半径和转向轻便性等。

1. 转向盘角阶越输入下进入的稳态响应及瞬态响应

转向盘角阶跃输入下进入的稳态响应是指当汽车等速直线行驶时,急剧转动转向盘,然后维持转角不变,即对汽车施以转向盘角阶跃输入,汽车经短暂的过渡过程后进入等速圆周行驶工况。

转向盘角阶跃输入下的瞬态响应是指汽车等速直线行驶和等速圆周行驶两个稳态运动之间的过渡过程所对应的瞬间运动响应。

转向盘角阶越输入下进入的稳态响应及瞬态响应是表征汽车操纵稳定性的转向盘角位移输入下的时域响应。其评价指标为:稳态横摆角速度增益、反应时间和横摆角速度波动的无阻尼圆频率。

2. 横摆角速度频率响应特性

横摆角速度频率响应特性是指转向盘转角正弦情况下,频率由 0~∞ 时,汽车横摆角速度与转向盘转角的振幅比及相位差的变化图形,是另一个表征汽车稳定性的基础特性,其评价指标为:共振峰频率、共振时振幅比、相位滞后角、稳态增益。

3. 回正性

回正性是一种转向盘力输入下的时域响应。其评价指标为回正后剩余横摆角速度与剩余横摆角、达到剩余摆角速度的时间。

4. 转向半径

转向半径是评价汽车机动灵活性的物理量。其评价指标为最小转向半径。

5. 典型行驶工况性能

典型行驶工况性能是指汽车通过某种模拟典型驾驶操作的通道的性能。它能更如实地反映汽车的操纵稳定性。

6. 极限行驶性能

极限行驶性能是指汽车正常行驶与异常危险运动之间的运动状态下的特性。它表明了汽车安全行驶的极限性能。其评价指标为:圆周行驶极限侧向加速度、抗侧翻能力。

二、车辆坐标系与转向盘阶跃输入下的时域响应

汽车的运动是借助于车辆上的坐标系描述的,如图 6-7 所示。

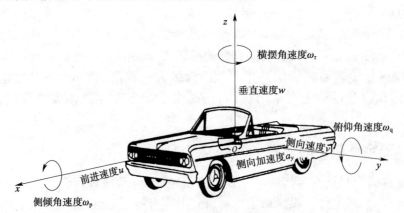

图 6-7 车辆的坐标系描述

汽车的时域响应可分为随时间变化的瞬态响应和不随时间变化的稳态响应。

汽车作等速圆周行驶,即汽车转向盘角阶跃输入下进入稳态响应,其特性成为汽车转向稳态特性。

汽车的稳态转向特性分为不足转向、中性转向和过度转向三种。这三种不同转向特性的汽车具有如下行驶特点(如图 6-8)。

在转向盘保持一个固定转角 δ_{sw} 下,缓慢加速或以不同车速等速行驶时,随车速的增加,不足转向的汽车转向半径逐渐增大,中性转向的汽车转向半径不变,而过度转向的汽车转向半径逐渐减小。操纵稳定性好的汽车应该具有适度的不足转向特性。

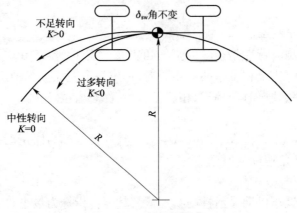

图 6-8 汽车的三种稳态转向特性

三、人—车闭路系统

汽车时域响应是把汽车作为开环控制的控制特性。驾驶人—汽车系统是一个闭环控制系统。在汽车行驶过程中,驾驶人根据需要,操纵转向盘使汽车做转向运动。路面的凹凸不平、侧风、偏载等影响汽车的行驶。驾驶人根据道路、交通等情况,通过眼、手及身体感知的

汽车运动状况(输出参数),经过头脑的分析、判断(反馈),修正其对转向盘的操纵。如此不断地反复循环,操纵汽车行驶前进,如图6-9所示。

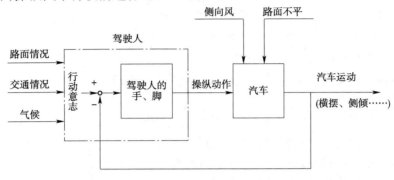

图6-9 人—车系统简图

四、影响汽车操纵稳定性的因素

1. 制动系统的影响

制动鼓失圆,产生的离心力随车轮转速的提高而急剧增大,从而使汽车高速摆振。

制动盘端面圆跳动过大时,随着汽车的行驶,制动块周期性碰制动盘,使制动盘振动,且其振动频率随车速的增加而提高。

制动间隙不合适,会使汽车制动时发生跑偏,汽车向制动间隙小的一侧跑偏,从而影响操纵稳定性。

前后轮制动抱死紧急制动时,如果汽车后轮制动抱死,汽车后轴将产生严重侧滑,失去操纵稳定性,而前轮抱死,汽车又失去转向能力。因此,汽车应安装防抱死制动装置,若无ABS,尽量采用点制动。

2. 转向系统的影响

1) 转向器的影响

汽车行驶时,驾驶人对汽车行驶方向的改变是通过操纵转向盘来实现的,转向盘的性能直接影响汽车的操纵性。转向器常见的故障有游隙过大和转向沉重。

转向器游隙过大会造成前轮摆头现象。转向器游隙过大的原因是转向器蜗杆轴的上下轴承间隙过大;摆臂轴上的双销与蜗杆啮合间隙过大,转向垂臂轴紧固螺栓松动。转向沉重会使操纵系统不易控制。

造成转向沉重的原因是转向器缺油;转向轴因弯曲或轴管瘪而互相碰擦;转向摇臂轴与衬套配合间隙过小;蜗杆与滚轮传动副啮合间隙过小;转向器蜗杆上下轴承调整过紧或轴承损坏。

2) 转向传动机构的影响

转向传动机构是将转向器传来的力经该机构传向车轮,并使左右转向轮同时朝一个方向偏转一个角度,以保证实现汽车转向。转向传动机构由转向垂臂、转向纵拉杆、转向节臂、梯形臂、转向横拉杆及球头销等组成。传动机构出现故障会使汽车失去控制,造成交通事故。常见的故障有:转向拉杆球头销装配不适(过紧或松旷)、转向节主销与衬套配合不符合标准、转向节止推轴承间隙不符合标准;间隙过大会导致汽车中速摆头,而配合过紧或缺油会使汽车转向沉重。

3. 行驶系统的影响

1) 前轮定位参数、后悬架结构参数及横向稳定杆

前轮定位参数包括:前轮外倾角、主销后倾角、主销内倾角和前轮前束。

前轮外倾角指前轮中心线与地面垂直线所成的夹角。前轮外倾角一般在1°~2.5°。它的主要作用是当汽车行驶时,将轮毂压向内轴承,而减轻外端较小的轴承载荷,同时,可以防止因前轴变形和主销孔与主销间隙过大引起前轮内倾,减轻轮胎着地与主销轴线与地面交点间的距离,从而使转向轻便。

主销后倾角是指主销轴线与前轮中心的垂线之间形成的夹角。主销后倾角对汽车操纵稳定性的影响主要通过"后倾拖距"使地面侧向力对轮胎产生一个回正力矩,该力矩产生一个与轮胎侧偏角相似的附加转向角,它与侧向力成正比,使汽车趋于增加不足转向,有利于改善汽车的稳态转向特性。若主销后倾角减小,使回正力矩变小,当地面对转向轮的干扰力矩大于转向轮的回正力矩时,就会产生摆振。

主销内倾角是指主销轴线与地面垂线之间形成的夹角。主销内倾角对操纵稳定性的影响,主要也是回正力矩,它是在前轮转动时将车身抬高,由于系统位能的提高而产生的前轮回正力矩,它与侧向力无关。

主销内倾角与后倾角由结构上保证,在调整时难以改变。调整时主要调整前轮外倾及前轮前束。前轮外倾随负荷的变化而变化。当车辆转向时,在离心力作用下,车身向外倾斜,外轮悬架处于压缩状态,车轮外倾角逐渐减小向负外倾变化;内轮悬架处于伸张状态,使得本来对道路向负外倾变化的外倾角减弱。从而提高车轮承受侧向力的能力,使汽车转向时稳定性大为提高。前轮前束不可过大,若前束过大,会使车轮外倾角、主销后倾角变小,会使前轮出现摆头现象,行驶中有蛇行,转向操作不稳。横向稳定杆常用来提高悬架的侧倾角刚度,或是调整前、后悬架侧倾角刚度的比值。在汽车转弯时,它可以防止车身产生很大的横向侧倾和横向角振动,以保证汽车具有良好的行驶稳定性。提高横向稳定杆的刚度后,前悬架的侧倾角刚度增加,转向时左右轮荷变化加大,前轴的每个车轮的平均侧偏刚度减小,汽车不足转向量有所增加。前悬架中采用较硬的横向稳定杆有助于提高汽车的不足转向性,并能改善汽车的蛇行行驶性能。

2) 轮胎的影响

汽车在行驶过程中,由于路面的侧向倾斜,侧向风或曲线行驶时的离心力等的作用,在垂直车轮行驶平面方向受到地面反向作用力,这个作用使车轮出现侧偏现象。轮胎的侧偏特性决定了影响汽车操纵稳定性的重要轮胎参数。轮胎如果有较高的侧偏刚度,就能较好的保证汽车的操纵稳定性。轮胎的尺寸、类型和结构参数对侧偏刚度有显著影响。尺寸较大的轮胎有较高的侧偏刚度,扁平率越小的宽轮胎侧偏刚度越高,轮胎气压对侧偏刚度也有显著影响。

4. 悬架和减振器的影响

悬架的作用是把车架与汽车前后桥连接在一起,并使车轮在行驶中所承受的冲击力不直接到车架,以免引起车身的剧烈振动而加速机件的损坏。减振器的作用是当钢板弹簧变形时,能迅速消减其振动,使汽车平稳行驶。当车辆受到侧向作用力时,汽车前、后轴垂直载荷变动量的大小是影响操纵稳定性的主要原因。如果汽车前轴左、右车轮的垂直载荷变动

量较大,汽车趋于增加不足转向量;如果后轴的左、右车轮的垂直载荷变动量较大,汽车趋于减少不足转向量。

影响汽车前轴和后轴左、右车轮的垂直载荷变动量的主要因素有:前、后悬架的侧偏刚度,悬架质量,质心位置,前、后悬架侧倾中心位置等。这些参数也是悬架系统影响操纵稳定性的参数。

第四节　汽车制动性

汽车行驶时,能在短距离内停车且维持行驶方向稳定和在下长坡时能维持较低车速的能力,称为汽车的制动性,汽车的制动性是汽车的主要性能之一。为了保障行驶安全和使汽车的动力性得以发挥,汽车必须具有良好的制动性,它属于汽车主动安全的范畴。

一、汽车制动性的评价指标

汽车的制动性主要由制动效能、制动效能的恒定性和制动时汽车的方向稳定性三个方面来评价。

1. 制动效能

制动效能是指在良好路面上,汽车以一定初速制动到停车的距离或制动时汽车减速度。制动效能由一定初速度下的制动距离和制动减速度评定。

制动距离与行车安全有直接关系,而且最直观,驾驶人可按预计停车地点来控制制动强度,因此交通管理部门通常按制动距离制定安全法规。在《中华人民共和国道路交通安全法》中制动距离是指:在指定的道路条件下,机动车在规定的初速度下急踩制动踏板时,从脚接触制动踏板(或手触动制动手柄)时起至车辆停止车辆驶过的距离。

制动距离与制动过程的地面制动力以及制动传动机构与制动器工作滞后时间有关,而地面制动力与检验时在制动踏板上的踏板力或制动系统的压力(液压或气压)以及路面的附着条件有关,因此,测试制动距离时必须对制动踏板力或制动系统的压力以及轮胎与地面的附着条件做出相应的规定。

制动减速度 j 与地面制动力 F_x 及车辆总质量有关,可以表示为:

$$j = \frac{g}{\delta G} F_x$$

式中:G——汽车总重力;

g——重力加速度;

δ——汽车旋转质量换算系数。

对某一具体车辆而言,制动减速度与地面制动力是等效的。因此也常用制动减速度作为评价制动效能的指标。制动减速度在一次制动过程中是变化的,当车辆制动到全部车轮抱死滑移时,回转质量换算系数 δ 等于1,而此时地面制动力 $F_x = F = G\varphi$,由此可得最大减速度:$j_{max} = g\varphi$。

2. 制动效能的恒定性

制动效能的恒定性包括热恒定性和水恒定性两方面。汽车的高速制动、短时间内的频繁重复制动,尤其是下坡时的长时间连续制动,都会引起制动器的温升过快,温度过高。这将导致制动摩擦副的摩擦系数急剧减小,使制动效能迅速下降而发生热衰退。提高摩擦材料的高温摩擦稳定性,增大制动鼓、制动盘的热容量,改善其散热性或采用强制冷却装置,都是提高抗热衰退的措施。

制动器摩擦表面浸水后,会因为水的润滑作用而使摩擦系数急剧减小从而发生水衰退。一般规定,在出水后反复制动 5~15 次,即应恢复其制动效能。良好的摩擦材料吸水率低,其摩擦性能恢复迅速。某些越野汽车为了防止水和泥沙侵入而采用封闭的制动器。制动效能热恒定性和水恒定性除了与制动器摩擦副材料有关,还与制动器的结构有关,与鼓式制动器相比,盘式制动器具有更好的热恒定性和水恒定性。

3. 制动时汽车的方向稳定性

汽车制动方向稳定性是指制动时汽车不发生跑偏、侧滑以及失去转向能力的性能。汽车在制动过程中的跑偏与侧滑是造成交通事故的重要原因。因此,世界各国汽车业都很关注对汽车制动方向稳定性的研究,不但对汽车制动方向稳定性做了大量的试分析工作,而且有关汽车法规中明确规定,将汽车制动方向稳定性作为车辆主要检测项目之一。

二、汽车制动时车轮受力分析

汽车受到一个与行驶方向相反的外力时,才能从一定的速度制动到较小的车速或直至停车。这个外力只能由地面和空气提供,但由于空气阻力很小,所以实际上外力是由地面提供的,即地面制动力。地面制动力越大,制动减速度越大,制动距离越短,所以地面制动力对汽车制动性具有决定性的影响。但地面制动力取决于两个摩擦副的摩擦力:一个是制动器内制动蹄摩擦片与制动鼓间的摩擦力,另一个是轮胎与地面间的摩擦力——附着力。制动器制动力仅由制动器结构参数决定,即取决于制动器的类型、结构尺寸、制动器摩擦副的摩擦系数以及车轮半径。一般它与制动踏板力、制动系统的管路油压成正比。

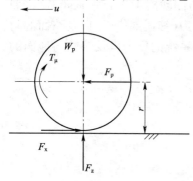

图 6-10 制动时车轮受力

1. 地面制动力

图 6-10 所示为汽车在良好的路面上制动时的车轮受力图,图中 T_μ 为车轮制动器的摩擦力矩,F_p 为车轴对车轮的推力,W 为车轮的垂直载荷,F_z 是地面对车轮的法向反作用力。

在制动过程中程中滚动阻力矩和惯性力矩相对较小时可忽略不计。地面制动力 F_x 可写为:

$$F_x = \frac{T_\mu}{r}$$

式中:r——车轮半径。

地面制动力 F_x 是汽车制动时地面作用于车轮外力,F_x 值取决于车轮的半径与制动器的摩擦力矩 T_μ,但其极限值受到轮胎与地面间附着力 F_φ 的限制。

2. 制动器制动力

在轮胎周缘克服车轮制动器摩擦力矩所需的力称为制动器制动力 F_μ,即:

$$F_\mu = \frac{T_\mu}{r}$$

式中：T_μ——车轮制动器（制动蹄与制动鼓相对滑转时）的摩擦力矩。

制动器制动力 F_μ 取决于制动器结构、类型与尺寸大小，制动器摩擦副系数和车轮半径。一般情况下其数值与制动踏板成正比，即与制动系统的液压或气压大小呈线性关系。对于机构、尺寸一定的制动器而言，制动器制动力主要取决于制动踏板与摩擦副的表面状况，如接触面积大小、表面有无油污等。

3. 制动器制动力、地面制动力及附着力之间的关系

图6-11是在不考虑附着系数 φ 变化的制动过程，地面制动力 F_x 及附着力 F_φ 随制动系统的压力（液压或气压）的变化关系。

车辆制动时，车轮有滚动或抱死滑移两种运动状态。当制动踏板力 F_p 较小时，踏板力和制动摩擦力矩不大，地面与轮胎摩擦力即地面制动力 F_x 足以克服制动器摩擦力矩使车轮滚动。车轮滚动时的地面制动力等于制动器制动力（$F_x = F_\mu$）时，且随踏板力 F_p 的增长成正比增长。

但当制动踏板力 $F_p = F'_p$ 时，地面制动力 F_x 等于附着力 $F_\varphi = F_z \varphi$ 时，车轮即抱死不转而出现拖滑现象，显然，地面制动力 F_x 受轮胎与路面附着条件的限制，其最大值 F_{max} 不可超过附着力，即：

$$F_x \leq F_\varphi = F_z \varphi$$

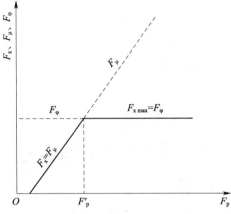

图6-11 地面制动力、制动器制动力及附着力之间的关系

当车轮抱死而拖滑后，随着制动踏板力继续增大，制动器制动力 F_μ 由于制动器摩擦力矩的增长而直线上升，当地面制动力 F_x 达到极限值 F_φ 后不再增长。

因此，地面制动力 F_x 首先取决于制动器制动力 F_μ，但同时又受到地面附着条件 F_φ 的限制。所以汽车制动时必须具有足够的制动器制动力（制动器摩擦力矩），同时路面又能提供高的附着力，才能获得足够的地面制动力。

由上述分析可知，制动器制动力是评价汽车制动性能的最基本指标之一。通过对制动力的检测，不仅可以测得各车轮的制动力的大小，还可了解汽车前后轴制动力合理分配，以及各轴两侧车轮制动力平衡状况，若同时测得制动协调时间便能全面的检验车辆的制动性能。

在试验台检验车轮制动时，与车辆行驶中情况类似，车轮也会出现两种运动状态，一种是车轮转动状态，此时试验台将测得与制动踏板力相应的最大车轮制动力（等于制动器制动力）；另一种是车轮处于停转（试验台滚筒相对车轮轮胎滑转）状态，此时试验台测得的车轮制动力（相当于前述的地面制动力）将等于轮胎与试验台滚筒之间的附着力，往往小于车轮制动器制动力，而无法测得车轮制动器制动力的最大值。因为附着力大小和轮胎与滚筒之间的正压力及附着系数有关。

4. 硬路面上的附着系数

仔细观察汽车的制动过程可发现，轮胎留在地面上的印痕从车轮滚动到滑动是一个渐变的过程。第一阶段：单纯滚动，印痕的形状基本与轮胎胎面花纹相一致。第二阶段：边滚

边滑——可辨别轮胎花纹的印痕,但花纹逐渐模糊,轮胎胎面相对地面发生一定的相对滑动,随着滑动成分的增加,花纹越来越模糊。第三阶段:车轮抱死拖滑,粗黑印痕,看不出花纹。随着制动强度的增加,车轮滚动的成分越来越少,滑动的成分越来越多。实际上,附着系数与滑动程度有关。滑动成分的多少用滑动率 s 表示:

$$s = \frac{u_w - r_{r0}\omega_w}{u_w} \times 100\%$$

式中:r_{r0}——没有制动力时的车轮滚动半径;

u_w——车轮中心的速度;

ω_w——车轮的角速度。

不同滑移率时,附着系数是不一样的,图 6-12 和图 6-13 分别表示了不同路面上和不同车速时滑动率与附着系数的关系。

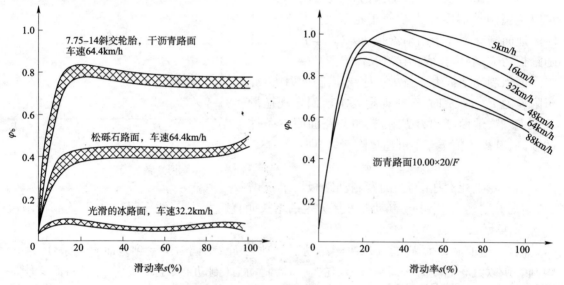

图 6-12 不同路面上滑动率与附着系数的关系   图 6-13 不同车速时滑动率与附着系数的关系

轮胎的磨损会影响其附着能力。路面的宏观结构应有一定的平面度和自排水能力;路面的微观结构应是粗糙且有一定的棱角,以穿透水膜,让路面与胎面直接接触。增大轮胎与地面的接触面积可提高附着能力。低气压、宽断面和子午线轮胎附着系数大。滑水现象减小了轮胎与地面的附着能力,影响车辆的制动和转向能力。

三、制动时的方向稳定性

汽车在制动过程中有时会出现制动跑偏、后轴侧滑或前轮失去转向能力,使汽车失去控制而离开规定行驶方向。汽车在制动过程中维持直线行驶能力,或按预定弯道行驶的能力,称为制动时汽车的方向稳定性。

1. 制动跑偏

制动时汽车自动向左或向右偏驶的现象称为"制动跑偏"。汽车制动跑偏的两个原因是汽车左、右轮制动器的制动力不相等和制动时悬架导向杆与转向系统在运动学上的不协调(运动干涉)。其中,第一个原因是制造和调整造成的,要根据具体情况而定;第二个原因是设计造成的,一般表现为汽车总是朝一个固定的方向跑偏。

2. 制动侧滑

侧滑是指汽车制动时,某一轴的车轮或两轴的车轮发生横向滑动的现象。最危险的情况是在高速制动时,后轴发生侧滑,这时汽车常发生不规则的急剧回转运动,使之部分地或完全失去控制。跑偏和侧滑是有联系的,严重的跑偏有时会引起后轴侧滑,易于发生侧滑的汽车也有加剧跑偏的趋势。

3. 前轮失去转向能力

前轮失去转向能力是指弯道制动时,汽车不再按照原来的行驶方向而沿弯道切线方向驶出的现象。失去转向能力和后轴侧滑也是有联系的,一般地,若后轴不侧滑,前轮就可能失去转向能力;后轴侧滑,前轮常仍有转向能力。制动跑偏、侧滑和前轮失去转向能力是造成交通事故的重要原因。

4. 影响汽车制动稳定性的因素

汽车制动时,前轴抱死使汽车失去转向能力,但汽车此时尚处于稳定状态。后轴抱死则可能使汽车失去控制,处于非稳定状态。因此若使汽车获得较好的制动稳定性。制动中不应出现后轮抱死的不稳定状态,但前轮也不宜抱死,以保持汽车转向能力。前后车轮最好处于即将抱死、而又未抱死的状态,即处于低滑动率的状态。这样,既能充分发挥其纵向附着能力,使汽车有高的制动效能、又能保持汽车的转向能力而不至于出现危险的后轴侧滑。影响汽车制动方向稳定性的因素很多,在研究汽车制动方向稳定性时,应找出主要因素加以解决,以致改善制动稳定性。

1) 载荷

载荷的大小、均布程度都会影响制动。载荷越少,跑偏越严重,甚至引起侧滑,影响汽车的行驶安全性。如果载荷不均也会引起同样的结果,因为汽车在不同行驶情况下,同轴上的两轮的反作用力并不一致,同轴负荷大的车轮地面制动力大,反之制动力小,尤其在制动过程中载荷在前后轴上重新分配。其结果导致制动方向不稳定,因此装载情况是不可忽视的。

2) 道路条件

车轮与道路间相互作用的各种力,会随着道路情况(路面的平面度、附着系数等因素)的变化而变化。最危险的情况是侧向力的增加,尤其在很低的附着系数的路面上制动(潮湿路面、冰雪路面)等时,其自制效果更差。

路面的附着系数对制动方向稳定性危害最大。在制动过程中,随着制动强度的逐渐增加,车轮从滚动逐渐转换为滑动,而且滑动的成分越来越大,变为全部滑动时车轮完全抱死,在路面上拖滑。此时对制动方向稳定性影响最大,只要有一个车轮(尤其是后轮)受到外力作用,就会导致汽车侧滑或跑偏。当滑移距离越小,侧向附着系数越大,则保持转向和防止侧滑的能力越大。附着系数的数值取决于道路的材料、路面的情况、轮胎的结构、胎面、花纹、材料及汽车运动速度等因素。

3) 装配调整质量

装配调整质量的好坏,直接影响汽车的各种性能。就汽车的制动方向稳定性而言,如果装配调整不当,加之质量不高等,都会使其受到影响。例如左右轮的制动器间隙调整不等或摩擦元件加工质量不合格,在制动时都会引起左右制动力矩不等,导致跑偏或侧滑。所以在制动试验规范中(道路或台架试验),明确规定在进行试验前一定要磨合试验并达到规定要求,以使摩擦副接合面积达到最大,使其发挥制动器的最大效能。另外除摩擦副间隙调整外、摩擦条件本身性能对制动方向稳定性也有影响。

4)车轮抱死顺序对制动方向稳定性的影响

汽车制动时,前、后制动器抱死顺序不同将会引起不同的结果。试验结果表明,制动时前、后轮同时抱死虽较理想,但在转弯时汽车会失去转向能力。如果后轮比前轮先抱死,则会发生后轮侧滑,引起汽车剧烈地回转,严重时会掉头。若前轮比后轮先抱死,则能防止后轮侧滑。

5)悬架和转向系统的运动件干涉

如果悬架系统和转向系统设计不合理,就会引起杆系在运动时相互干涉,在制动时会引起跑偏。尤其悬架弹性元件刚度太小,则会造成严重的制动不稳定,因此设计时要保证前悬架弹性元件具有一定的刚度,同时保证杆系运动的协调。

四、制动时制动力的分配

当制动器制动力足够时,制动过程可能出现如下3种情况。

1. 前轮先抱死拖滑,然后后轮抱死拖滑(情况1)

情况1是稳定工况,但在制动时汽车丧失转向能力,且附着条件没有充分利用。

2. 后轮先抱死拖滑,然后前轮抱死拖滑(情况2)

情况2后轴可能出现侧滑,是不稳定工况,附着条件利用率也低。

3. 前后轮同时抱死拖滑(情况3)

情况3可以避免后轴侧滑,同时前转向轮只有在最大制动强度时才丧失转向能力,与前两种情况相比,附着条件利用情况较好。所以,前、后车轮制动器制动力分配比例影响汽车制动时的方向稳定性和附着条件利用程度,是汽车制动系统设计中必须妥善处理的问题。

ABS是防抱死制动系统。它的主要作用是改善整车的制动性能,提高行车安全性,防止在制动过程中车轮抱死(即停止滚动),从而保证驾驶人在制动时还能控制方向,并防止后轴侧滑。当汽车紧急制动时,依靠装在各车轮上高灵敏度的车轮转速传感器,一旦发现某个车轮抱死,计算机立即控制压力调节器使该轮的制动轮缸泄压,使车轮恢复转动,达到防止车轮抱死的目的。ABS的工作过程实际上是"抱死—松开—抱死—松开"的循环工作过程,使车辆始终处于临界抱死的间隙滚动状态,有效克服紧急制动时由车轮抱死产生的车辆跑偏现象,防止车身失控等情况的发生。

EBD是电子制动力分配系统。EBD能够根据由于汽车制动时产生轴荷转移的不同,而自动调节前、后轴的制动力分配比例,提高制动效能(在一定程度上可以缩短制动距离),并配合ABS提高制动稳定性。汽车在制动时,四只轮胎附着的地面条件往往不一样。比如,有时左前轮和右后轮附着在干燥的混凝土地面上,而右前轮和左后轮却附着在水中或泥水中,这种情况会导致在汽车制动时四只轮子与地面的摩擦力不一样,制动时容易造成打滑、倾斜和车辆侧翻事故。EBD用高速计算机在汽车制动的瞬间,分别对四只轮胎附着的不同地面进行感应、计算,得出不同的摩擦力数值,使四只轮胎的制动装置根据不同的情况用不同的方式和力制动,并在运动中不断高速调整,从而保证车辆的平稳、安全。EBD实际上是ABS

的辅助功能,它可以改善提高 ABS 的功效。

五、影响制动性的因素及提高措施

在城市道路条件下,车多人多,车人并行的情况比较常见,由于汽车的制动性直接关系到交通的安全,因此制动效能的显示尤其重要。影响制动效能的因素主要有人、车、环境三个因素。在制动过程中,车辆由驾驶人控制,而驾驶人会因车况、天气状况、路况等因素而影响对车辆的操作或判断,由于每辆车的设计不相同,即使是同一人用同样的驾驶方式也会因为车辆的不同而有不同的制动距离。

1. 驾驶人个体影响制动效果

1)感知时间

每个人的感知时间都不相同,即使是同一人,也会因为是否有心理准备及当时的身体状况(如酒醉或昏睡)而又有很大的变动,不过在一般的情况下,人的感知时间为 0~0.8s,反应时间为 0.7~0.8s。

2)制动方式

一般来说,制动方式可分为一脚踩死和连续踩放方式,这两种制动方式在不同的时速下会产生不同的制动距离增益。大体上来说,车辆低速行驶时驾驶人采用一脚踩死方式则会有较短的制动距离,而在较高车速时,采取连续踩放方式的制动距离较短。对于不同的驾驶人,其制动方式也不相同。有经验的驾驶人,会因为车速的不同而使用不同的制动方式,但对于一般驾驶人来说,在遇到紧急状况下大都使用一脚踩死的方式。

3)踏板力

不同驾驶人踩踏制动踏板的方式往往不同,而不同的踏板应用方式会造成不同的踏力曲线及不同的制动力曲线,其制动距离也随之改变。一般情况下,在最短时间内达到最大踏板力的踩踏方式会有最短的制动距离。

2. 车辆设计影响制动效能

1)制动器

一般来说,车辆的差异会直接影响车辆的制动距离,不同车辆的设计直接影响车辆的制动距离。比如一些高级轿车,其最高速度有逐渐升高的趋势,因此它所配备的制动系统也更为强劲。

决定车辆制动效能的主要因素是制动器起作用的时间、最大制动减速度及附着力,以及起始制动车速。真正使汽车减速停车的是持续制动时间,但制动器起作用时间对制动效能的影响是不小的。制动器起作用时间与制动器的结构形式有密切关系,目前制动器的形式主要有盘式制动器和鼓式制动器。

鼓式制动器稳定性较差,而盘式制动器其制动效能较小,但它常加装真空助力器或压缩空气—液压助力装置以增大制动效能。另外,盘式制动器的制动效能受摩擦系数的影响较小,浸水后效能降低较小,而且只需经 1~2 次制动即可恢复正常。在输出制动力矩相同的情况下,盘式制动器的尺寸和质量一般较小,制动盘沿厚度方向的热膨胀量极小,不会像制动鼓的热膨胀那样使制动器间隙明显增加而导致制动踏板行程过大,还容易实现间隙的自动调整,维护修理比较方便。

2)防抱死制动系统(ABS)

当今世界各国生产的轿车大多装有ABS,例如一台没有装ABS的奔驰轿车,在干路面上以100km/h的初速度制动,制动距离为50m,装上ABS后为41.8m;该车未装ABS时在湿滑路面以100km/h初速度制动,制动距离为100m,装上ABS后为62.8m。但在实际中ABS的制动效能功用与车速有直接的关系。当车速在60km/h以上时,制动效能的增益比较明显;车速在40km/h以下时,系统增益较小。其原因为低速时,从整段制动距离中看,车辆受制动器作用时间及产生制动压力时间的影响较大,即轮胎锁死的时间不长,因此ABS的增益较小。当高速时,轮胎锁死的时间较长,ABS制动的增益较大。

3)胎压对制动效能的影响

胎压过低时,会造成轮胎的外形改变,进而影响车辆的行驶,如车辆摇晃和制动效能的改变。在干地测试时,正确胎压对于制动距离的影响不大,当胎压不足时会增加制动距离。但是不同的路面其制动距离会有所不同,在混凝土路面时,胎压增加则制动距离减少,而在沥青路面上,胎压增加时制动距离却增加。

4)车速对于制动效能的影响

在正确的胎压下,车辆的制动效能与速度变化的关系是在制动初期车速缓慢变化,车辆停止前的速度变化量则剧增。就整个制动过程而言,当低速时,行车速度很快地进入速度变化量大的区域,制动距离较短。而当车速较高时,在制动过程中,速度变化量大的部分增加,故制动距离增加。

5)车辆的维护

良好的车辆维护,特别是对摩擦片的及时更换、制动液的更换或添加,将直接影响到制动效能。

3. 环境对于制动效能的影响

1)天气状况

天气状况的好坏直接影响到驾驶人的反应时间和路况,进而影响到制动效果。雨天驾驶人的反应时间是良好天气状况下驾驶人反应时间的2～3倍。此外由于路况同时发生了改变,也会影响到车辆的制动效能。

2)路况

路面的摩擦系数是影响车辆制动效能的一个主要原因,不同的路面会有不同的摩擦系数,即使是同样的路面(如沥青路面)也会因其使用频率即使用时间的长短而改变其路面的摩擦系数,造成路面摩擦力的改变,进而影响到车辆的制动效能。路面摩擦系数会随着车速的不同而改变,尤其在低速时的变化更大。

第五节 汽车行驶的平顺性

汽车是一个复杂的多质量振动系统,其车身通过悬架的弹性元件与车桥连接,而车桥又通过弹性轮胎与道路接触,其他如发动机、驾驶室等,也是以橡胶垫固定在车架上。由于道路不平而引起的冲击和加速、减速时的惯性力,以及发动机与传动轴振动等产生的激振力作用于车辆系统,将使系统发生复杂的振动,对乘员的生理反应和所运货物的完整性,均会产生不利的影响。在坏路上，汽车的允许行驶速度受动力性的影响不大，主要取决于行驶平顺性；而因坏路被迫降低行车速度，因而使汽车的平均技术速度减低，运输生产率下降。其次，振动产生的动载荷，加速了零件的磨损，乃至引起损坏，降低了汽车的使用寿命。此外，振动还引起能量的消耗，使燃料经济性变差。因此，减少汽车本身的振动，不仅关系到乘坐的舒适和所运货物的完整，而且关系到汽车的运输生产率、燃料经济性、使用寿命和工作可靠性等方面。

汽车的平顺性主要是指保持汽车在行驶过程中产生的振动和冲击对成员舒适性的影响在一定的范围之内，保持驾驶人在复杂行驶和操纵条件下，具有良好的心理状态和准确灵敏的反应。

汽车的平顺性可由图6-14所示的"路面—汽车—人"系统的框图来分析。路面平面度和车速形成了对汽车振动系统的"输入"，此"输入"经过由轮胎、悬架、坐垫等弹性、阻尼元件和悬挂质量、非悬挂质量构成的振动系统的传递，得到振动系统的"输出"是悬挂质量或进一步经座椅传至人体的加速度，此加速度通过人体对振动的反应——舒适性来评价汽车的平顺性。当振动系统的"输出"作为优化的目标时，通常还要综合考虑车轮与路面间的动载和悬架弹簧的动挠度，它们分别影响"行驶安全性"和撞击悬架限位块的概率。

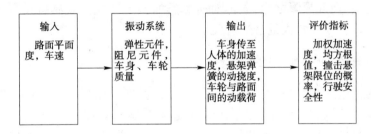

图6-14 路面—汽车—人系统的框图

研究平顺性的主要目的就是控制汽车振动系统的动态特性，使振动的"输出"在给定"输入"下不超过一定界限，以保持乘员的舒适性。

一、人体对振动的反应

机械振动对人体的影响，取决于振动的频率、强度、作用方向和持续时间。而且每个人的心理与身体素质不同，故对振动的敏感程度有很大差异。1974年，国际标准化组织（ISO）在综合大量有关人体全身振动研究成果的基础上，制定了国际标准ISO 2631《人体承受全身振动评价指南》，后来对它进行过修订、补充。从1985年开始进行全面修订，于1997年公布了ISO 2631-1:1997（E）《人体承受全身振动评价 第一部分：一般要求》。我国对相应标准进行了修订，公布了《汽车平顺性随机输入行驶试验方法》（GB/T 4970—1996）。

ISO 2631-1:1997（E）标准规定了图6-15所示的

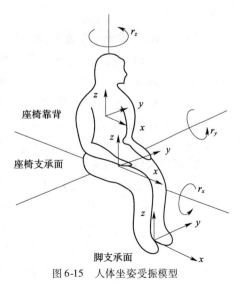

图6-15 人体坐姿受振模型

人体坐姿受振模型。它除了考虑座椅支承面处输入点3个方向的线振动还考虑了座椅支承面处输入点3个人向的角振动、座椅靠背支承面输入点3个方向的线振动和脚支承面输入点3个方向的线振动,共3个输入点12个轴向的振动。

二、人体对振动的敏感范围

20世纪70年代,国际标准化组织(ISO)在综合大量有关人体全身振动的研究工作和文献的基础上,制定了国际标准 ISO 2631:1978E《人体承受全身振动的评价指南》,这样在人承受全身振动的评价方面才有了国际通用性标准。该标准用加速度的均方根值给出了在1～80Hz 振动频率范围内人体对振动反应的三个不同的感觉界限。它们分别是暴露极限、疲劳—工效降低工作效率界限和舒适降低界限。

暴露界限:当人体承受的振动强度在此界限内,将保持人的健康或安全。它作为人体可承受振动量的上限。

疲劳—工效降低界限:当人承受的振动强度在此界限内时,能准确灵敏地反应,正常地进行驾驶。它与保持人的工作效能有关。

舒适降低界限:在此界限之内,人体对所暴露的振动环境主观感觉良好,能顺利地完成吃、读、写等动作。它与保持人的舒适有关。

三、影响汽车行驶平顺性的因素

将汽车视为由彼此相联系的悬挂质量与非悬挂质量所组成。汽车的悬挂质量由车身、车架及其上的总成所构成。该质量由减振器和悬架弹簧与车轴、车轮相连。车轮、车轴构成非悬挂质量,车轮再经过具有一定弹性和阻尼的轮胎支承路面上。悬架结构、轮胎、悬挂质量和非悬挂质量是影响汽车平顺性的重要因素。

1. 悬架结构

悬架结构主要指弹性元件、导向装置与减振装置,其中弹性元件与悬架系统的阻尼对平顺性影响较大。

1)弹性元件

将汽车车身看成一个在弹性悬架上作单自由度振动的质量时,减少悬架刚度,可降低车身的固有频率,提高汽车行驶的平顺性。但是,如果增加高频的非悬挂质量的振动位移,大幅度的车轮振动有时会使车轮离开地面,在紧急制动时,会产生严重的汽车"点头"现象。为解决这一问题,可采取一些相应措施,如采用具有非线性特性的变刚度悬架,即悬架的刚度随载荷而变,这样可以使得在载荷变化时,保持车身振动的固有频率不变,从而获得良好的平顺性。

2)阻尼系统的阻尼

为了衰减车身自由振动和抑制车身、车轮的共振,以减小车身的垂直振动加速度和车轮的振幅,悬架系统中应具有适当的阻尼。在悬架系统中,引起振动衰减的阻尼来源很多。如轮胎变形时,橡胶分子间产生摩擦、系统中的减振器、钢板弹簧叶片间的摩擦等。

减振器的阻尼效果好,可提高汽车行驶平顺性,改善车轮与道路的接触条件,防止车轮离开路面,因而可改善汽车的稳定性,提高汽车的行驶安全性。改进减振器的性能,对提高汽车在不平道路上的行驶速度有很大的作用。

2.轮胎

轮胎由于本身的弹性,在很大程度上吸收了因路面不平所产生的振动,因此它和悬架系统共同保证了汽车的平顺性。轮胎性能的好坏,是用轮胎在标准气压和载荷下,压缩系数的大小(轮胎被压下的高度与充气断面高度的百分比)来表示的。在最大允许负荷作用下,普通轮胎的压缩系数为10%～12%,为了乘坐舒适,客车轮胎的压缩系数稍大些,为12%～14%。

近年来,随着车速的提高,希望轮胎的缓冲性能越来越好。目前,提高轮胎缓冲性能的方法如下:

(1)增大轮胎断面轮辋宽度和空气容量,并相应降低轮胎气压。

(2)改变轮胎结构形式,如采用子午线轮胎。它因轮胎径向弹性大,可以缓和不平路面的冲击,并吸收大部分冲击能量,使汽车平顺性得到改善。

(3)提高帘线和橡胶的弹性,要用较柔软的胎冠。

车轮旋转质量的不平衡,对汽车的行驶平顺性和稳定性都有影响。为了避免因转向轮不平衡而引起振动,必须对每一车轮进行静平衡和动平衡。越是车速高的轿车,对平衡的要求就越高。

3.悬挂质量和非悬挂质量

悬挂质量分配系数 ε 是评价汽车平顺性极其重要的参数,它取决于悬挂质量的分布情况,当 $\varepsilon \approx 1$ 时,前、后悬挂质量的振动彼此互不影响。

减少非悬挂质量,可以减少传给车身上的冲击力。非悬挂质量的振动,对悬挂质量振动加速度有较显著的影响,会使其数据值加大。因此,为了提高汽车的平顺性,采用非悬挂质量较小的独立悬架更为有利。

总之,影响行驶平顺性的结构参数很多,并且彼此间的关系较复杂,必须对这些参数进行综合分析,以便正确地选择参数,提高汽车行驶的平顺性。

第六节　汽车通过性

汽车通过性是指汽车以足够高的平均车速通过各种坏路和无路地带(如松软地面、坎坷不平地段)和各种障碍(陡坡、侧坡、壕沟、台阶、灌木丛)的能力。它的主要影响因素包括汽车的支承—牵引参数和几何参数,也与汽车的其他使用性能(如动力性、平顺性、稳定性)有关。

一、汽车支承通过性评价指标

1.牵引系数 TC

牵引系数指的是单位车重的挂钩牵引力。它表明汽车在松软路面上加速、爬坡及牵引其他车辆的能力。可以由下式表示:

$$TC = \frac{F_d}{G}$$

式中：F_d——汽车的挂钩牵引力；
G——汽车的重力。

2. 牵引效率（驱动效率）TE

牵引效率是指驱动轮输出功率与输入功率之比，它反映了车轮功率传递过程中的能量损失，这部分损失是由于轮胎橡胶与帘布层之间摩擦生热及轮胎下土壤的压实和流动而造成的。可以由下式表示：

$$TE = \frac{F_d}{T_w}\frac{u_a}{\omega} = \frac{F_d r(1-s_r)}{T_w}$$

式中：T_w——驱动轮输入转矩；
ω——驱动轮角速度；
s_r——滑动率。

3. 燃油利用指数 E_f

燃油利用指数指的是单位燃油消耗所输出的功，可以由下式表示：

$$E_f = \frac{F_d u_a}{Q_t}$$

式中：Q_t——单位时间内的燃油消耗量。

二、通过性的几何参数

汽车因离地间隙不足而被地面托住无法通过的现象称为间隙失效。间隙失效分为顶起失效和触头或拖尾失效。顶起失效是指车辆中间底部的零部件碰到地面而被顶住的现象。触头或托尾失效是指因车辆前端或尾部触及地面而不能通过的现象。通过性的几何参数包括最小离地间隙、纵向通过半径、接近角和离去角等，如图 6-16 所示。

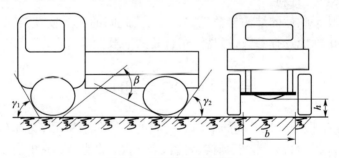

图 6-16　通过性的几何参数

1. 最小离地间隙 h(mm)

最小离地间隙是指汽车满载、静止时，支撑平面与汽车上的中间区域（$0.8b$ 范围内）最低点之间的距离。它表征汽车无碰撞地越过石块、树桩等障碍物的能力。汽车的前桥、飞轮壳、变速器壳、消声器和主减速器外壳等，通常有较小的离地间隙。在设计越野汽车时，应保证有较大的最小离地间隙。

2. 纵向通过角 β(°)

纵向通过角是指汽车满载、静止时，分别通过前、后车轮轮胎外缘，作垂直于汽车纵向对称平面的切面，当两切面切于车体下部最低部位时所夹的最小锐角。它表征汽车可无碰撞地通过小丘、拱桥等障碍物的轮廓尺寸。纵向通过角越大,汽车通过性越好。

3. 接近角 α_1(°)

接近角是指汽车满载、静止时,前端突出点向前轮引切线时,切线与路面之间的夹角。它表征了汽车接近或离开障碍物时,不发生碰撞的能力。接近角越大,汽车通过性越好。

4. 离去角 α_2(°)

离去角是指汽车满载、静止时,后端突出点向后轮引切线时,切线与路面之间的夹角。它表征了汽车接近或离开障碍物时,不发生碰撞的能力。离去角越大,汽车通过性越好。

5. 最小转弯直径

最小转弯直径是指车辆在转向过程中,转向盘向左或向右转到极限位置时,车辆外转向轮印迹中心在其支承面上的轨迹圆直径中的较大者,称为车辆的最小转弯直径。它表征车辆在最小面积内的回转能力和通过狭窄弯曲地带或绕过障碍物的能力。小转弯直径越小,汽车机动性越好。

6. 转弯通道圆

转弯通道内圆是指当转向盘转到极限位置、汽车以最低稳定车速行驶时,车体上所有点在支撑平面上的投影均位于圆周以外的最大内圆。车体上所有支撑点平面上的投影均位于圆周以内的最小外圆,称为转弯通道外圆。它表征转弯通道内、外圆半径差值为汽车极限转弯时所占空间的宽度,此值决定了汽车转弯时所需的空间。转弯通道圆越小,汽车的机动性越好。

不同类型汽车通过性的几何参数见表6-2。

汽车通过性的几何参数　　表6-2

汽车类型	驱动类型	最小离地间隙(mm)	接近角(°)	离去角(°)	最小转弯直径(m)
轿车	4×2	120~200	20~30	15~22	14~26
	4×4	210~370	45~50	35~40	20~30
货车	4×2	250~300	25~60	25~45	16~28
	4×4、6×6	260~350	45~60	35~45	22~42
客车	6×4、4×2	220~370	10~40	6~20	28~44

三、影响汽车通过性的因素

1. 行驶速度

当汽车低速行驶时,土壤剪切和车轮滑转的倾向减少。因此,用低速行驶克服困难地段,可改善汽车的通过性。为此,越野汽车传动系统最大总传动比一般较大。

2. 汽车车轮

车轮对汽车通过性有着决定性的影响,为了提高汽车的通过性,必须正确选择轮胎的花纹尺寸、结构参数、气压等,使汽车行驶滚动阻力较小,附着能力较大。

1) 轮胎花纹

轮胎花纹对附着系数有很大影响。正确地选择轮胎花纹,对提高汽车在一定类型地面上的通过性有很大作用。越野汽车的轮胎具有宽而深的花纹。当汽车在湿路面上行驶时,由于只有花纹的凸起部分与地面接触,使轮胎对地面有较高的单位压力,足以挤出水层。而汽车在松软地面上行驶时,因轮胎下陷而嵌入土壤的花纹凸起数目增加,与地面接触面积及土壤剪切面积都迅速增加。因而能保证有较好的附着性能。越野轮胎花纹的形状应具有脱掉自身泥泞的性能。

在表面滑溜泥泞而底层坚实的道路上,提高通过性的最简单办法是在轮胎套上防滑链(或使用带防滑钉的轮胎),防滑链能挤出表面的水层,直接与地面坚硬部分接触,有的还会增加土壤剪切面积,从而提高附着能力。

2)轮胎直径与宽度

增大轮胎直径和宽度都能降低轮胎的接地比压。用增加车轮直径的方法来减小接地比压,增加接触面积以减少土壤阻力和减少滑转,要比增加车轮宽度更为有效。但增大轮胎直径会使惯性增大,汽车质心升高,轮胎成本增加,并要采用大传动比的传动系统。因此,大直径轮胎的推广使用受到了限制。加大轮胎宽度不仅直接降低了轮胎的接地面比压,而且因轮胎较宽,允许胎体有较大的变形,而不降低其使用寿命,因而可使轮胎气压取得低些。

3)轮胎的气压

在松软地面上行驶的汽车,应相应降低轮胎气压,以增大轮胎与地面的接触面积,降低接地比压,从而减小轮胎在松软地面的沉陷量及滚动阻力,提高土壤推力。轮胎气压降低时,虽然土壤的压实阻力减小,但却使轮胎本身的迟滞损失增加。所以在一定的地面上有一个最小地面阻力的轮胎气压。

实际上,轮胎气压应比该气压略高 19.2~29.4kPa。此时,地面阻力虽稍有增加,但由于在潮湿地面上的附着系数将有较大的提高,从而可改善汽车的通过性。

为了提高越野汽车通过松软地面的能力,而在硬路面上行驶时又不致引起大的滚动阻力和影响轮胎寿命,可装用轮胎中央充气系统,使驾驶人能根据道路情况,随时调节轮胎气压。通常,越野汽车的超低压轮胎气压可以在 49~343kPa 范围内变化。在低压条件下工作的超低压越野轮胎,其帘布层数较少,具有薄而坚固,又富有弹性的胎体,以减少由于轮胎变形引起的迟滞损失,并保证其使用寿命。

4)前轮距与后轮距

当汽车在松软地面上行驶时,各车轮都需克服滚动阻力。如果汽车前轮距与后轮距相等,并有相同的轮胎宽度,则前轮辙与后轮辙重合,后轮就可沿被前轮压实的轮辙行驶,使汽车总滚动阻力减小,提高汽车通过性。所以,多数越野汽车的前轮距与后轮距相等。

5)前轮与后轮的接地比压

试验证明,前轮距与轮距相等的汽车行驶于松软地面时,当前轮对地面的单位压力比后轮的比压小 20%~30% 时,汽车滚动阻力最小。为此,除在设计汽车时,可将负荷按此要求分配于前、后轴,也可以使前、后轮的轮胎气压不同,以产生不同的接地比压。

3. 液力传动

当汽车装有液力变矩器或液力偶合器时,能提高发动机工作的稳定性,使汽车可以长时间稳定地以低速行驶,从而可减小滚动阻力和提高附着力,改善汽车通过性。液力传动还能消除机械式传动系统经常发生的扭振现象。这种扭振现象会引起驱动力产生周期性冲击,减少土壤颗粒间的摩擦,增加了轮辙深度,并减少轮胎与土壤间的附着力,因而使车轮滑转的可能性大为增加。扭矩脉动所引起的土壤内摩擦力的减小,还会使汽车前轮所造成的轮辙立即展平,使后轮滚动阻力增加。

装有普通机械传动系统的汽车,在松软地面行驶时,由于车速低,汽车惯性不足以克服较大的行驶阻力,致使换挡时,因切断功率而停车。采用液力传动即可消除因换挡所引起的功率传递间断现象,因而使汽车通过性有显著提高。

4. 悬架

6×6 型和 8×8 型多轴驱动的越野汽车在异常坎坷不平的地面上行驶时,常会因独立悬架的结构引起某驱动车轮的垂直载荷大幅度减小,乃至离开地面而悬空的现象,使驱动车轮失去与地面的附着而影响通过性。独立悬架和平衡式悬架允许车轮与车架间有较大的相对位移,使驱动车轮与地面经常保持接触,以保证有较好的附着性能。同时独立悬架可显著地提高汽车的最小离地间隙,从而提高汽车的通过性。

5. 拖带挂车

汽车拖带挂车后,由于总质量增加,动力性将有所降低,即汽车列车的最大动力因数将比单车的最大动力因数小。因而,汽车列车的通过性也随之变得差些。为了保证汽车列车有足够高的通过性,对经常拖挂车工作的汽车,应该有较大的动力因数。增大传动系统的总传动比可以加大动力因数,但与此同时,汽车的最大行驶速度将会降低;加大发动机功率也会增大动力因数,但汽车在一般道路上行驶时,由于功率利用率低,将使汽车燃料经济性变坏。将汽车列车做成全轮驱动是提高相对附着质量的最有效方法。这可通过在挂车上也装上动力装置(动力挂车),或将牵引车的动力通过传动轴或液压管路传输到挂车的车轮上(驱动力挂车)。

全轮驱动汽车列车的通过性较高,这不仅因其相对附着质量最大,同时,由于道路上各点的附着系数一般是不同的(如道路上有积水小坑),驱动车轮数目增多后,各驱动车轮均遇到附着系数小的支承面的可能性大为减小,因而对汽车列车的通过性有利。此外,与相同质量的重型载货汽车相比,全轮驱动汽车列车的车轮数一般较多,因而车轮对地面的比压较小。另外,还可以把各轴轮距做成相等,以减少滚动阻力,提高通过性。

设计汽车列车时,应使挂车车轮轨迹在转弯时与牵引车后轮轨迹重合。这不仅可减小汽车列车的转弯宽度,提高机动性,同时也可降低汽车列车在松软地面上转弯时的滚动阻力,而提高其通过性。

6. 驱动防滑系统(ASR)

汽车在泥泞道路或冰雪路面行驶时,因路面的附着系数小,常会出现驱动轮滑转现象。当驱动轮滑转时,产生的驱动力很小。特别是驱动轮原地空转时,驱动力接近零。例如,汽车驱动轮陷入泥坑时,汽车不能前进。即汽车的驱动轮一侧或两侧滑转后,汽车的总驱动力不足以克服行驶阻力,使汽车通过坏路的行驶能力受到限制。汽车驱动轮胎滑转,限制了汽车动力性的发挥,增加了轮胎的磨损,降低了轮胎的使用寿命;并使汽车抗侧向力的能力下降,当遇到侧风或横向斜坡时,容易发生侧滑,影响汽车行驶的横向稳定性。

ASR 是 ABS 的延伸。ABS 和 ASR 分别保证汽车在制动和驱动过程中的稳定性和转向性。ASR 是保证驱动附着条件,充分发挥驱动力,保证汽车的驱动稳定性的装置。一般在汽车的 ABS 中设与 ASR 的接口电路,ASR 也可独立装车使用。

第七章 汽车新技术与新能源汽车

第一节 汽车新技术

一、发动机新技术

1. VTEC 技术

VTEC(Variable Valve Timing and Valve Life Electronic Control System)是本田公司开发的先进发动机技术,也是世界上第一个能同时控制气门开闭时间及升程两种不同情况的气门控制系统。VTEC 代表可变气门配气相位和气门升程电子控制系统。与普通发动机相比,VTEC 发动机所不同的是凸轮与摇臂的数目及控制方法,它有中低速用和高速用两组不同的气门驱动凸轮(图7-1),并可通过电子控制系统的调节进行自动转换。在中低转速时,由普通的凸轮来顶动气门,当发动机处于中高转速区间时,机油会推动位于气门摇臂内的柱塞来完成两种凸轮的转换,高角度的凸轮不但可以使气门在一个工作循环中开启的时间更长,同时可以增加气门的升程,这样可以有效保证高转速时发动机对进气的需求。

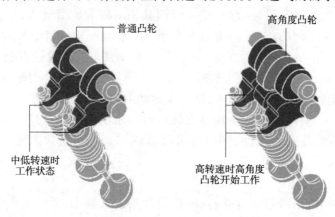

图 7-1　VETC 系统示意图

通过 VTEC 系统装置,发动机可以根据行驶工况自动改变气门的开启时间和提升程度,即改变进气量和排气量,从而达到增大功率、降低油耗及减少污染的目的。目前本田车型都使用 i-VTEC(智能可变气门配气相位和气门升程电子控制系统),i-VTEC 技术作为本田公司 VTEC 技术的升级技术,其不仅完全保留 VTEC 技术的优点,而且加入了当今世界流行的智能化控制理念。

2. VVT-i 技术

VVT-i(Variable Valve Timing-intelligent)代表的含义是智能正时可变气门控制系统。这

一装置提高了进气效率,实现了低、中转速范围内转矩的充分输出,保证了各个工况下都能得到足够的动力表现。另一个先进之处在于全铝合金缸体带来的轻量化,不仅减小了质量,也降低了发动机的噪声。可变配气正时控制机构的主要目的是在维持发动机怠速性能情况下,改善全负荷性能。这种机构是保持进气门开启持续角不变,改变进气门开闭时刻来增加充气量,可变气门正时系统结构图如图 7-2 所示。

3. CVVT

CVVT(Continue Variable Valve Timing)称作连续可变的气门正时系统,是在 VVT-i 和 i-VTEC 的基础上研发而来。韩国现代轿车所开发的 CVVT 是一

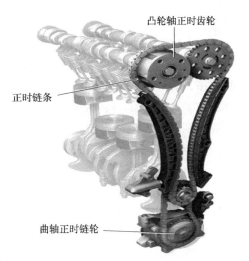

图 7-2　进气端可变气门正时系统

种通过电子液压控制系统改变凸轮轴打开进气门的时间早晚,从而控制所需的气门重叠角的技术。这项技术着重于第一个字母 C,强调根据发动机的工作状况连续变化,时时控制气门重叠角的大小,从而改变汽缸进气量。

当发动机低速小负荷运转时(怠速状态),这时应延迟进气门打开时间,减小气门重叠角,以稳定燃烧状态;当发动机低速大负荷运转时(起步、加速、爬坡),应使进气门打开时间提前,增大气门重叠角,以获得更大的转矩;当发动机高速大负荷运转时(高速行驶),也应延迟进气门打开时间,减小气门重叠角,从而提高发动机工作效率;当发动机处于中等工况时(中速匀速行驶),CVVT 也会相对延迟进气门打开时间,减小气门重叠角,此时的目的是减少燃油消耗,降低污染排放。

4. FSI

FSI(Fuel Stratified Injection)称作缸内燃油分层喷射,是电喷发动机利用电子芯片经过计算分析精确控制燃油喷射量进入汽缸燃烧,以提高发动机混合燃油比例,进而提高发动机效率的一种技术。与传统技术把燃油喷入进气歧管的发动机相比,FSI 发动机的主要优势有:动态响应好、功率和转矩可以同时提升、燃油消耗降低。

直喷式汽油发动机采用类似于柴油发动机的供油技术,通过一个高压油泵提供所需的 10MPa 以上的压力,将汽油泵给位于汽缸内的电磁燃油喷嘴。然后通过电脑控制喷射器将燃料在最恰当的时间直接喷入燃烧室,通过对燃烧室内部形状的设计,使混合气能产生较强的涡流使空气和汽油充分混合,然后使火花塞周围区域能有较浓的混合气,其他周边区域有较稀的混合气,保证了在顺利点火的情况下尽可能地实现稀薄燃烧。如图 7-3 所示,高压喷油嘴是直接向汽缸内喷射燃油的,而传统发动机的喷油嘴则安排在了进气道中,这就是缸内直喷的最明显特征。

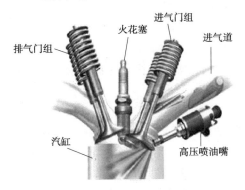

图 7-3　FSI 系统示意图

5. OBD

OBD(On-Board Diagnostics)称作车载自动诊断系统。电子技术应用于发动机管理系统,除燃油喷射系统和点火功能等基本功能外,还有车载诊断功能。OBD是一种自动诊断汽车的程序,当系统出现故障时,故障(MIL)灯或检查发动机(Check Engine)警告灯亮,同时动力总成控制模块(PCM)将故障信息存入存储器,通过一定的程序可以将故障码从PCM(动力总成控制模块)中读出。根据故障码的提示,维修人员能迅速准确地确定故障的性质和部位,有针对性地去检查有关部位、元件和线路,将故障排除。

二、底盘新技术

1. 变速器新技术

DSG(Direct Shift Gearbox)变速器也称为S-Tronic变速器或者双离合变速器(Double-clutch Gearbox)。DSG变速器的技术源于1985年奥迪赛车上的双离合器变速器。DSG变速器与一般的变速系统不同,它是基于手动变速器,而不是自动变速器。DSG可以手动换挡也可以自动换挡,它比传统的自动变速器易于控制也能传递更多功率,但又比手动变速器反应更快。

DSG采用传统的P-R-N-D-S挡位设置,可以自动切入D挡常规模式或者S挡运动模式。在常规模式下,DSG会提前加挡以减少发动机噪声,提高燃油经济性。而在运动模式下变速器在低速挡会停留较长时间以保证有足够的动力。而这特别适用于有涡轮增压装置的车辆如奥迪A3、大众高尔夫GTI以及大众速腾GLI,因为涡轮增压机都工作在较高的转速下。在运动模式下只要轻踩加速踏板就可以迅速减挡。

手动模式可以通过推动换挡杆或位于转向盘上的换挡拨片进入,一旦进入手动模式就可以用换挡杆或换挡拨片进行换挡。如果在手动模式下用换挡拨片操纵时,拨动加挡拨片并停住,变速器会切入自动挡状态,驾驶人可以瞬间减挡,然后松开拨片又可以手动控制变速器了。

DSG变速器主要由多片湿式双离合器、三轴式齿轮变速器、自动换挡机构、电子控制液压控制系统组成。其中最具创意的核心部分是双离合器和三轴式齿轮箱,如图7-4所示。

2. 悬架新技术

电子技术控制汽车悬架系统主要由(车高、转向角、加速度、路况预测)传感器、电子控制ECU、悬架控制的执行器等组成。系统的控制功能通常有以下三个。

(1)车高调整。当汽车在起伏不平的路面行驶时,可以使车身抬高,以便于通过;在良好路面高速行驶时,可以降低车身,以减少空气助力,提高操纵稳定性。

(2)阻尼力控制。用来提高汽车的操纵稳定性,在急转弯、急加速和紧急制动情况下,可以抑制车身姿态的变化。

(3)弹簧刚度控制。改变弹簧刚度,使悬架满足运动或舒适的要求。

汽车采用主动式悬架后,汽车对侧倾、俯仰、横摆跳动和车身的控制都能更加迅速、精确,汽车高速行驶和转弯的稳定性提高,车身侧倾减少。制动时车身前俯小,起动和急加速可减少后仰。即使在坏路面,车身的跳动也较少,轮胎对地面的附着力提高。

在电子控制的主动式空气悬架系统中,微机根据传感器送来的信号和驾驶人给予的控制模式经过运算分析后向悬架发出指令,悬架可以根据微机给出的指令改变悬架的刚度和阻尼系数,使车身在行驶过程中保持良好的稳定性能,并且将车身的振动响应控制在允许的范围内。

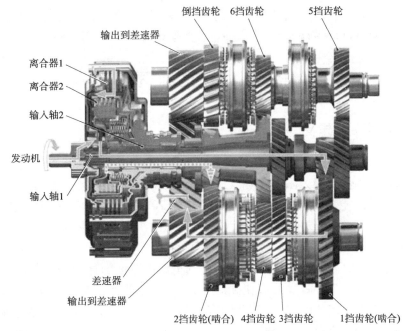

图 7-4　DSG 变速器组成示意图

一般说来,主动式空气悬架的控制内容包括车身高度、减振器衰减力、弹簧弹性系数等三项。车高的控制分为标准、升高和只升高后轮三种工作状态。减振器的衰减力控制分低、中、高三挡。空气弹簧的弹性系数分软、硬两挡。

空气悬架系统一般由空气弹簧、减振器、导向结构、空气供给单元(如空气压缩机、止回阀、气路、储气罐等)、高度控制阀等组成,如图 7-5 所示。

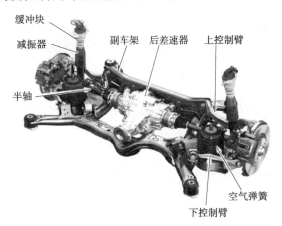

图 7-5　奥迪 A6L 主动式空气后悬架组成示意图

空气悬架电子控制系统的工作原理为用空气压缩机形成压缩空气,并将压缩空气送给弹簧和减振器的空气室中,以此来改变车辆的高度。在前轮和后轮的附近设有车高传感器,按车高传感器的输出信号,微机判断出车辆高度,再控制压缩机和排气阀,使弹簧压缩或伸长,从而控制车辆高度。在减振器内设有电动机,电动机受微机的信号控制。利用电动机可以改变通气孔的大小,从而改变了衰减力的大小。

一般在汽车仪表板上有空气悬架系统的开关,利用开关可以形成不同的工作方式。带有主动悬架的车型有进口雪铁龙 C5、路虎揽胜、奔驰 S 级、奥迪 A8L 等。

第二节 新能源汽车

一、新能源汽车的定义

新能源又称非常规能源,是指传统能源之外的各种能源,也指刚开始开发利用或正在积极研究、有待推广的能源,如太阳能、风能、海洋能、生物质能和核聚变能等。2012 年 7 月 9 日,国务院发布的《节能与新能源汽车产业发展规划(2012—2020 年)》中界定新能源汽车是指采用新型动力系统,完全或主要依靠新型能源驱动的汽车。此规划中所指新能源汽车主要包括纯电动汽车、插电式混合动力汽车及燃料电池汽车。

目前,全球能源和环境面临着巨大的挑战,汽车作为石油消耗和二氧化碳排放大户,需要进行革命性的变革。为了减少二氧化碳的排放,发展新能源汽车已经在全球范围内达成了共识。我国汽车工业以纯电驱动作为技术转型的主要战略方向,重点突破电池、电动机和电控技术,推进纯电动、燃料电池、插电式混合动力、油电混合动力等汽车产业化,实现汽车工业的跨越式发展。近期我国以混合动力汽车为重点,大力推广普及节能汽车,逐步提高我国汽车燃油经济性水平。"十二五"期间,我国大力发展节能汽车,中度、重度混合动力乘用车保有量超过 100 万辆,但是占总体汽车保有量的比重还是小的。预计到 2020 年,纯电动汽车和插电式混合动力汽车会实现产业化,市场保有量有望超过 500 万辆。

二、普通混合动力汽车

混合动力是指那些采用传统燃料,同时配以电动机和发动机来改善低速动力输出和燃油消耗的车型。按照燃料种类的不同,主要又可以分为汽油混合动力汽车和柴油混合动力汽车两种。国内市场中,混合动力汽车的主流是汽油混合动力汽车,而国际市场中柴油混合动力车型的发展也很快。

按混合动力汽车动力系统结构类型的不同,可以将其分为串联式混合动力汽车、并联式混合动力汽车和混联式混合动力汽车,如图 7-6 ~ 图 7-8 所示。

1. 串联式混合动力汽车

串联式混合动力汽车只用电动机驱动行驶,发动机只作为动力源。

2. 并联式混合动力汽车

并联式混合动力汽车是以发动机为主动力,电动机作为辅助动力。这种方式主要以发动机驱动行驶,利用电动机所具有的再起动时产生强大动力的特征,在汽车起步、加速等发动机燃油消耗较大时,用电动机辅助驱动的方式来降低发动机的油耗。这种方式的结构比较简单,只需要在汽车上增加电动机。

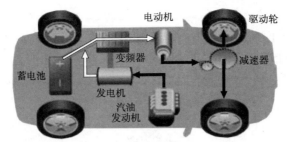

图 7-6　串联式混合动力汽车

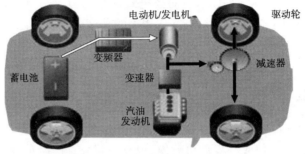

图 7-7　并联式混合动力汽车

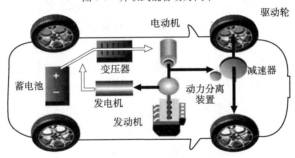

图 7-8　混联式混合动力汽车

3. 混联式混合动力汽车

混联式混合动力汽车在并联的基础上增加独立发电机。起动和低速时是只靠电动机驱动行驶,当速度提高时,由发动机和电动机共同高效地分担动力,这种方式需要动力分担装置和发电机等,因此结构复杂。

三、插电式混合动力汽车

插电式混合动力汽车是可以在正常使用情况下,从非车载装置中获取电能,以满足车辆一定的纯电动续驶里程的混合动力汽车,可分为增程式和混联插电式。

1. 增程式混合动力汽车

增程式混合动力汽车是在纯电动汽车的基础上开发的电动汽车,之所以称之为增程式混合动力汽车是因为车辆追加了增程器(传统发动机加发电机),而为车辆追加增程器的目的是进一步提升纯电动汽车的续驶里程,使其能够尽量避免频繁地停车充电。

2. 插电式混合动力汽车

插电式混合动力汽车是由混合动力汽车进化而来的,它继承了混合动力汽车的大部分特点,但把混合动力汽车的功率型电池替换为比容量(单位质量所包含的能量)更大的能量型电池,如此一来动力电池就有足够的能量保证车辆可以在零排放、无油耗的纯电动模式下行驶一定的距离。

从驱动的角度分析,增程式混合动力汽车不论工作在纯电动模式还是增程模式下,其车轮始终仅由电动机独立驱动,而插电式混合动力汽车如果工作在混合动力模式下,发动机会与电动机一同参与到驱动车轮的行列(经动力耦合后)。从系统选型的角度分析,增程式混合动力汽车必须是串联式混合动力形式,而插电式混合动力汽车可以是并联式混合动力形式,也可以是混联式混合动力形式。从电气化程度的角度分析,增程式混合动力汽车的电气化程度无疑更高,具体表现就是电功率占总输出功率的百分比是100%,而插电式混合动力汽车不足100%。

四、纯电动汽车

纯电动汽车就是由车载可充电蓄电池或其他能量储存装置提供电能、由电动机驱动的汽车,有一部分车辆把电动机装在发动机舱内,也有一部分直接以车轮作为四台电动机的转子,其难点在于电力储存技术。

电力可以从多种能源获得,如煤、核能、水力、风力、光、热等,解除了人们对石油资源日渐枯竭的担心。纯电动汽车还可以充分利用夜晚用电低谷时富余的电力充电,使发电设备日夜都能充分利用。有关研究表明,同样的原油经过粗炼,送至电厂发电,经充入电池,再由电池驱动汽车,其能量利用效率比经过精炼变为汽油,再经汽油机驱动汽车高,因此发展电动汽车有利于节约能源和减少二氧化碳的排放。正是这些优点,使电动汽车的研究和应用成为汽车工业的一个"热点"。对于发展纯电动汽车而言,最大的障碍是基础设施建设以及价格,与混合动力汽车相比,纯电动汽车更需要基础设施的配套,而这不是一家企业能解决的,需要各企业联合起来与政府部门一起建设。

目前,纯电动汽车主要有以下几类。

1. 城市纯电动汽车

城市纯电动汽车(Urban Electric Vehicle,UEV)的车速和续驶里程都较低,适合于城市短距离交通,主要车型是小型纯电动汽车和城市公交车。目前国内主要汽车厂家,如一汽、上汽、北汽、江淮、东风、奇瑞等汽车品牌生产的主要是城市纯电动汽车,动力电池以锂电池为主。而山东地区的一些民营企业,由于生产资质不健全,大多没有生产乘用车的资质,主要生产老年代步车、电动观光车、轻型电动车等小型低速电动车,动力电池以铅酸电池为主。

2. 全纯电动汽车

全纯电动汽车(All Electric Vehicle,AEV)装有足够容量的动力电池,车速和续驶里程基本可以满足日常较远距离的行驶要求。如美国的Tesla(特斯拉),车速可达到高端跑车的水平。Tesla Model S省去了汽油机、油箱、变速器、传动轴等,这让车身结构变得空前简洁,几乎就分底盘、车身两个部分。与国内大多数纯电动汽车不同的是,Tesla的轮胎和电动机几乎融为一体,而整个底盘由电池组成,电池和框架紧密结合,刚性很好。85kW·h的版本从静止加速到100km/h仅需5.6s,最高速度可达200km/h,续航里程可以达到425km。图7-9所示为Tesla汽车。

图7-9 Tesla汽车

五、燃料电池汽车

燃料电池汽车是指以氢气、甲醇等为燃料,通过化学反应产生电流,依靠电动机驱动的汽车。其工作原理是,使作为燃料的氢在汽车搭载的燃料电池中与大气中的氧发生化学反应,产生出电能发动电动机,由电动机带动汽车中的机械传动结构,转动车轮驱动汽车。核心部件燃料电池采用的能源间接来源是甲醇、天然气、汽油等烃类化学物质,通过相关的燃料重整器发生化学反应间接地提取氢元素;直接来源就是石化裂解反应提取的纯液化氢。由于电池的能量来自氢气和氧气发生的化学反应,而非油燃烧获得,燃料电池的化学反应过程不会产生有害产物,因此燃料电池汽车是无污染的汽车。燃料电池的能量转换效率比内燃机要高2~3倍,因此从能源的利用和环境保护方面考虑,燃料电池汽车是一种理想的绿色新型环保汽车。

近几年来,燃料电池技术已经取得了重大的进展。世界著名汽车制造厂,如戴姆勒-克莱斯勒、福特、丰田和通用汽车公司等已经宣布将燃料电池汽车投向市场。在开发燃料电池汽车过程中仍然存在着技术挑战,如燃料电池组的一体化,汽车制造厂都在朝着集成部件和减少部件成本的方向努力,并已取得了显著的进步。

参 考 文 献

[1] 臧杰,阎岩. 汽车构造[M]. 北京:机械工业出版社,2012.
[2] 陈家瑞. 汽车构造[M]. 北京:机械工业出版社,2014.
[3] 邓红星. 汽车运用基础[M]. 北京:机械工业出版社,2014.
[4] 孙凤英,阎春利. 汽车性能[M]. 哈尔滨:东北林业大学出版社,2010.
[5] 中华人民共和国公安部. GA 36—2007 中华人民共和国机动车号牌[S]. 北京:中国标准出版社,2007.
[6] 全国人民代表大会常务委员会. 中华人民共和国主席令第八号 中华人民共和国道路交通安全法. 北京:中国法制出版社,2011.
[7] 国家环境保护总局,国家质量监督检验检疫总局. GB 18285—2005 点燃式发动机汽车排气污染物排放限值及测量方法(双怠速法及简易工况法). 北京:中国标准出版社,2005.
[8] 国家环境保护总局,国家质量监督检验检疫总局. GB 3847—2005 车用压燃式发动机和压燃式发动机汽车排气烟度排放限值及测量方法. 北京:中国标准出版社,2005.
[9] 国家质量技术监督局. GB/T 18344—2001 汽车维护、检测、诊断技术规范. 北京:中国标准出版社,2001.
[10] 彭光乔,姚博瀚. 汽车保养与维护[M]. 北京:北京理工大学出版社,2012.
[11] 凌永成. 汽车运用工程学[M]. 北京:北京大学出版社,2008.
[12] 王永盛. 汽车评估[M]. 2 版. 北京:机械工业出版社,2012.

人民交通出版社汽车类本科教材部分书目

1. "十二五"普通高等教育规划教材 车辆工程专业

书 号	书 名	作 者	定 价	出版时间	课 件
978-7-114-10437-4	●汽车构造（第六版）上册	史文库、姚为民	48.00	2016.07	配光盘
978-7-114-10435-0	●汽车构造（第六版）下册	史文库、姚为民	58.00	2016.08	配光盘
978-7-114-13444-9	●汽车发动机原理（第四版）	张志沛	38.00	2017.04	有
978-7-114-09527-6	★汽车排放及控制技术（第二版）	龚金科	28.00	2016.07	有
978-7-114-09749-2	★汽车检测技术与设备（第三版）	方锡邦	25.00	2015.04	有
978-7-114-09545-0	★汽车电子控制技术（第二版）	冯崇毅、鲁植雄、何丹娅	35.00	2016.07	有
978-7-114-09675-4	车身CAD技术（第二版）	陈 鑫	18.00	2012.04	有
978-7-114-09681-5	汽车有限元法（第二版）	谭继锦	25.00	2015.12	有
978-7-114-09493-4	电动汽车（第三版）	胡骅、宋慧	40.00	2012.01	有
978-7-114-09554-2	汽车液压控制系统	王增才	22.00	2012.02	有
978-7-114-09636	汽车构造实验教程	阎岩、孙纲	29.00	2012.04	
978-7-114-09555-9	汽车内饰设计概论（第二版）	泛亚内饰教材编写组	29.00	2016.08	
978-7-114-11612-4	★汽车理论（第二版）	吴光强	46.00	2014.08	有
978-7-114-10652-1	★汽车设计（第二版）	过学迅、黄妙华、邓亚东	38.00	2013.09	有
978-7-114-09994-6	★汽车制造工艺学（第三版）	韩英淳	38.00	2016.02	有
978-7-114-11157-0	★汽车振动与噪声控制（第二版）	陈 南	28.00	2015.07	有
978-7-114-05467-9	★汽车节能技术	陈礼璠、杜爱民、陈明	19.00	2013.08	
978-7-114-10085-7	汽车车身制造工艺学	钟诗清	27.00	2016.02	有
978-7-114-10056-7	汽车试验技术	何耀华	28.00	2012.11	有
978-7-114-10295-0	汽车专业英语（第二版）	黄韶炯	25.00	2016.05	有
978-7-114-12515-7	汽车安全与法规（第二版）	刘晶郁	35.00	2015.12	有
978-7-114-10547-0	汽车造型	兰 巍	36.00	2013.07	有
978-7-114-11136-5	汽车空气动力学	胡兴军	22.00	2014.04	有
978-7-114-09884-0	★专用汽车设计（第二版）	冯晋祥	42.00	2013.07	有
978-7-114-09975-5	汽车车身结构与设计	曹立波	24.00	2012.10	有
978-7-114-11070-2	汽车电器与电子控制技术	周云山	40.00	2014.03	有
978-7-114-10944-7	大客车车身制造工艺	张德鹏	25.00	2014.04	有
978-7-114-11730-5	汽车内饰模具结构及工艺概论	周强、成薇	48.00	2016.08	
978-7-114-12863-9	新能源汽车原理技术与未来	陈丁跃	36.00	2016.05	有
978-7-114-12649-9	汽车油泥模型设计与制作	黄国林	69.00	2016.03	
978-7-114-12261-3	汽车试验学（第二版）	郭应时	32.00	2015.01	有

2. "十二五"普通高等教育规划教材 汽车服务工程专业

书 号	书 名	作 者	定 价	出版时间	课 件
978-7-114-13643-6	★汽车电子控制技术（第四版）	舒 华	48.00	2017.03	有
978-7-114-09573-3	交通运输系统工程（第三版）	刘舒燕	30.00	2016.07	有
978-7-114-09882-6	汽车文化（第二版）	宋景芬	25.00	2015.01	有
978-7-114-09821-5	汽车金融（第二版）	强添纲	29.00	2016.01	有
978-7-114-09561-0	★汽车运行材料（第二版）	孙凤英	16.00	2016.05	有
978-7-114-08869-8	汽车运用工程	陈焕江、胡大伟	38.00	2015.06	
978-7-114-11616-2	●汽车运用工程（第五版）	许洪国	39.00	2016.07	有
978-7-114-07419-6	★汽车营销学	张国方	41.00	2016.07	
978-7-114-11522-6	★汽车发动机原理（第二版）	颜伏伍	42.00	2014.09	有
978-7-114-11672-8	★汽车事故工程（第三版）	许洪国	36.00	2015.11	有
978-7-114-10630-9	★汽车再生工程（第二版）	储江伟	35.00	2013.08	有
978-7-114-10605-7	汽车维修工程（第二版）	储江伟	48.00	2015.06	有
978-7-114-12636-9	汽车新能源与节能技术（第二版）	邵毅明	36.00	2016.03	有
978-7-114-12173-9	汽车检测与诊断技术（第二版）	陈焕江	45.00	2015.07	有
978-7-114-12543-0	汽车服务工程（第二版）	刘仲国、何效平	45.00	2016.03	有
978-7-114-10849-5	工程热力学与传热学（第二版）	李岳林	32.00	2015.04	有

书　号	书　名	作　者	定　价	出版时间	课件
978-7-114-10789-4	汽车检测诊断与维修	王志洪	45.00	2013.12	有
978-7-114-10887-7	旧机动车鉴定评估（第二版）	鲁植雄	33.00	2013.12	有
978-7-114-10367-4	现代汽车概论（第三版）	方　遒、周水庭	28.00	2016.01	有
978-7-114-11319-2	交通运输专业英语	杨志发、刘艳莉	25.00	2014.06	有
978-7-114-10848-8	道路交通安全工程	刘浩学	35.00	2013.09	有
978-7-114-11668-1	道路交通事故处理	王洪明	36.00	2015.02	
3. 应用技术型高校汽车类专业规划教材					
978-7-114-13075-5	汽车构造·上册（第二版）	陈德阳、王林超	33.00	2016.08	有
978-7-114-13314-5	汽车构造·下册（第二版）	王林超、陈德阳	45.00	2016.12	有
978-7-114-11412-0	汽车液压与气压传动	柳　波	38.00	2014.07	有
978-7-114-11411-3	汽车营销	谢金法、赵　伟	35.00	2014.07	有
978-7-114-12846-2	汽车电器设备	吴　刚	39.00	2016.04	有
978-7-114-11281-2	汽车电气设备	王慧君、于明进	32.00	2015.07	有
978-7-114-11280-5	发动机原理	訾　琨、邓宝清	40.00	2014.07	有
978-7-114-11279-9	汽车维修工程	徐立友	43.00	2014.07	有
978-7-114-11508-0	汽车电子控制技术	吴　刚	45.00	2014.08	有
978-7-114-13147-9	汽车试验技术	门玉琢	33.00	2016.08	有
978-7-114-11446-5	汽车试验学	付百学、慈勤蓬	35.00	2014.07	有
978-7-114-11710-7	汽车评估	李耀平	29.00	2014.10	有
978-7-114-11874-6	汽车专业英语	周　靖	22.00	2015.03	有
978-7-114-11904-0	新能源汽车	徐　斌	29.00	2015.03	有
978-7-114-11677-3	汽车制造工艺学	石美玉	39.00	2014.10	有
978-7-114-11707-7	汽车 CAD/CAM	王良模、杨　敏	45.00	2014.10	有
978-7-114-11693-3	汽车服务工程导论	王林超	25.00	2016.05	
978-7-114-11897-5	汽车保险与理赔	谭金会	29.00	2015.01	有
4. 21世纪交通版高等学校教材　汽车服务工程专业					
978-7-114-06712-9	汽车构造（上册）	冯晋祥	33.00	2015.07	
978-7-114-06716-7	汽车构造（下册）	冯晋祥	36.00	2015.07	
978-7-114-12270-5	现代汽车检测与故障诊断（第二版）	刘仲国	38.00	2015.09	
978-7-114-05111-1	汽车服务工程	刘仲国、何效平	24.00	2014.01	
978-7-114-05892-6	汽车维修企业设计与管理	傅厚扬、冉广仁	21.00	2014.08	
978-7-114-06124-0	汽车电器与电子技术	寒小平、麻友良	35.00	2015.05	
978-7-114-08604-5	汽车发动机原理与汽车理论	陈　燕	40.00	2014.12	
978-7-114-08206-1	汽车文化概论	陈燕、王昕彦	28.00	2016.06	
978-7-114-07879-8	当代汽车电控系统结构原理与检修（第二版）	吴际璋、王林超	35.00	2016.01	
978-7-114-07842-2	汽车运行材料（第二版）	郎全栋、董元虎	25.00	2016.06	
978-7-114-07490-5	汽车文化（第二版）	郎全栋	15.00	2016.06	
5. 普通高等教育规划教材　汽车服务工程专业					
978-7-114-07164-5	汽车评估	杜　建	33.00	2016.07	
978-7-114-13673-3	★汽车排放与噪声控制（第二版）	李岳林	35.00	2017.04	有
978-7-114-07155-3	汽车新能源与节能技术	邵毅明	30.00	2015.07	
978-7-114-06849-2	汽车服务企业管理	王生昌	26.00	2015.07	
978-7-114-13739-6	汽车服务工程专业英语（第二版）	于明进	28.00	2017.06	有
978-7-114-07829-3	汽车试验学	关　强、杜丹丰	22.00	2015.11	
978-7-114-08576-5	汽车服务场站设计	崔淑华	32.00	2016.07	
978-7-114-07256-7	汽车可靠性	肖生发、郭一鸣	23.00	2016.01	
978-7-114-08028-9	汽车零部件经营与销售	孙凤英、朱世杰、袁开愚	20.00	2016.07	
978-7-114-13723-5	汽车美容（第三版）	鲁植雄	30.00（估）	2017.05	有

●为"十二五"普通高等教育本科国家级规划教材；★为普通高等教育"十一五"国家级规划教材
咨询电话：010-85285253；010-85285977. 咨询QQ：64612535；99735898